図説 日英関係史

An Illustrated History of Japan and Britain

1600～1868 | 横浜開港資料館編

ごあいさつ

日本、そして横浜の近代史のなかで大きな存在であり続けたイギリス。近年、両国は政治・経済・文化交流といった幅広い分野でふたたび緊密さを増しつつある。

昭和56年(1981)、旧英国総領事館の敷地に開館した当館は、日英のつながりを示す歴史資料を積極的に収集し、また調査研究を積み重ねてきた。開館40周年を記念して出版する本書では、日英関係の黎明期とも言うべき江戸時代(1600〜1868年)に焦点をあて、この時代の両国の結びつきの諸相を、当館の所蔵資料を中心にイギリスの資料保存機関の新出資料もまじえて紹介する。

江戸時代の日英関係を「図説」のかたちで通覧する書籍はこれまでないようである。また当館でも、横浜開港以前の日英関係についてはさほどとりあげてきたわけではない。そこで本書では、近年の研究成果にも学んで日英関係史をわかりやすく叙述しつつ、当館の所蔵資料を博捜して関係する図版をできるかぎり多く掲載することにした。また、日英関係の背景となる世界情勢についても、なるべく解説するようこころみている。

本書を通じて、現在にいたる日本とイギリスの深いつながりのルーツと、それを今に伝える歴史資料の魅力を知っていただけたら幸いである。

横浜開港資料館
館長　西川武臣

目次

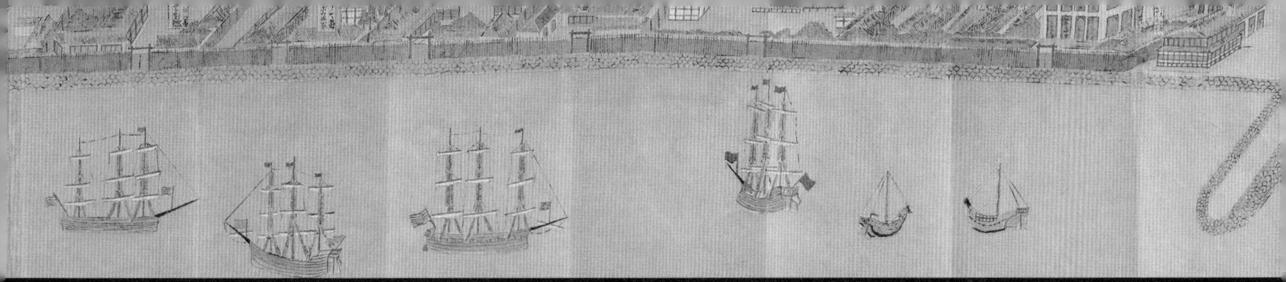

第6章 開港都市 *Japan's Treaty Ports* 105

第7章 攘夷と維新 *"Joi" and the Meiji Restoration* 127

歴史探訪と資料 *History of Exploration and Historical Materials* 153

本書について

○ 本書は横浜開港資料館開館40周年記念企画展「七つの海を越えて」（Ⅰ期「鎖国」下の日本とイギリス：令和３年（2021）４月24日～７月11日）、Ⅱ期 開国前後の日本とイギリス：７月17日～11月7日）に関連して出版した。

○ 展覧会に出陳した資料のうち本書に掲載していないものがある。また、展覧会に出展していない資料でも本書に収録したものがある。また、展示会場における構成と本書の構成は一致しない。

○ 本書では大ブリテン島のもっとも主要な政治権力とその領域のことを「イギリス」と呼称し、通時代的に使用する。

○ 本書中、原則として日本国内で発生した出来事は和暦（太陰暦）で、国外での出来事は西暦（太陽暦）で記した。日本の元号を先に記す場合は太陰暦による日付、西暦を先に記す場合は太陽暦（ユリウス暦・グレゴリオ暦）による日付である。なお、西欧では16世紀後半にユリウス暦からグレゴリオ暦に切り替わった国が多いが、イギリスにおいては1752年にようやくユリウス暦からグレゴリオ暦に切り替えられている。ただし、本書の西暦表記は典拠の文献にしたがい、その区別は原則として示さない。

○ 掲載資料の資料情報は原則として所蔵先のデータに依った。なお、書籍等については実際に掲載（利用）した資料の発行年を示しているため、初版の発行年とは異なる場合がある。また、書名は一部省略している場合がある。

○ 展覧会の企画、ならびに本書の編集・執筆は横浜開港資料館調査研究員吉﨑雅規がおこなった。

○ 本書で掲載した資料図版は原則として所蔵館より提供を受けた。ただし、一部の資料については吉﨑が撮影をおこなった。

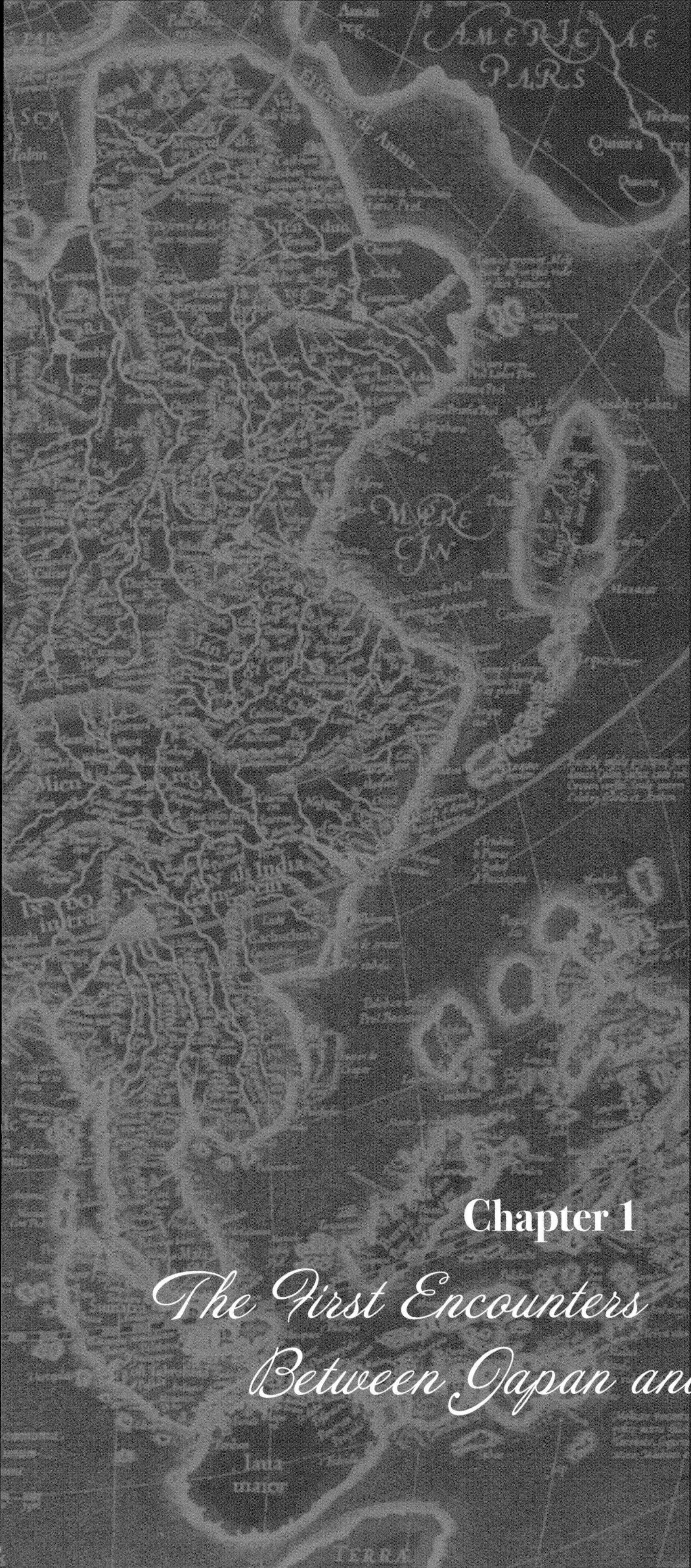

第1章 日英の出会い

Chapter 1 The First Encounters Between Japan and Britain

1 私掠(しりゃく)とプリマスの日本人

Privateers and Japanese in Plymouth

日本とイギリスの本格的な関係は17世紀にはじまる。しかし、16世紀のおわりには、ふたつの国のひとびとの出会いがすでにあった。その背景として、まずイギリスをめぐる国際状況にふれておきたい。

16世紀のイギリスでは、イングランドの羊毛を原料とする毛織物が重要な商品に成長していた。イギリス商人は、毛織物を当時の世界的市場であったアントウェルペン(現ベルギー)に持ち込むが、そこでかれらはアジアの豊かな商品に出会う。アントウェルペンの市場には東南アジアの胡椒・香料や中国の絹織物が並んでいたのである。アジアへの興味を深めたイギリスは、ロシアやトルコを介してもアジア産物の獲得をこころみ、また、ヨーロッパ域外への進出をくわだてるようになった。

しかし、イギリスの海外進出の妨げになったのがカトリック国の海洋国家スペインであった。そこで、イギリス船はスペイン船に対し国王の許可を得て海賊行為をおこなった。これを私掠という。私掠を嫌ったスペイン国王フェリペ2世は、対英戦争を決断。1588年7月、スペインの「無敵艦隊」とイギリス艦隊はイギリス海峡で大規模な海戦をおこない、イギリスの勝利に終わった(アルマダの海戦)。艦隊の根拠地となったプリマスに歓喜の声が冷めやらないこのころ、港には日本人の姿があった。

1. イギリス海峡に来航するスペイン艦隊
The Illustrated London News 1888年7月14日号　横浜開港資料館蔵
1580年にポルトガルを併合したスペインは強大な艦隊を擁しており、イギリスのエリザベス女王はなるべく戦争を避けようとしていた。

2年前の1586年、プリマスを出航したトーマス・キャベンディッシュ（Thomas Cavendish）率いる船団は、チリ、ペルーと略奪（私掠）を重ねながら北上。1587年11月4日、カリフォルニア半島でマニラからアカプルコを目指していたサンタ・アンナ号を襲う。このとき、同船に乗り組んでいたふたりの日本人も捕らわれ、イギリス船で働くことになった。キャベンディッシュはさらに太平洋を横断、インド洋を経由して、1588年9月プリマスに到着した（世界で3番目の世界周航）。日本人のうち、ひとりは20歳でクリストファー（Christopher）と名乗り、もうひとりはコスマス（Cosmus）という17歳だった。日本人が初めてイギリスの地を踏んだ背景には、イギリスの私掠行為とスペインとの対立があった。

2

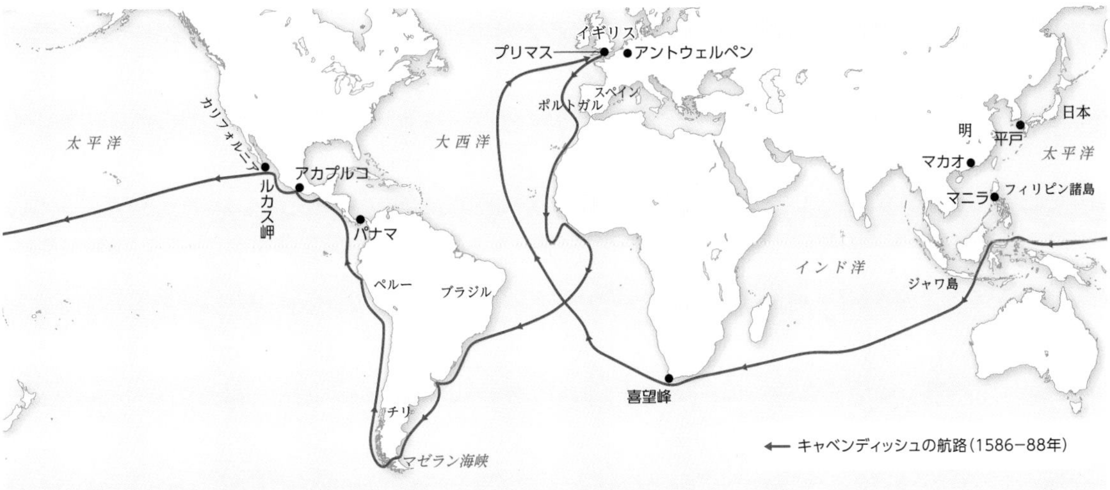

地図 1

3

2. プリマス
The Illustrated London News 1888年7月14日号
横浜開港資料館蔵
プリマスはイングランド南西部の港湾都市。アルマダの海戦にイングランド船が出撃した。本図は海戦がおこなわれた地点を示したもの。

地図 1. キャベンディッシュの航路
アンドリュー・N・ポーター編著、横井勝彦・山本正訳『大英帝国歴史地図』（東洋書林、1996年）より作図

3. フランシス・ドレーク
The Illustrated London News 1888年7月14日号
横浜開港資料館蔵
アルマダの海戦で活躍したドレークは、私掠船を率いてスペイン船を襲う「海賊」でもあった。なお、のちに来日するウィリアム・アダムスはアマルダの海戦時、リチャード・ダフィールド号の船長としてドレークの艦隊に配属されていた（クレインス『ウィリアム・アダムス』）。

2 大航海時代のアジア

Asia in the Golden Age of Discovery

日本とイギリスが関係を取り結ぶことになるもうひとつの背景として、アジアの海における交易の活性化があった。

16世紀のアジアにはその豊かな産物の獲得を目指して、ポルトガルとスペインが進出してくる。アジアにはすでに中国（明）やイスラム商人が交易ネットワークを築いていたが、両国はこの網の目に参入をはかる。ポルトガルは1505年にインドのゴアを制圧、総督を置いてアジア交易の統括拠点としたのち、1511年、マラッカを占領。1557年には明の官憲からマカオ居住の許可を得て、東アジアの海に本格的に姿をあらわす。一方、スペインはアメリカ大陸から太平洋をわたってアジアに向かう。1571年、マニラを占領したスペインは、ガ

4.「アジア図」メルカトル
"Asia" Gerhard Mercator 1610年（推定） 横浜開港資料館蔵
図の右下、東南アジアで産出される多種多様な香辛料はヨーロッパ人を魅了し、多くの商館がこの地域に建設されていく。

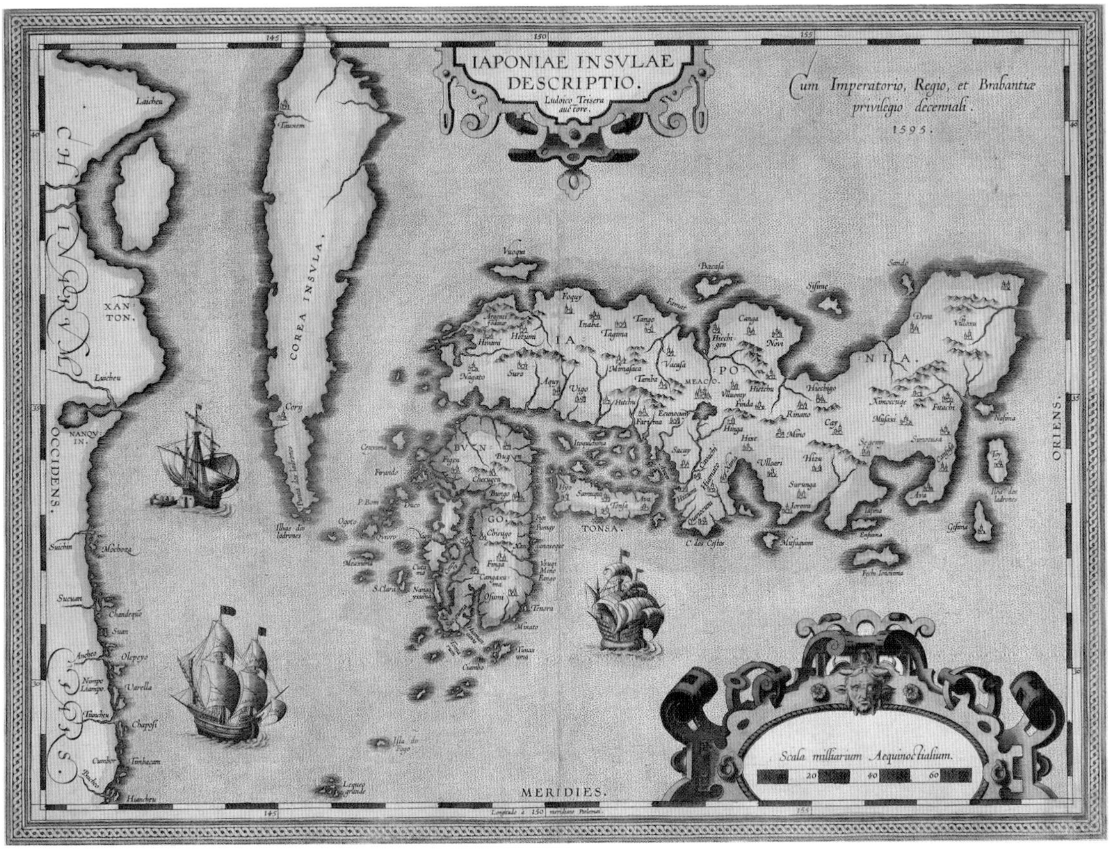

5.「日本図」ティセイラ
"Iaponiae Insulae Descriptio" Luis Teixeira 1595年　横浜開港資料館蔵
1595年アブラハム・オルテリウスが刊行した日本図は、従来よりも正確に日本列島が描かれるようになり、ほかの地図製作者によって多く模写された。本資料もそのひとつ。アントウェルペンで刊行された。石見銀山も記されている。

レオン船によってアカプルコ(現メキシコ)との交易路を確立し、中国貿易にも参入する。ポルトガル人は16世紀のなかばに日本に来航し、キリスト教の布教活動を開始するとともに、本格的に対日貿易を展開した。

16世紀の日本では銀の産出量が増加していた。この多量の銀を輸出し、中国の生糸や磁器、あるいは東南アジアの産物(香木・サメ皮など)を輸入するというのが、16世紀後半から17世紀はじめにかけての日本の貿易状況であった。ただし、日本と中国のあいだで公式な貿易は認められておらず、日中間の取引はおもにポルトガル商人が担った。また日本人商人も、マカオ、マニラ、アユタヤなど東南アジアの各都市に来航し、活発に商品取引をおこなった。

このような日本を含むアジア間貿易の隆盛とひとのゆききが、日本人がイギリスに渡った背景にあり、また、イギリス人を日本に惹きつける要因となった。

3 ウィリアム・アダムス

William Adams

ポルトガルとスペインの勢力が強かったアジアの海に、16世紀の末から17世紀のはじめにかけてオランダとイギリスが参入してくる。1598年、ロッテルダムの商人の出資により５隻の船隊が編成され、アジアを目指して出港した。この船隊に水先案内人として参加し日本の地を踏むことになるイギリス人が、ウィリアム・アダムスである。

大西洋を横断してチリに着くころには２隻となっていた船隊は、交易の目的地を日本と定めた。そしてそのうちの1隻、アダムスが乗り組んだリーフデ号が、慶長５年（1600）３月16日、豊後国佐志生（現大分県臼杵市）に到着する。関ケ原の合戦（９月15日）の半年前のことであった。

４月10日、徳川家康はアダムスを大坂城に引見した。アダムスは家康に、自分の国が長いあいだ東インド（アジア）に渡航する方法を探求し続けてきたこと、そして、貿易によってあらゆる王や国々との友好関係を築こうとしていることを語った。日本の為政者が、イギリスについてイギリス人からくわしい話を初めて聞いたのである。

新しい対外関係を開くことに積極的だった徳川家康は、アダムスに外交に関する諮問をしばしばおこなうようになった。また、相模国三浦郡逸見（現横須賀市）に知行地をあたえ、三浦按針（水先案内人の意味）の名乗りも許した。家康は浦賀（現横須賀市）を貿易港としてスペイン領メキシコ（ヌ

6. マヒュー船隊とリーフデ号（右下）
Frederik Caspar Wieder, *De Reis van Mahu en de Cordes door de Straat van Magalhaes naar Zuid-Amerika en Japan 1598-1600* 1923〜1925年
横浜開港資料館蔵

リーフデ号の僚船ヘローフ号の乗組員によるスケッチ。出典書はアダムスが参加した船隊（マヒュー船隊）の史料を集成し、研究をおこなったオランダ人歴史家ウィーデルの著書『1598年から1600年にマゼラン海峡経由で南アメリカと日本に至ったマヒューとコルデスの航海』。

エバ・エスパーニャ)と通商をおこなうことを構想しており、浦賀に近い逸見にアダムスを置いてスペイン貿易に関与させようとしていたのである。「予の進言せし所帝(家康)の反対せらるるなし」(『慶元イギリス書翰』)とみずから言うほどに家康の信頼を得たアダムスは、来日したヨーロッパ人の対応にあたり、かれらと幕府をつなぐ役割を果たすことになる。

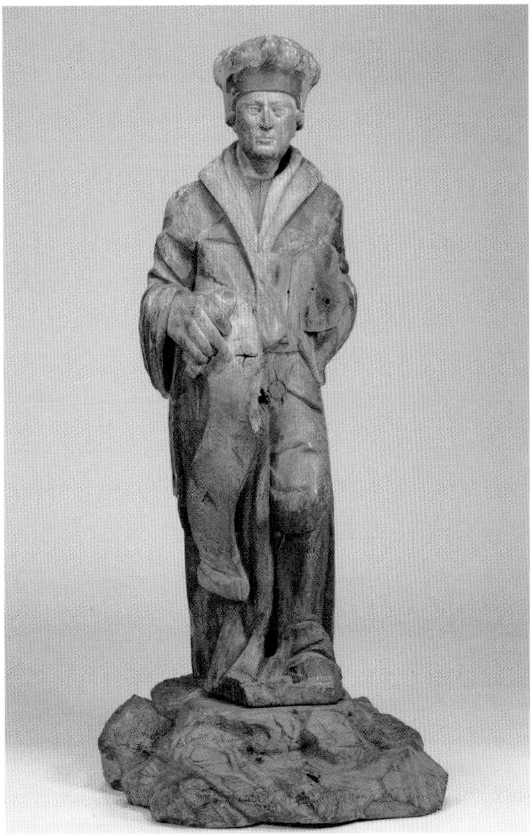

7. リーフデ号の船尾にあったエラスムス像
龍江院所蔵　画像提供：東京国立博物館
Image：TNM Image Archives
龍江院は栃木県佐野市上羽田に所在する。像は羽田の領主で持筒頭をつとめた旗本牧野家に伝存したもの。牧野家の先祖がアダムスから大砲の打ち方を習っており、その縁で譲られたとも伝わる。

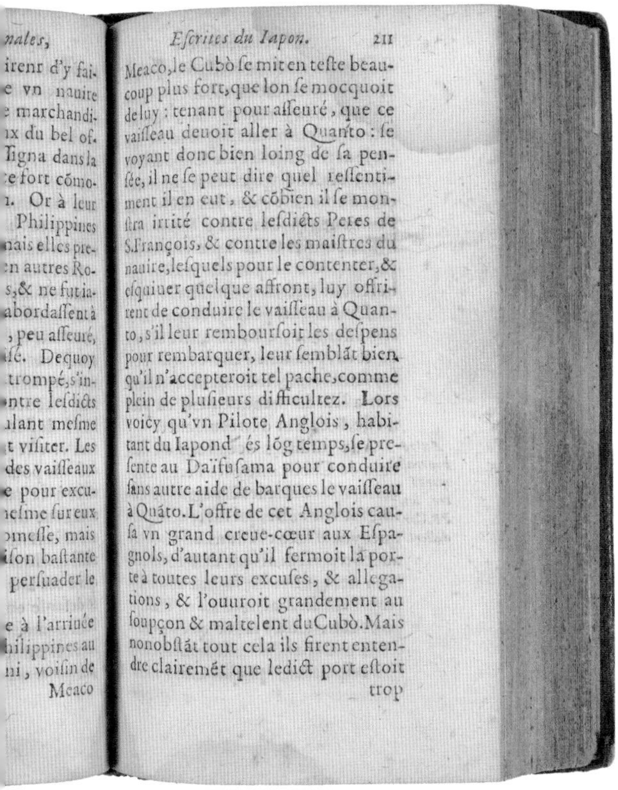
Escrites du Iapon. 211
Meaco, le Cubò se mit en teste beau-
coup plus fort, que lon se mocquoit
de luy: tenant pour asseuré, que ce
vaisseau deuoit aller à Quanto: se
voyant donc bien loing de sa pen-
sée, il ne se peut dire quel ressenti-
ment il en eut, & cõbien il se mon-
stra irrité contre lesdicts Peres de
S.François, & contre les maistres du
nauire, lesquels pour le contenter, &
esquiuer quelque affront, luy offri-
rent de conduire le vaisseau à Quan-
to, s'il leur remboursoit les despens
pour rembarquer, leur semblãt bien
qu'il n'accepteroit tel pache, comme
plein de plusieurs difficultez. Lors
voicy qu'vn Pilote Anglois, habi-
tant du Iapond és lõg temps, se pre-
sente au Daïfusama pour conduire
sans autre aide de barques le vaisseau
à Quãto. L'offre de cet Anglois cau-
sa vn grand creue-cœur aux Espa-
gnols, d'autant qu'il fermoit la por-
te à toutes leurs excuses, & allega-
tions, & l'ouuroit grandement au
soupçon & maltelent du Cubò. Mais
nonobstãt tout cela ils firent enten-
dre clairemẽt que ledict port estoit
trop

8. スペイン船の水先案内を申し出るアダムス
François Pasio, *Lettres Annales du Japon, Envoyées par F. Pasio au Claude Aquaviva* 1609年　横浜開港資料館蔵
家康はスペイン船の江戸来航と通商を望んでいたが、スペイン側は航海技術の流出をおそれ「江戸の港が寄港に不適」だと「言い逃れ」をしていた。掲載部分で、アダムスは曳き船の助けを借りずにスペイン船を江戸まで水先案内することを家康に申し出ている。本書は日本のイエズス会準管区長であるイタリア人宣教師フランシスコ・パシオの「日本年報」(フランス語版)。

4 セーリスの来航

The Arrival of John Saris

オランダ船隊がポルトガル勢力の間隙をついてアジアとの通商ルートを開いたことをうけ、ロンドンの商人たちはアジア貿易のための「会社」を設立する。会社は、一航海ごとに出資者を募り、航海から戻ると元金と利益を出資者に還元するという方法で、アジアまでの航行資金を調達した。これがイギリス東インド会社(East India Company)である。1600年12月31日、女王エリザベス1世は同社に東インド(アフリカの喜望峰から南米のホーン岬の間)との貿易独占を認める特許状をあたえる。

ウィリアム・アダムスが「未知の友」にあてた手紙をジャワ島に出したことから、日本にイギリス人がいることは同胞に知られるようになっていた。さらに、長年アジアに滞在した船乗りたちによって、日本の情報は東インド会社にもたらされていた。1604年、国王ジェームズ1世はエドワード・マイケルボーンに中国・日本までの航海特許をあたえたが、この航海は乗組員が日本の海賊に殺害されて失敗する。

1611年4月18日、東インド会社の第8航海として、ジョン・セーリスを指揮官とするクローブ号(Clove)がイギリス南東部のダウンズを出港した。セーリスはバンタム(イギリスの東南アジアの拠点・ジャワ島)で香辛料を入手した後、日本に向かうことも指示されていた。イギリス東インド会社は毛織物の販売市場として、東南アジアよりも寒冷な日本に注目していたのである。

クローブ号は慶長18年(1613)5月5日、バンタムを経て平戸に入港した。セーリスは駿府から駆けつけたアダムスとともに平戸を出発、7月22日に大坂に到着する。「大坂は、たいそう大きな都市で、城壁内のロンドンくらい大きく」「ロンドンにおけるテムズ河くらい広い」川があると観察した(『セーリス日本渡航記』)セーリスは、大坂に日本市場の大きさを垣間見たかもしれない。

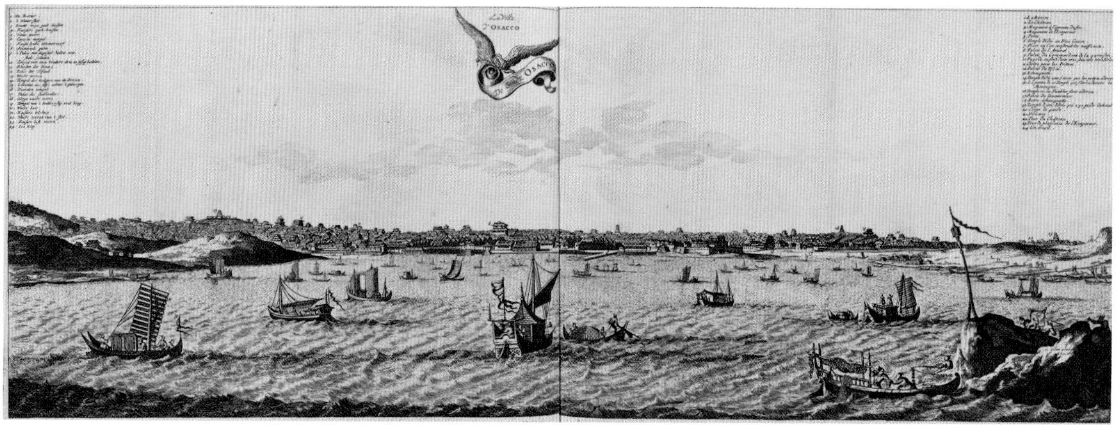

9. 大坂 モンタヌス『東インド会社遣日使節紀行』
Arnoldus Montanus, *Gedenkwaerdige Gesantschappen der Oost-Indische Maatschappy in 't Vereenigde Nederland, aan de Kaisaren van Japan* 1669年 横浜開港資料館蔵

オランダの流行作家アルノルドゥス・モンタヌスの著したオランダ語による「日本誌」。1650〜1660年代に報告されたオランダ東インド会社職員の江戸参府日記などをもとに日本の情勢を執筆した。セーリス来航時よりは後年の資料になるが参考として掲載する。横浜開港資料館所蔵本はオランダ語版初版。

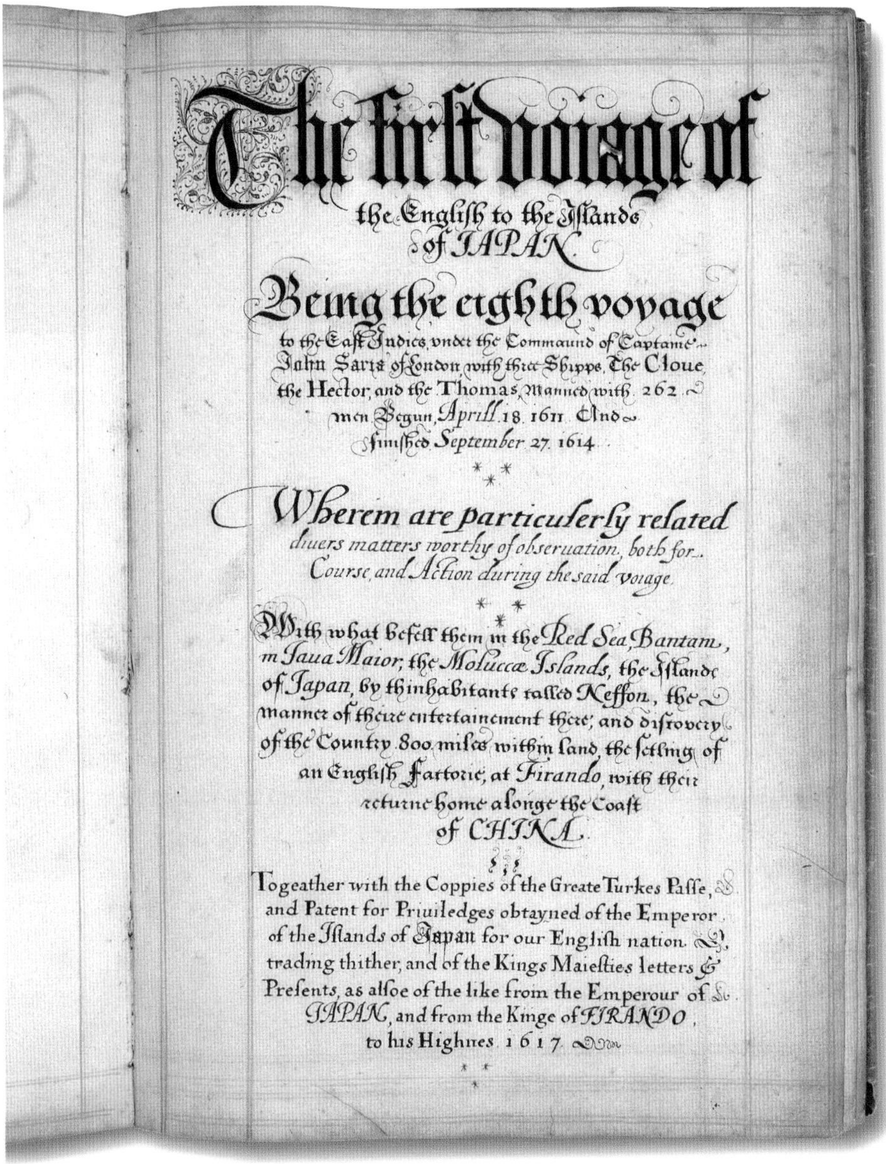
The first voiage of
the English to the Islands
of JAPAN.
Being the eigth voyage
to the East Indies, vnder the Commaund of Captaine
John Saris of London, with thre Shipps, the Cloue,
the Hector, and the Thomas, Manned with 262
men Begun, Aprill 18 1611. And
finished September 27. 1614.
Wherein are particulerly related
diuers matters worthy of obseruation, both for
Course, and Action during the said voiage.
With what befell them in the Red Sea, Bantam,
in Iaua Maior, the Moluccæ Islands, the Islands
of Japan, by th'inhabitants called Neffon, the
manner of theire entertainement there; and discovery
of the Country 800 miles within land, the setling of
an English Factorie, at Firando, with their
returne home alonge the Coast
of CHINA.
Togeather with the Coppies of the Greate Turkes Passe,
and Patent for Priuiledges obtayned of the Emperor
of the Islands of Japan for our English nation
trading thither, and of the Kings Maiesties letters &
Presents, as alsoe of the like from the Emperour of
JAPAN, and from the Kinge of FIRANDO,
to his Highnes. 1617.

10

10. 手書きのセーリス日記
John Saris, "The First Voyage of the English to the Islands of Japan" 1617年　（公財）東洋文庫蔵

哲学者・政治家のフランシス・ベーコンに献呈するため、セーリスがみずから制作した手写本（マニュスクリプト）の「日本渡航記」。

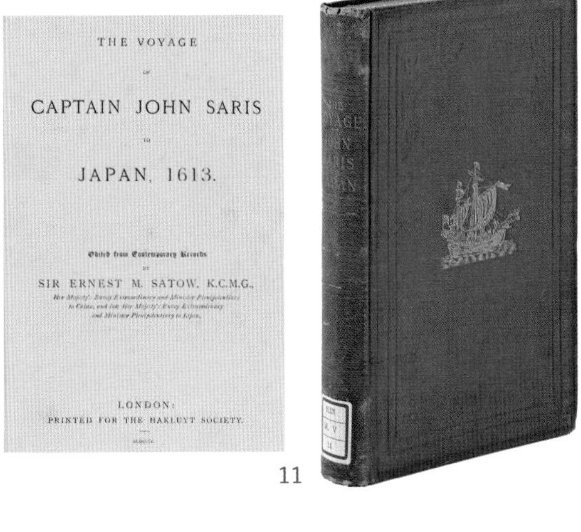
THE VOYAGE
CAPTAIN JOHN SARIS
JAPAN, 1613.
Edited from Contemporary Records
SIR ERNEST M. SATOW, K.C.M.G.,
LONDON:
PRINTED FOR THE HAKLUYT SOCIETY.

11

11. アーネスト・サトウの出版したセーリス日記
Ernest M. Satow ed., *The Voyage of Captain John Saris to Japan, 1613* 1900年　横浜開港資料館蔵

明治の駐日公使アーネスト・サトウがハクルート協会の委嘱をうけて、セーリス日記を翻刻紹介したもの。

セーリスは東海道を陸路東に進み、8月4日駿府で大御所徳川家康と謁見、国王ジェームズ1世の国書と献上品を奉呈した。日本側の史料である『駿府記』によると、その品物は、「猩々皮（しょうじょうひ）（濃紺の羅紗）」「弩（いしゆみ）」「象眼（ぞうがん）（嵌）入鉄炮」「靉靆（あいたい）」（望遠鏡）と記録されている。家康はイギリスの通商要求を認め、セーリスに朱印状をあたえた。ウィリアム・アダムスは浦賀にイギリス商館を設置することを勧めたものの、セーリスは平戸に商館を開くことを決める。日本とイギリスの貿易関係がはじまったのである。

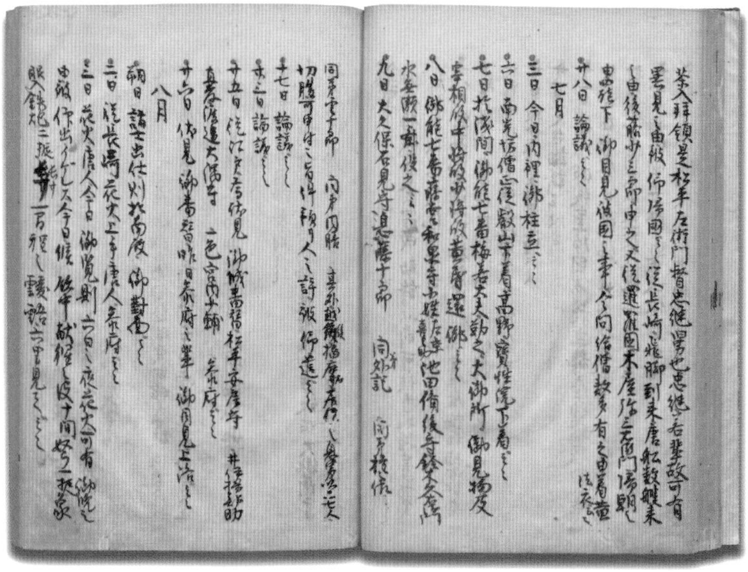

12. イギリス使節の家康謁見
『駿府記』慶長18年（1613）8月
国立公文書館蔵

『駿府記』は駿府隠居後の徳川家康をめぐる政治情勢を記した史料。慶長16年から元和元年（1615）までの事柄が日記形式で記される。

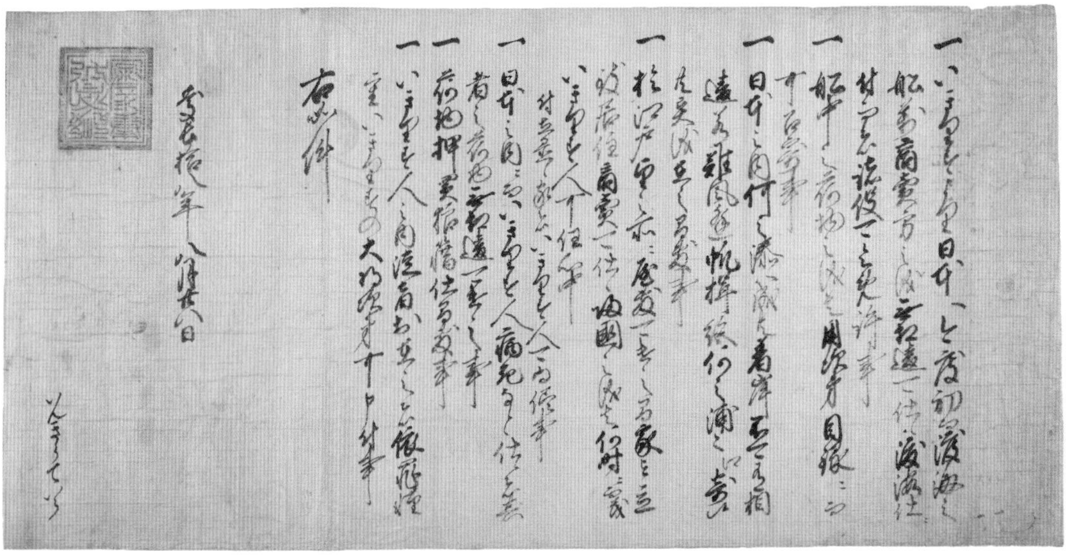

13. 家康からセーリスに与えられた朱印状
慶長18年（1613）8月28日付　オクスフォード大学ボードリアン図書館蔵
Bodleian Libraries, University of Oxford

「いぎりすより日本へ、今度初めて渡海の船、万商売方の儀、相違なく仕るべく候」との文言が記されている。

地図2．**イギリスのアジアの拠点**

アンドリュー・N・ポーター編著、横井勝彦・山本正訳『大英帝国歴史地図』（東洋書林、1996年）より作図

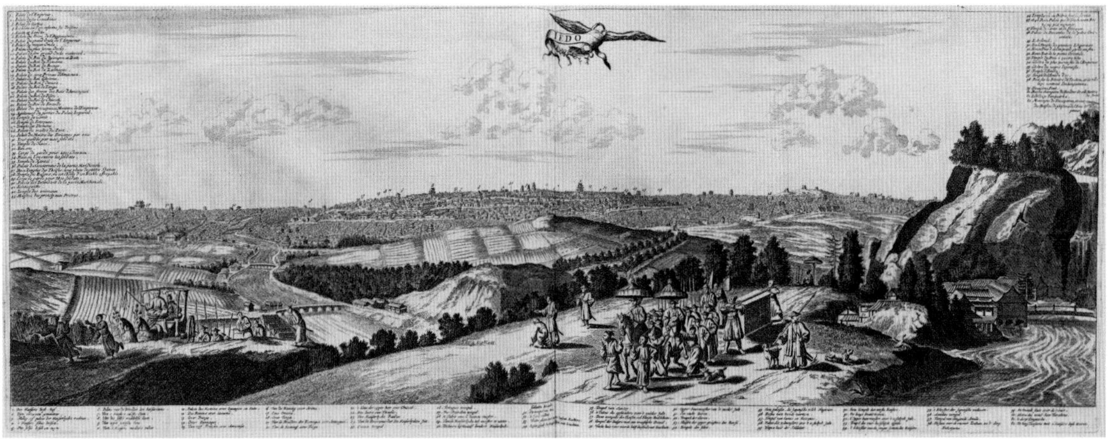

14. 江戸　モンタヌス『東インド会社遣日使節紀行』
1669年　横浜開港資料館蔵

セーリスは慶長18年8月10日に江戸に到着。「街路はイギリスにおける（中略）どれにも劣らず大きい」とその壮麗さを称賛した。

5 イギリス商館の活動

British Trading House

平戸のイギリス商館長に任命されたリチャード・コックス（Richard Cocks）は、商館員のリチャード・ウィッカムを江戸・駿府に、ウィリアム・イートンを京都・大坂・堺に派遣し、日本での商取引を開始する。とりわけ江戸のウィッカムは、日本橋の三雲屋というスペインとも取引のある大商人を頼って代理人とした。しかし、イギリスの主力商品である毛織物やインド産の綿布は売り上げがはかばかしくなかったようである。ウィリアム・アダムスが記すように、日本で売れる商品はヨーロッパ産のものではなく、中国産の生糸・絹製品や、蘇木（漢方薬）であった。そのため、コックスはシャムやコーチシナに商船を派遣して、商品の販売と買い付けを試みる一方、朝鮮との貿易の可能性を探るため商館員を対馬に派遣する。日本におけるイギリス商館は、アジア各地との中継貿易にも活路を見出そうとしていたのである。

元和２年（1616）４月、徳川家康が死去する。家

15. 平戸の港と商館
モンタヌス『東インド会社遣日使節紀行』1669年　横浜開港資料館蔵
図版に見えるのはオランダ商館の建物。オランダは慶長14年（1609）、イギリスに先んじて平戸に商館を開いていた。

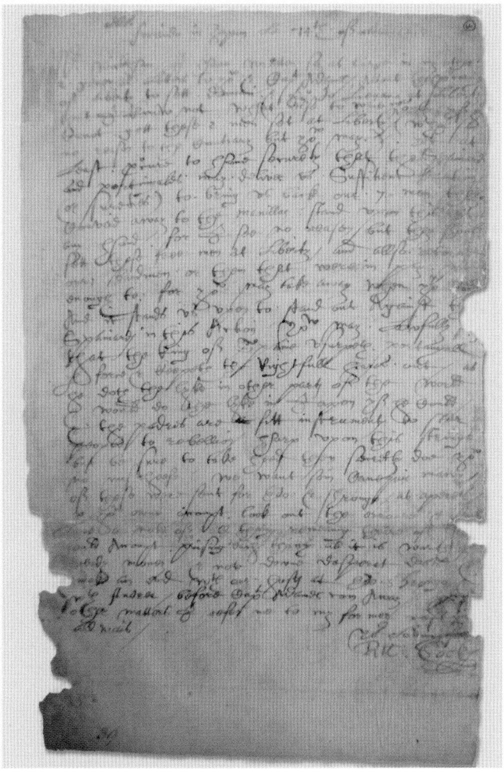

16. リチャード・コックスの手紙
（IOR/E/3/3）1615年10月14日付　大英図書館蔵
By permission of the British Library
リチャード・コックスの書簡類は大英図書館が所蔵する東インド会社文書（India Office Records）のなかに含まれる。資料は平戸のコックスが、金巾（かなきん）の売上状況について報告することを江戸のリチャード・ウィッカム（Richard Wickham）に求める内容。

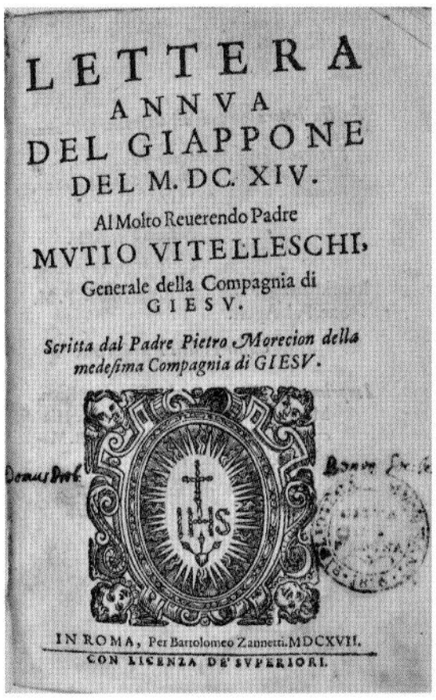

LETTERA
ANNVA
DEL GIAPPONE
DEL M. DC. XIV.
Al Molto Reuerendo Padre
MVTIO VITELLESCHI,
Generale della Compagnia di
GIESV.
Scritta dal Padre Pietro Morecion della medesima Compagnia di GIESV.
IN ROMA, Per Bartolomeo Zannetti. MDCXVII.
CON LICENZA DE' SVPERIORI.

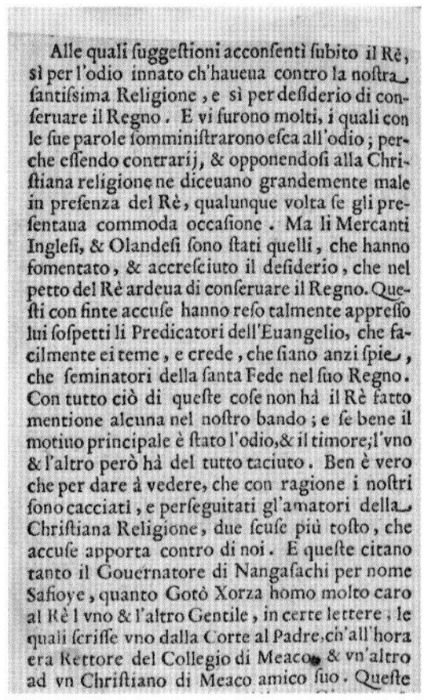

Alle quali ſuggeſtioni acconſentì ſubito il Rè, sì per l'odio innato ch'haueua contro la noſtra ſantiſsima Religione, e sì per deſiderio di conſeruare il Regno. E vi furono molti, i quali con le ſue parole ſomminiſtrarono eſca all'odio; perche eſſendo contrarij, & opponendoſi alla Chriſtiana religione ne diceuano grandemente male in preſenza del Rè, qualunque volta ſe gli preſentaua commoda occaſione. Ma li Mercanti Ingleſi, & Olandeſi ſono ſtati quelli, che hanno fomentato, & accreſciuto il deſiderio, che nel petto del Rè ardeua di conſeruare il Regno. Queſti con finte accuſe hanno reſo talmente appreſſo lui ſoſpetti li Predicatori dell'Euangelio, che facilmente ei teme, e crede, che ſiano anzi ſpie, che ſeminatori della ſanta Fede nel ſuo Regno. Con tutto ciò di queſte coſe non hà il Rè fatto mentione alcuna nel noſtro bando; e ſe bene il motiuo principale è ſtato l'odio, & il timore; l'vno & l'altro però hà del tutto taciuto. Ben è vero che per dare à vedere, che con ragione i noſtri ſono cacciati, e perſeguitati gl'amatori della Chriſtiana Religione, due ſcuſe più toſto, che accuſe apporta contro di noi. E queſte citano tanto il Gouernatore di Nangaſachi per nome Safioye, quanto Gotò Xorza homo molto caro al Rè l'vno & l'altro Gentile, in certe lettere; le quali ſcriſſe vno dalla Corte al Padre, ch'all'hora era Rettore del Collegio di Meaco, & vn'altro ad vn Chriſtiano di Meaco amico ſuo. Queſte

17. イギリス人を非難するイエズス会士
Lettera Annva del Giappone del M. DC. XIV 1617年
横浜開港資料館蔵
イエズス会のガブリエル・デ・マットス神父からイエズス会総長にあてた1614年度の日本年報（報告書）。イギリス・オランダの商人が宣教師たちの布教活動を妨害していると指弾している。本書はローマBartolomeo Zannettiから刊行されたイタリア語版。

康の時代には比較的ゆるやかだった外国との通商やキリスト教の布教について、幕府はその規制を強めていくことになる。この年、幕府は中国船以外の船の入港地を長崎・平戸に限定した。また、このころからイギリスは、香辛料の取引をめぐってアジアでオランダと対立するようになる。日本において利益を得る望みが薄いと判断したイギリス東インド会社は、平戸商館の閉鎖を決める。元和９年（1623）11月14日、イギリス商館員たちはブル号で平戸を発ち日本を離れた。日本とイギリスの最初の貿易関係は、わずか10年で幕を閉じることになる。

宣教師、イギリス人を嫉妬

スペインやポルトガルの宣教師たちは、遅れて来日したイギリス人を批判的な目で見ていた。イエズス会の神父は1614年の活動報告（資料17）において、イギリスとオランダの商人たちが、「讒言を弄して彼（日本国主）に福音書の伝道者たちが疑わしい存在であると思わせたので、（中略）間諜ではないかと彼は簡単に危惧してしまい、そう信じ込んでいる」（松田毅一監訳『十六・七世紀イエズス会日本報告集』）と記している。ことに家康に重用されたアダムスに対して、宣教師たちは嫉妬を含んだ視線を送っていた。

6 アジアのオランダとイギリス

The Netherlands and Britain in Asia

イギリスが日本からの撤退を決めた背景には、オランダの存在があった。現在では大国のイメージがないオランダだが、香辛料を中心とする17世紀のアジア交易を支配したのは、1602年に設立された連合オランダ東インド会社であった。マルク諸島(現インドネシア)のアンボイナをポルトガルから奪ったオランダは、1619年にジャワ島にバタビア(現ジャカルタ)を建設。アジアにおける一大拠点とした。さらに、マラッカ、台南、平戸にも拠点を置き、東アジアにおいても影響力を強めつつあった。

一方、イギリス東インド会社も平戸のほか、

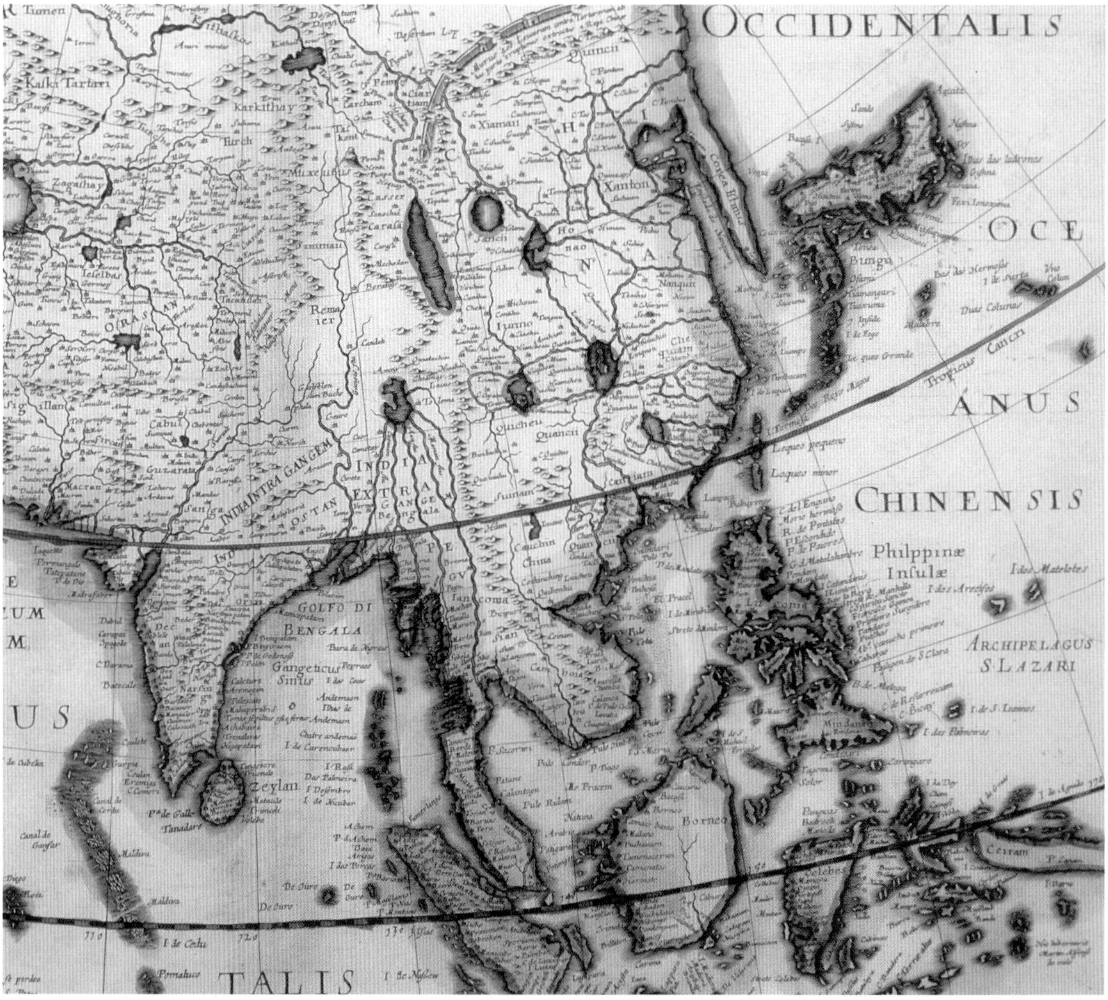

18. 17世紀はじめに描かれたアジア
"Asia Recens Summa Cura Delineata"(部分)　横浜開港資料館蔵
17世紀のオランダは東南アジアの香辛料貿易の独占をはかって同地域に勢力を伸ばす。しかし、17世紀後半にヨーロッパの香辛料価格は暴落、オランダは東南アジアの港市から内陸部の領域支配に重点を置くようになる。

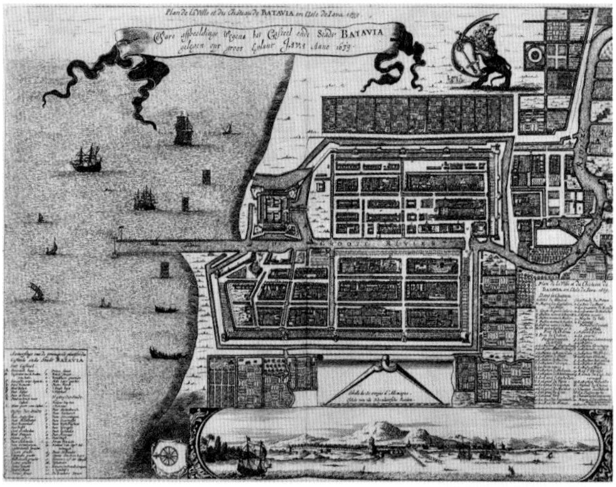

19. バタビア
モンタヌス『東インド会社遣日使節紀行』
1669年　横浜開港資料館蔵
バタビアにはアジアのオランダ商館を統括する東インド政庁が置かれていた。長崎に来航するオランダ船はバタビアから来航する。

地図3．**17世紀はじめの東南アジア・日本**

1602年に開かれたバンタム、そしてアンボイナ、パタニ(マレー半島)、アユタヤ(現タイ)などに商館を構え、オランダと熾烈な貿易抗争を繰り広げる。しかし、オランダ東インド会社はイギリス同社の10倍以上の資本金を有し、この段階のイギリスはオランダに太刀打ちできる存在ではなかった。

1623年2月、両国が商館を置くアンボイナである事件が発生する。イギリス側が雇っていた日本人傭兵が挙動不審の廉(かど)で、オランダ側に捕らわれたのである。拷問によってイギリス側がオランダの要塞奪取をくわだてているという自白を得たオランダは、イギリス商館長以下10名、日本人傭兵9名他を虐殺した。この結果、イギリスは東南アジアからの撤退を余儀なくされる。香辛料のかわりにインド産の綿織物(キャラコ・モスリン)に目をつけたイギリスは、インドに拠点を設けてこの交易に注力していく。

イギリス東インド会社は、1620年代から30年代にかけて対日貿易の再開を模索するが、実現はしなかった。17世紀前半のアジアにおけるオランダのプレゼンスにより、イギリスはしばらく日本への接近を阻まれることになる。

セーリスゆかりの地
プリマスとフラム

20. プリマスの港、メイフラワーステップス付近
（撮影：2020年、吉﨑）
2020年はメイフラワー号がアメリカに渡って400年の記念すべき年となった。付近には同号の足跡を追った博物館(Mayflower Museum)があり、17世紀はじめのプリマスの雰囲気を感じることもできる。

21. プリマスの旧市街（バービカン地区）

22. プリマス・ロイヤルウィリアムヤード

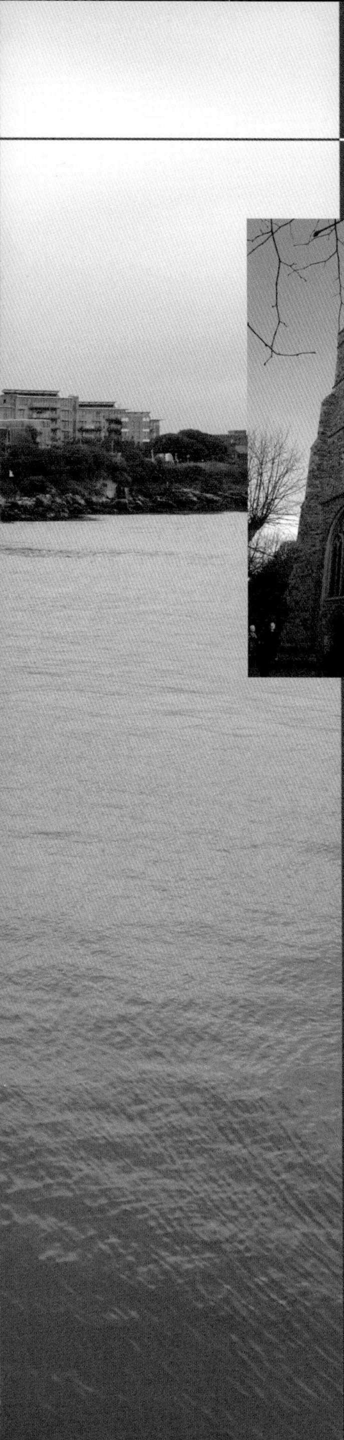

23. フラムのオール・セインツ教会（撮影：2020年、吉﨑）（左）
24. 教会内に残るセーリスの墓石　写真提供：Vernon Burgess氏（右）

1614年９月27日、ジョン・セーリスは日本からイングランドのプリマスに帰着した。クローブ号は平戸を出帆するときに15名の日本人を水夫として雇い入れており、かれらもイギリスの地を踏んだと推測されている。

プリマスはイギリスの南西部デボン州に位置する港湾都市で、ロンドンから350キロ、特急で３時間30分ほどで到着する。プリマスの鉄道駅から新市街を抜けて南東に20分ほど歩くと港につきあたる。港の周辺地区（バービカン地区）には石造りの伝統的な建造物が建ち並び、いかにも港町らしい活気にあふれている。1620年、ピルグリム・ファーザーズ（清教徒）がアメリカを目指してメイフラワー号で出航したのがこのバービカンの港で、その折に一行が使用したという海（艀）に降りる階段が、「メイフラワー・ステップス」として今も残されている。あるいは、日本人水夫たちもこの階段を使ったかもしれないがどうだろうか。

プリマスは17世紀後半に王立の造船所が設立されて以降、イギリス海軍の根拠地として本格的に発展をみる。明治時代には日本の海軍士官も同所を見学。日本海海戦で連合艦隊旗艦として活躍した戦艦三笠は、1902年にプリマスから横須賀に向けて出航している。現在でも街の西部に西ヨーロッパ最大の規模を誇る海軍基地があるが、古い海軍施設の一部（食糧供給庫・ロイヤルウィリアムヤード）は商業施設に改装され公開されており、質実ながら気品を感じるジョージアン様式の建物から往時をしのぶことができる。

なお、日本への航海により富を得たセーリスは、帰国後ロンドンのフラム地区に邸宅を構え、1643年にその地で死去した。邸宅は現在のオール・セインツ教会（All Saints Church, Fulham）の背後にあたり、教会にはセーリスの墓碑が残る。

TOPIC 2

平戸と逸見を歩く

25. 平戸公園から見た平戸瀬戸（撮影：2020年、吉﨑）
平戸公園は平戸大橋の平戸島側のたもとに位置する。左が九州本土（田平）、右が平戸島。

26. 東アジアのなかの平戸
Johann Albrecht von Mandelslo, *Voyages & Travels of J. Albert de Mandelslo into the East-Indies* 1662年　横浜開港資料館蔵
ロンドンで英訳されたマンデルスロ『東インドへの航海旅行』の付図。数少ない日本の地名のひとつとして"Firando"（平戸）が見える。

イギリス商館が置かれた平戸は、九州の左の肩にあたる長崎県の北松浦半島から、平戸瀬戸をはさんだ平戸島に位置する。平戸大橋が昭和52年（1977）に開通してから、九州本土とのゆききがずいぶん楽になったというが、それでも長崎・博多といった大都市から公共交通機関でのアクセスは時間がかかる。しかし、平戸を中心に東アジアの地図を眺めると、現在では人口３万ほどのこのまちが、大航海時代に果たした役割の大きさが見えてくる。

平戸には、イギリス商館のあった往時をうかがうことのできる資料館や史跡がそこここに残されている。平成23年（2011）年に復元・開館した「平戸オランダ商館」の内部は展示室となっており、大航海時代の交易の実態を示す資料が陳列されている。松浦史料博物館は海外交易にも熱心だった平戸の領主松浦家の歴史資料約３万点を収蔵し、うち約200点を展示で公開する。

27. イギリス商館跡の石碑

イギリス商館の位置については確実な資料はないものの、市内中心部に記念碑が建てられ往時をしのぶよすがとなっている。ウィリアム・アダムスは元和６年（1620）平戸で亡くなったが、墓と伝わる崎方公園には石碑がそびえ、今でも訪れる人が絶えない。

平成29年、平戸市教育委員会によって墓の再発掘がおこなわれ、陶器製の壺に入った人骨が見つかった。その後東邦大学などが人骨の科学分析を実施し、令和２年（2020）、この人骨が江戸時代の日本の食生活に馴染んだヨーロッパ人であり、その年代判定などからもウィリアム・アダムスの蓋然性が高いとの結果が報告された。

28. 崎方公園の伝・三浦按針墓

29. 松浦史料博物館
博物館は明治26年（1893）に松浦家の私邸として建てられた「鶴ヶ峯邸」を利用している。

30. 復元されたオランダ商館
イギリス商館の撤退後もオランダは平戸を拠点として日本との貿易を継続したが、商館は寛永17年（1640）に破却を命じられ、翌年、オランダ人は長崎に移転させられた。

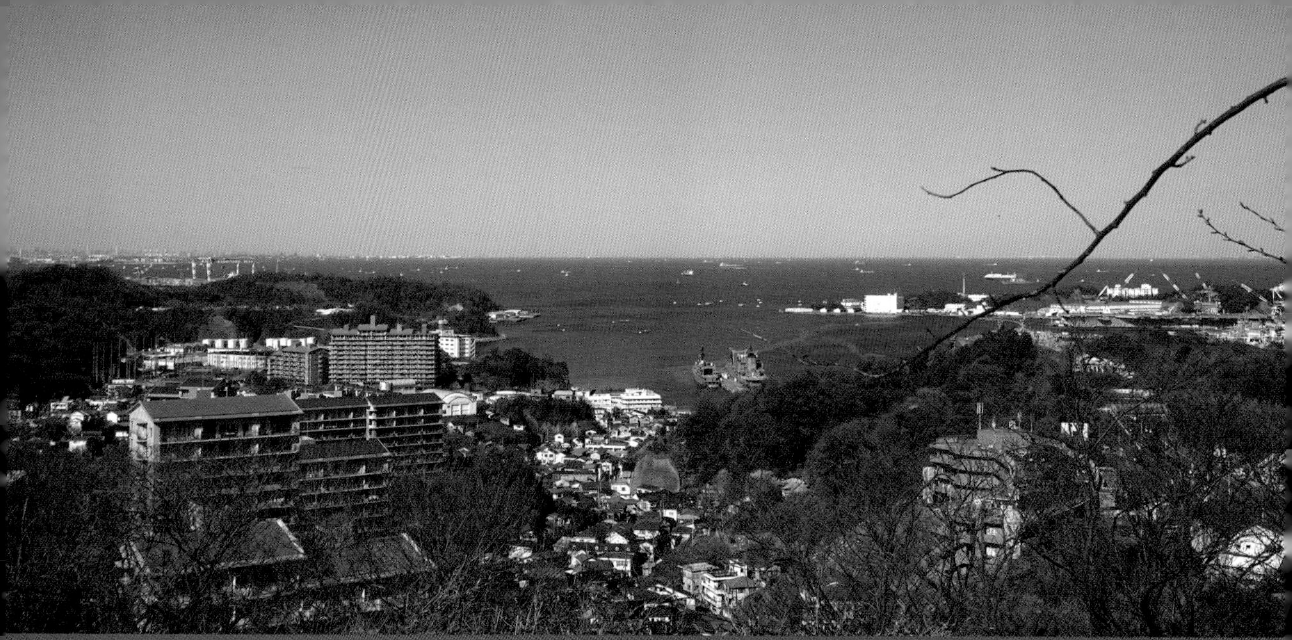

ウィリアム・アダムス（三浦按針）の知行地のあった横須賀市の逸見。県立塚山公園のなかのひときわ小高い丘に、アダムスとその妻の供養塔（安針塚）が建てられている。毎年桜の季節には「三浦按針祭観桜会」が催され、桜とともに東京湾を美しく見晴らすことができる。

アダムスは横浜開港後、日本を訪れたイギリス人によってあらためて注目されることになった。写真入りの英字紙『ファー・イースト』は、1872年（明治5）6月1日号で「ウィリアム・アダムス特集」を組む。記者たちはまず江戸按針町（日本橋）を訪れ、町名主から町名が「600〜700年前に」「ここに住んでいたとてもよい外国人にちなんで」つけられたという情報を得た。横須賀にも足を向けた記者は、按針ゆかりの品が伝わる逸見の浄土寺や供養塔も訪れ、その姿を写真に収めている。

31. 塚山公園から望む東京湾
（撮影：2020年、吉﨑）
塚山公園からは横須賀の軍港と艦艇が展望できる。

32. 逸見の三浦按針と妻の供養塔
The Far East Vol.3-No.1　1872年6月1日号
横浜開港資料館蔵
『ファー・イースト』はスコットランド生まれのジャーナリスト、ジョン・レディー・ブラックが1870年に横浜で創刊した英字新聞。鶏卵紙の写真が紙面に貼付される。

33. アダムスの遺品と伝わるシャムの仏像や仏具
The Far East Vol.3-No.1　1872年6月1日号
横浜開港資料館蔵

第2章 「鎖国」日本とイギリス

Chapter 2 "Sakoku" Japan and Britain

1「鎖国」下のイギリス情報

Information on Britain Under "Sakoku"

寛永16年(1639)7月、幕府はポルトガル船の来航を禁じた。同時にオランダ・イギリス人と日本人とのあいだに生まれた子どもをバタビアに追放する。寛永18年には平戸のオランダ商館を長崎出島に移転させ、オランダ・中国船の来航は長崎のみに限定されることになった。このような対外交渉を制限する政策にもとづく近世日本のあり方は一般に「鎖国」と呼ばれてきた。しかし、江戸時代の日本には長崎以外にも、薩摩藩—琉球、対馬藩—李氏朝鮮、松前藩—アイヌ民族、といった対外的なルート(「四つの口」)があり、それぞれのルートに豊かな交流があったことは近年の研究で重要視されるようになっている。

オランダ東インド会社は、砂糖、皮革(鹿や鮫の皮)、香料、染料、薬種など東南アジアの物産を長崎に運んできたほか、ヨーロッパから毛織物、油絵、時計、眼鏡などをもたらした。それらのなかには数量は多くないもののイギリス製の毛織物が含ま

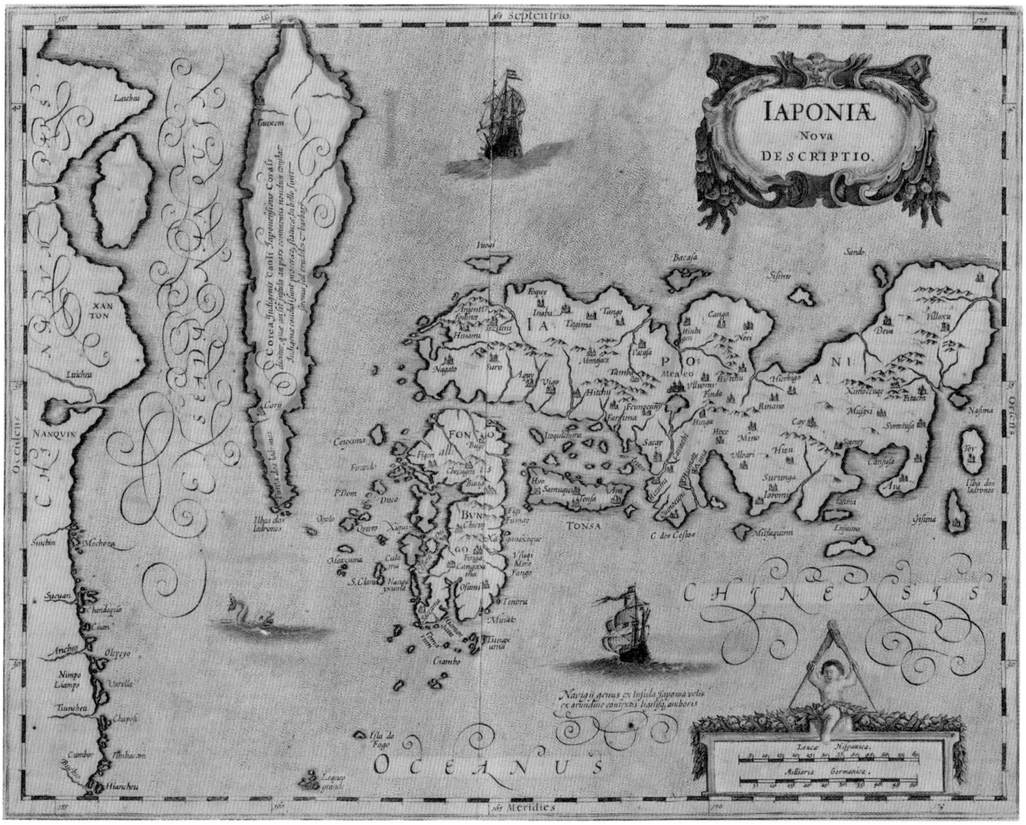

34.「日本図」ヤンソン
"Iaponiae Nova Descriptio" Jan Jansson 1636年 横浜開港資料館蔵
九州の左に人参のように描かれるのは朝鮮。左端は中国。本図が発行された年、中国東北部の女真族を中心とする後金国は国号を「大清国」と改め、1644年には明軍を破り北京に入城した。中国の国家の交代(「華夷変態」)は日本にの「鎖国」にも大きな影響をあたえる。

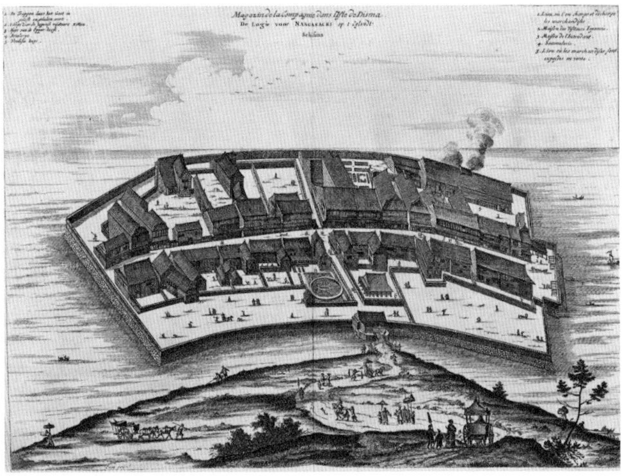

35. 出島
モンタヌス『東インド会社遣日使節紀行』1669年　横浜開港資料館蔵

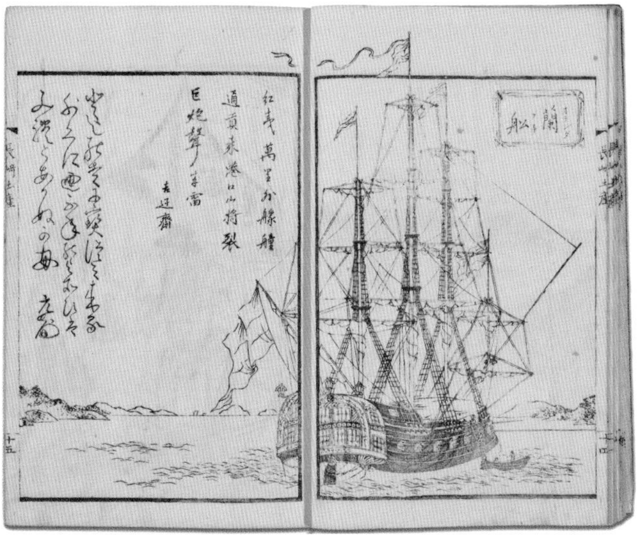

36. 長崎のオランダ船
磯野信春『長崎土産』弘化4年（1847） 横浜開港資料館蔵
豊富な挿絵とともに長崎を紹介した地誌。オランダ商館、唐館、唐船など、外国関係の事柄が多く説明される。

オランダ風説書の清教徒革命

慶安３年（1650）、長崎のオランダ商館長は清教徒革命について「宗教に反対して起つた流血の内乱に由来するもので、（中略）国王並に議会は、今に至るまで既に九ヶ年に亙つて戦つてゐる」とその原因と経過について述べ、「我等の宗教〔新教〕である議会は国王に反抗して起ち、遂に戦争中に国王を捕へて断頭台上に送つた」と国王チャールズ1世の処刑（1649年）を幕府に報知した（『和蘭風説書集成』）。オランダ側が情報を取捨選択するものの、イギリスの政情は幕府も把握していた。

れていた。たとえば、明暦３年（1657）の輸入品目には、イギリスの緞子（どんす）（Engelze dmasten）95反が見られる（石田千尋『日蘭貿易の史的研究』）。17世紀後半、毛織物は富裕な町人のあいだで人気を高めていたのである。

幕府は寛永18年以降、オランダ商館長に世界情勢の報告を義務づける。報告書は「オランダ風説書」と呼ばれ、幕府が世界を知る重要なソースとなった。たとえば、慶安３年（1650）の風説書ではイギリスの清教徒革命の経緯が報告され、寛文2年（1662）の風説書には、イギリス国王がカトリック国のポルトガル王女と結婚したことが記される。幕府は「鎖国」後もイギリスに無関心だったわけではなく、イギリスを含むヨーロッパ勢力の動静について目配りをしていたのである。

2 リターン号の長崎来航

The Arrival of the Return in Nagasaki

17世紀後半、ヨーロッパでは英蘭関係が悪化していた。オランダの中継貿易を排除することを意図した航海法が1651年にイギリスで制定されると、翌年両国は開戦。イギリス優位のかたちで1654年に講和がなされる。さらに、1665～67年、1672～74年と３次にわたる戦争により、オランダの海上覇権が揺らぎつつあった。このようななか、オランダが独占的地位を占めていた対日貿易に、イギリスはふたたび参入しようとする。

1671年、イギリス東インド会社は３隻の船をバンタムに派遣した。目的は毛織物などのイギリス製品を日本で販売し、金銀銅といった貴金属を入手することである。３隻のうちリターン号は延宝元年（1673）５月25日、長崎に入港する。国王の親書を携えてきた船長サイモン・デルボーは、通商再開の希望を長崎奉行岡野貞明に伝え、岡野は江

37. 長崎のリターン号
「寛文長崎図屏風」（部分）　長崎歴史文化博物館蔵
17世紀後半の長崎を描いた屏風。船の下に「ゑけれす」との文字が見える。

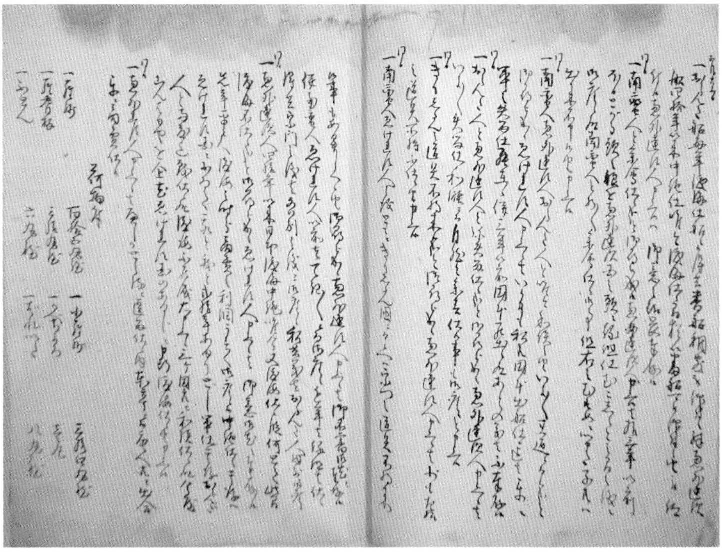

38.「えけれす船入津万覚帳」
延宝元年（1673） 長崎歴史文化博物館蔵
日本側の対応を5月25日から日記形式で記した文書。掲載部分では日本側がイギリス側に質問をおこない、イギリス国王がポルトガル王女と結婚したことを確認している。

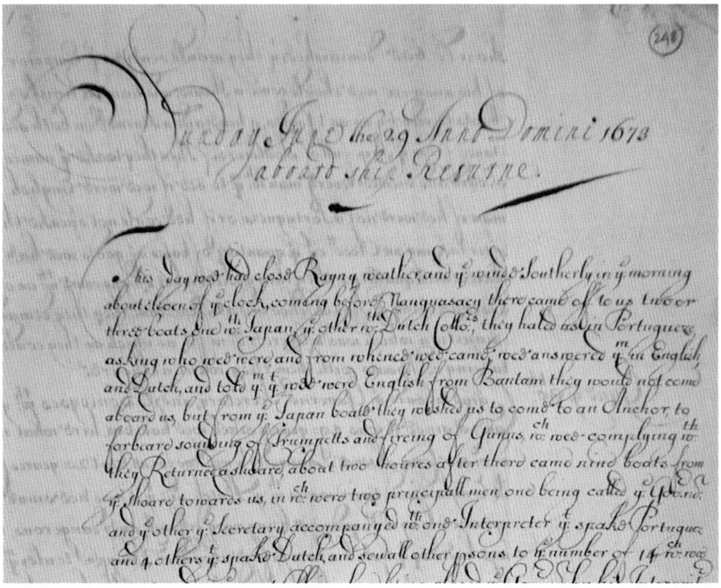

248

Tuesday June the 29 Anno Domini 1673
Aboard ship Returne.

This day wee had close Rayny weather, and ye winde Southerly in ye morning about eleven of ye clock, coming before Nanguasacy there came off to us two or three boats one wth Japan, ye other wth Dutch Collrs, they haled us in Portuguez asking who wee were and from whence wee came; wee answered ym in English and Dutch, and told ym yt wee were English from Bantam they would not come aboard us, but from ye Japan boate they wished us to come to an Anchor, to forbeare sounding of Trumpetts and fireing of Gunns, wch wee complying wth they Returned ashoare, about two houres after there came nine boats from ye Shoare towards us, in wch were two principall men one being called ye Governo. and ye other ye Secretary accompanyed wth one Interpreter yt spake Portuguez and 4 others yt spake Dutch, and severall other psons to ye number of 14 wch wee

39. リターン号の日記
"Simon Delboe, Hamon Gibbon and William Ramsden at Macao to Gerald Aungier at Bombay, 2 Dec 1673, with their diary of the Return's visit to Nagasaki 29 Jun-28 Jul 1673"(IOR/E/3/34) 1673年 大英図書館蔵
By permission of the British Library
リターン号船長デルボーの日記は大英図書館に所蔵される。デルボーは来日前、日本側にカトリックの疑いをかけられることを予期していた。

戸に指示をあおいだ。実のところ、岡野は通商は許可されるだろうと判断しており、その観測をイギリス側にも伝えていた。幕府はポルトガル・スペイン船の来航は禁じていたが、それ以外の国籍の船については方針を示していなかったのである（松尾晋一『江戸幕府と国防』）。

6月12日、大老酒井忠清は、イギリス側の要求を拒絶し以降の渡航も禁止する旨を長崎に伝達する。その理由として、国王チャールズ2世とポルトガル王女カタリナの結婚が挙げられていた。カトリック国とイギリス王室が婚姻関係にあることが問題視されたのである。また人気のない毛織物を持ち込んだことも、貿易再開を果たせなかった一因との指摘もある（朝治啓三「リターン号事件と一七世紀後半の国際関係」）。長崎奉行は25日、幕府の回答をデルボーに通告。リターン号は7月26日、長崎を出帆した。以降、イギリス船は長きにわたって日本に姿を見せることはなかった。

3 日本人のイギリス観

Britain Through the Eyes of the Japanese

イギリス人の訪(おとな)いが少なくなったこのころ、日本人はイギリスをどのように視ていたのだろうか。江戸時代の前期・中期に刊行された図や典籍から、イギリス（人）について書きあらわされたものを紹介してみよう。

正保２年（1645）に長崎で刊行された「〔万国人物図〕」には、世界40の国・地域の人物の容貌・服装が男女一組ずつ描かれるが、このなかに「いんけれす」と注記されたイギリス人の姿もある。また石川俊之（流宣(とものぶ)）の作図した「万国総界図」（世界地図）にはヨーロッパも表現されるが、そのなかにイギリスが示されている。

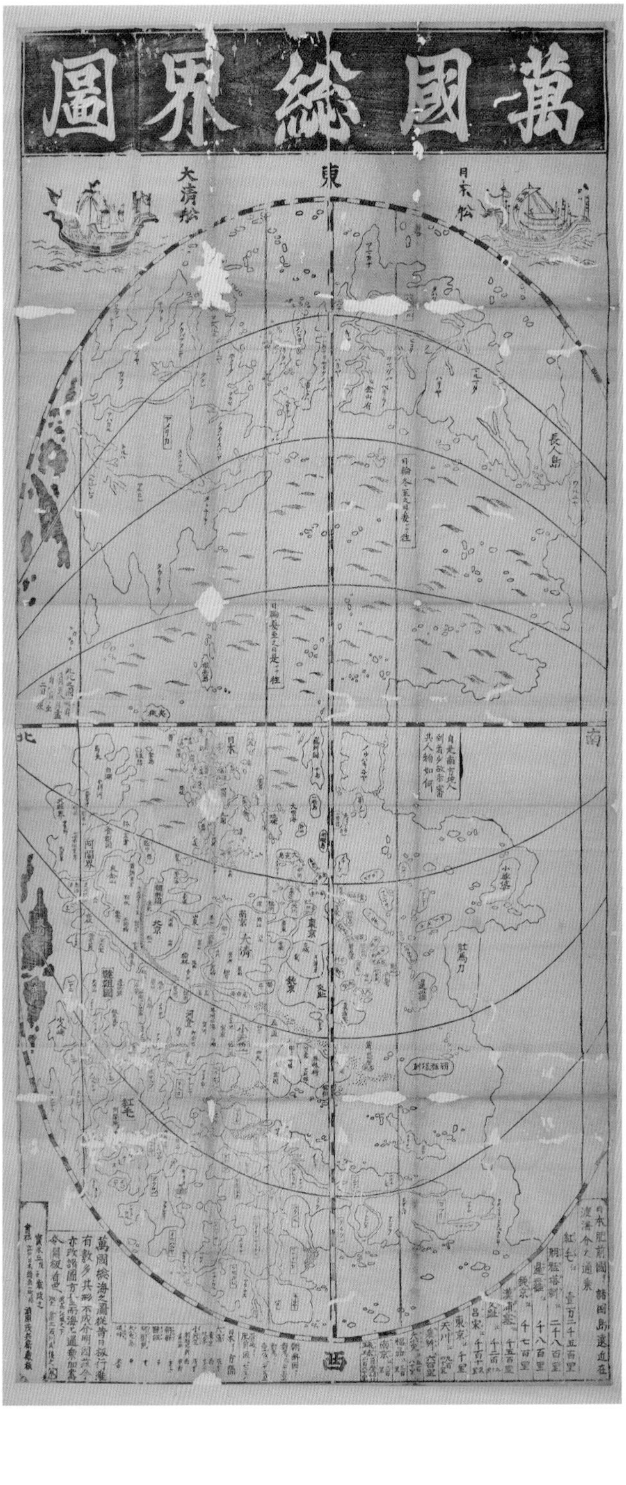

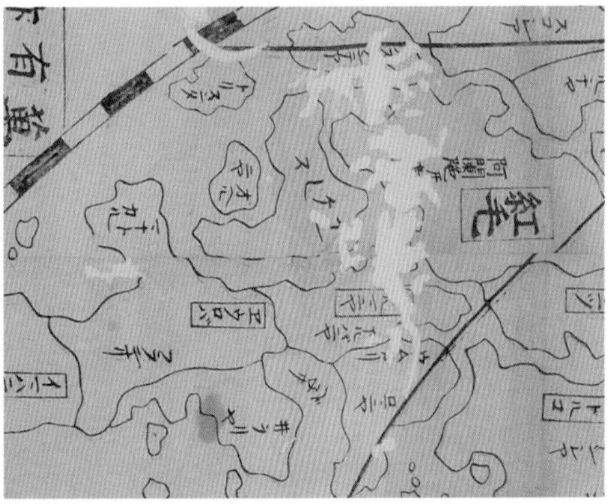

40.「万国総界図」石川俊之（流宣）図
宝永５年（1708） 横浜開港資料館蔵
石川流宣は浮世絵師として活躍するとともに、「江戸図鑑綱目」など多くの絵図や地誌をものにした人物としても知られる。本図は木版刷り。17世紀なかばの「万国総図」を手本にしたと推測されている。拡大図の「紅毛」との太い表記の左に「インケレス」と表示されたイギリスが見える。

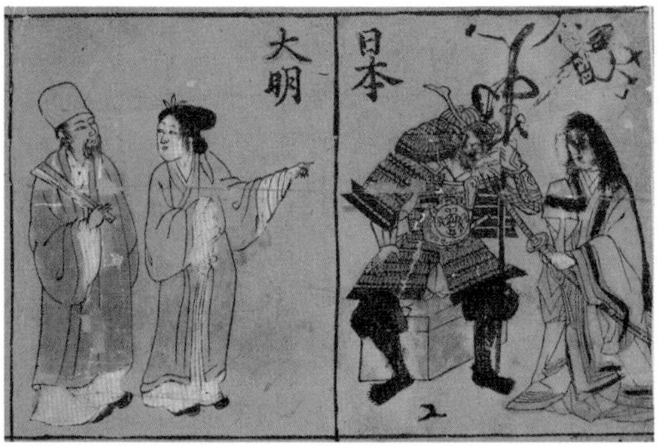

41.「〔万国人物図〕」

正保2年（1645） 横浜開港資料館蔵

「正保丁酉季春吉辰／於肥州彼杵郡／長崎津開板」と詞書にある。作者不詳だが、長崎の学者樋口謙貞の可能性が指摘されている。本資料は「万国総図」の資料名で、世界地図と対になるかたちで他館にも所蔵がある。

海外情報が多く流れ込んだ長崎には、イギリスに関して知識を持つものもあらわれた。町人学者・西川如見は、世界地理書『増補華夷通商考』のなかに「ヱゲレス」の項目を立て、「人物ヲランダニ似タル由」とオランダ人に容貌が似ていることを記し、「昔ハ平戸ヘ年々入津セシカトモ商売利無キ由ニテ手前ヨリ退テ不来」と、貿易不振により撤退したことを記している。

また、如見の意を受けて息子の西川正休が執筆した『長崎夜話草』では、「諳厄利亜国は紅毛国(オランダ)に近き島国にて豊饒の水土およそ日本程の国なるよし」と日本と土地柄が似ていることを指摘し、「此国の人は紅毛よりは義強く心猛き風俗にて、貪るこゝろすくなきにや。おのれよりねがひて渡海を止めしも(1623年の平戸撤退)世のいきほひを能見知たるゆへにやと覚ゆ」と、オランダ人よりも「義」が強く貪欲ではないこと、世界情勢を見極める力があることなど、その性向を高く評価している。

ところで18世紀の終わりころになると、イギリスの世界進出とその繁栄が知られるようになる。たとえば、寛政10年(1798)に著された本多利明の『西域物語』は「凡そ大世界の海洋にヱケレス領のなきはなし」と記し、「極寒の土地」で「国産乏しく、何一つ取る所のなき廃島」だったイギリスが、「かくのごとく大良国に成たる」ことに称賛の視線を送る。しかし、18世紀はじめの日本人はイギリスをまだ「強国」とは認識していなかった。

42. 西川如見『四拾弐国人物図説』
享保5年(1720) 横浜開港資料館蔵
世界の民族の容貌・服装をイラストで紹介した書籍。イギリス人は「諳厄利亜」と表記され、「インギリヤ」「エンゲレス」と二通りの読みがふられる。また、「阿蘭陀国の西海中の島国也、尤寒国にて風俗阿蘭陀人に似て」いると解説がある。

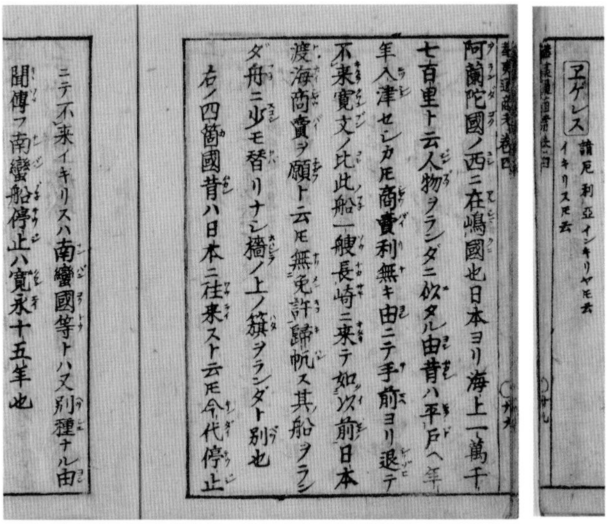
ヱゲレス 諳厄利亞 インキリヤト云 イギリスト云

阿蘭陀國ノ西ニ在嶋國也日本ヨリ海上一萬千七百里ト云人物ヲランダニ似タル由昔ハ平戸ヘ年年入津セシカド商賣利無キ由ニテ手前ヨリ退テ不来寛文ノ比此船一艘長崎ニ来テ如以前日本渡海商賣ヲ願ト云ド無免許歸帆ス其船ヲランダ舟ニ少モ替リナシ檣ノ上ノ旗ヲランダト別也右ノ四箇國昔ハ日本ニ往来スト云ド今代停止ニテ不来イギリスハ南蠻國等トハ又別種ナル由聞傳フ南蠻船停止ハ寛永十五年也

43

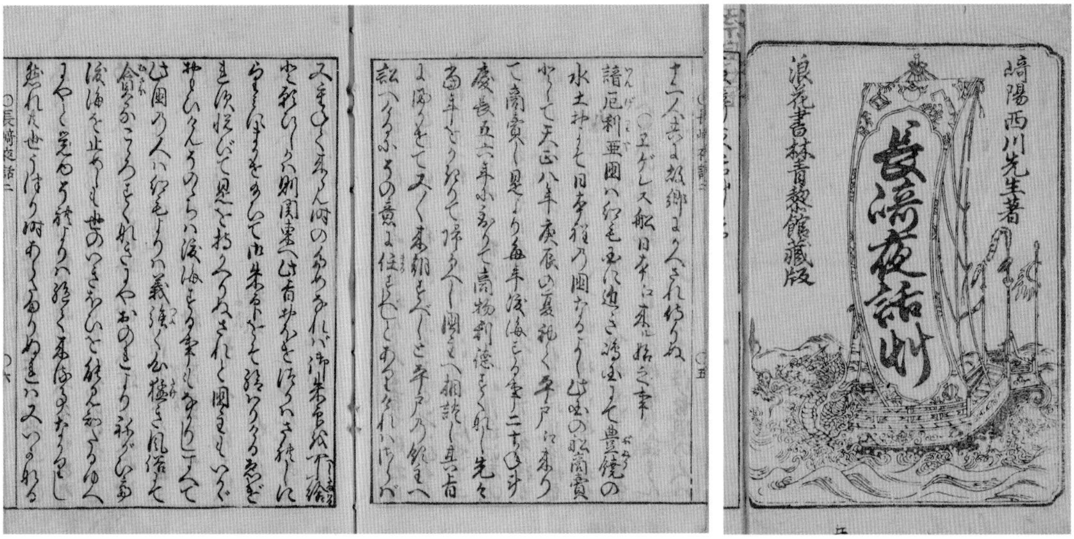
崎陽西川先生著
長崎夜話草
浪花書林青藜館蔵版

44

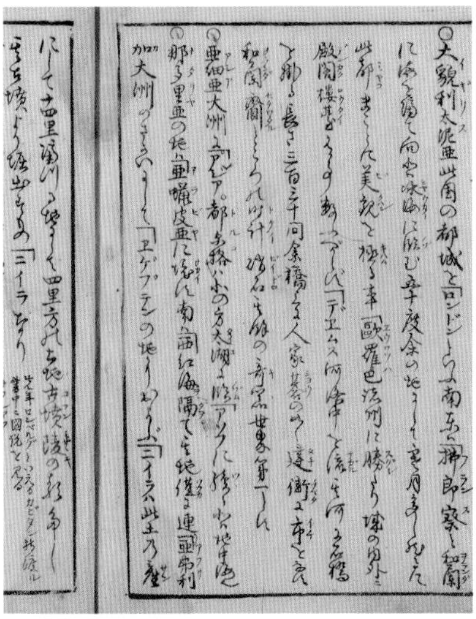

45

43. 西川如見『増補華夷通商考』
宝永5年（1708） 横浜開港資料館蔵

44. 西川正休編『長崎夜話草』
享保5年（1720） 奈良女子大学学術情報センター蔵

45. 司馬江漢『地球全図略説』
寛政5年（1793） 横浜開港資料館蔵
作者は江戸時代中期の洋風画家で、西洋の自然科学の紹介もおこなった。本書では地球の構造や世界地理を概説する。ロンドンについては「此都まことに美観を極る事欧羅巴諸州に勝たり」とその美しさを称賛している。

4 英語で記された日本

Depictions of Japan in English

一方イギリスでも、日本を紹介した書籍が英訳・刊行されるようになる。

元長崎オランダ商館長のフランソワ・カロンが著した『日本大王国志』(オランダ語、1661年)は、日本の政治や宗教などいくつかのトピックを概説したものだが、英訳されて1663年にロンドンでも刊行される。本書では、たとえば日本人の性質について「名誉を維持するためには悦んで生命を捨てる」などと記され、その後の日本観の形成に影響をあたえた。

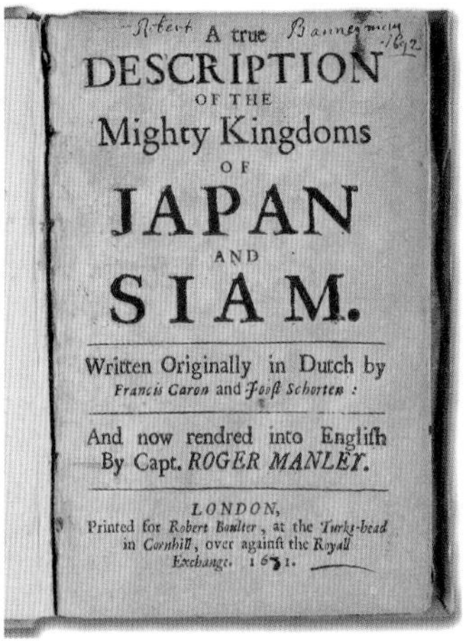

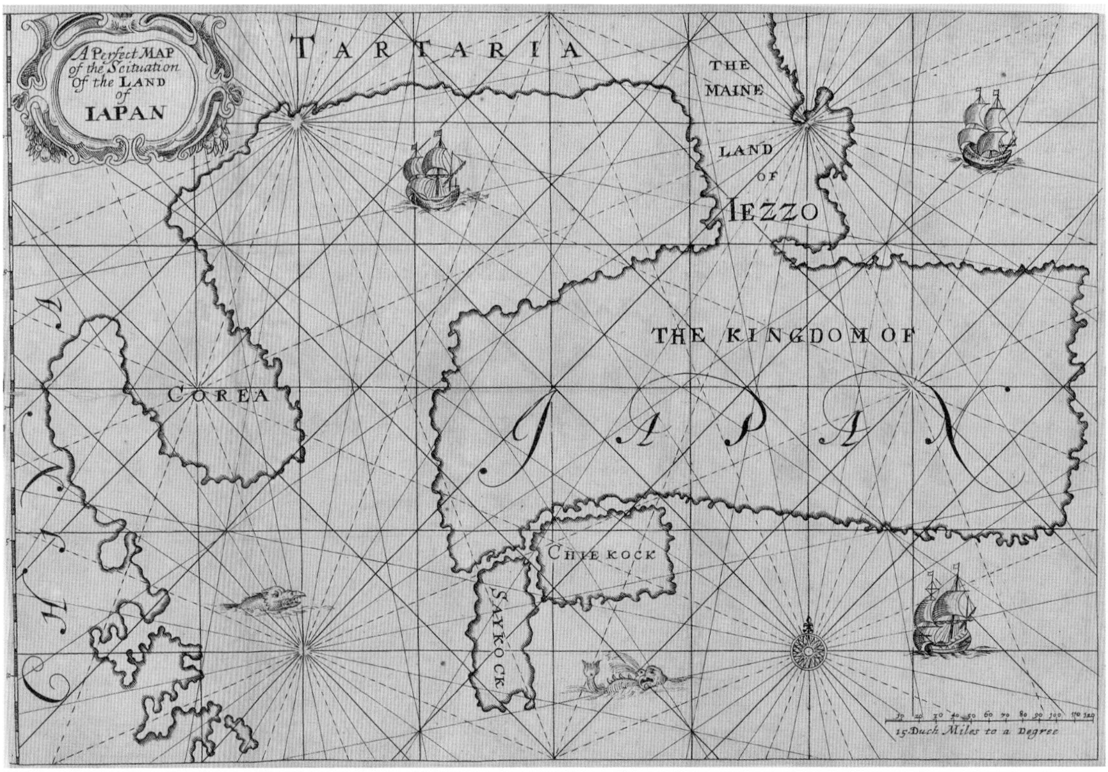

46. カロン『日本大王国志』
François Caron, *A True Description of the Mighty Kingdoms of Japan and Siam* 1671年
(英語版) 横浜開港資料館蔵
作者は1619年に平戸商館に着任し、日本語にも堪能だったという。横浜開港資料館所蔵本はマンリー(Roger Manley)による英語版。挿図の日本図は同時期の地図に比較すると不正確である。

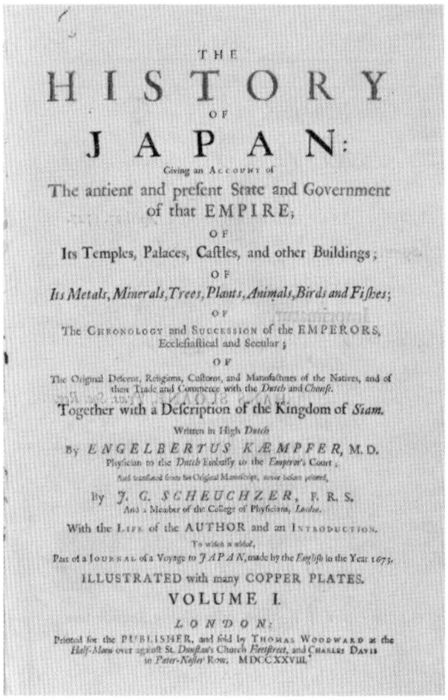

THE
HISTORY
OF
JAPAN:
Giving an Account of
The antient and present State and Government of that EMPIRE;
OF
Its Temples, Palaces, Castles, and other Buildings;
OF
Its Metals, Minerals, Trees, Plants, Animals, Birds and Fishes;
OF
The Chronology and Succession of the EMPERORS, Ecclesiastical and Secular;
OF
The Original Descent, Religions, Customs, and Manufactures of the Natives, and of their Trade and Commerce with the Dutch and Chinese.
Together with a Description of the Kingdom of Siam.
Written in High Dutch
By ENGELBERTUS KÆMPFER, M.D.
Physician to the Dutch Embassy to the Emperor's Court;
And translated from his Original Manuscript, never before printed,
By J. G. SCHEUCHZER, F.R.S.
And a Member of the College of Physicians, London.
With the Life of the AUTHOR and an Introduction.
To which is added,
Part of a Journal of a Voyage to JAPAN, made by the English in the Year 1673.
ILLUSTRATED with many COPPER PLATES.
VOLUME I.
LONDON:
Printed for the PUBLISHER, and sold by Thomas Woodward at the Half-Moon over against St. Dunstan's Church Fleetstreet, and Charles Davis in Pater-Noster Row. MDCCXXVIII.

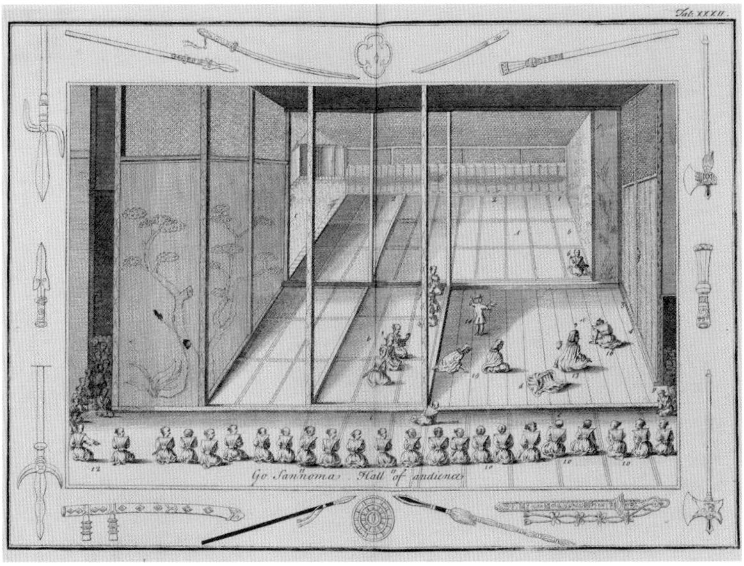

47

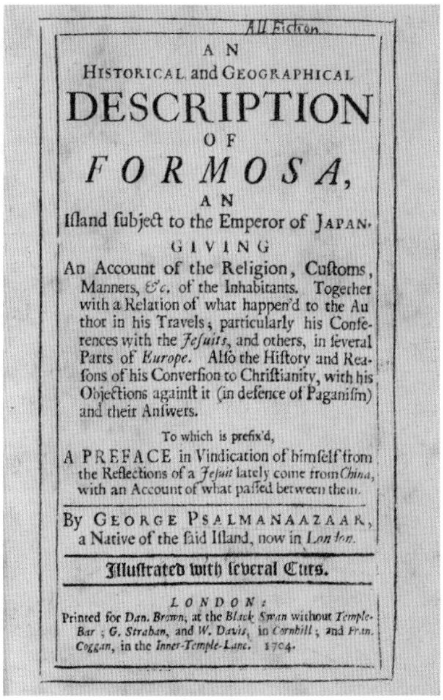

AN
HISTORICAL and GEOGRAPHICAL
DESCRIPTION
OF
FORMOSA,
AN
Island subject to the Emperor of JAPAN.
GIVING
An Account of the Religion, Customs, Manners, &c. of the Inhabitants. Together with a Relation of what happen'd to the Author in his Travels; particularly his Conferences with the Jesuits, and others, in several Parts of Europe. Also the History and Reasons of his Conversion to Christianity, with his Objections against it (in defence of Paganism) and their Answers.
To which is prefix'd,
A PREFACE in Vindication of himself from the Reflections of a Jesuit lately come from China, with an Account of what passed between them.
By GEORGE PSALMANAAZAAR, a Native of the said Island, now in London.
Illustrated with several Cuts.
LONDON:
Printed for Dan. Brown, at the Black Swan without Temple-Bar; G. Strahan, and W. Davis, in Cornhill; and Fran. Coggan, in the Inner-Temple-Lane. 1704.

48

47. ケンペル『日本誌』
Engelbert Kaempfer, John Gaspar Scheuchzer, *The History of Japan* 1728年　横浜開港資料館蔵
本書はケンペルの遺稿を入手したイギリスのスローン卿が、ショイヒツァーに編集を依頼しロンドンで最初に刊行された。図版はオランダ人が将軍に拝謁する場面。初版は1727年だが横浜開港資料館所蔵本の刊行年は1728年。

48. サルマナザール『台湾誌』
George Psalmanazar, *An Historical and Geographical Description of Formosa, an Island Subject to the Emperor of Japan* 1704年　横浜開港資料館蔵
ロンドンの出版社から1704年に発刊された台湾に関する「偽書」。日本に関する記述も散見される。

長崎出島に勤務したドイツ人エンゲルベルト・ケンペルの『日本誌』は、ヨーロッパ人初の本格的な日本研究書として知られるが、同書は1727年にロンドンで発行された英語版ではじめて世に出る。重厚な内容をもつ本書では、日本の政治、社会、宗教、自然、動植物など広範なトピックが精緻な図版とともに紹介され、イギリス人は日本の諸相を視覚的にとらえることが可能になった。

一方、日本に関する「偽書」、サルマナザールの『台湾誌』もイギリスで出版された。フランス出身の作者は、キリスト教に改宗した台湾生まれの日本人を名乗り、空想による台湾と日本の情勢をイギリス各地で講演してまわった。サルマナザールは、本書で日本人の「賢明さ、知恵の鋭さ」を評価するなど、「偽書」ながら中国人にくらべて知られるところが少なかった日本人のイメージ形成に一役買った。

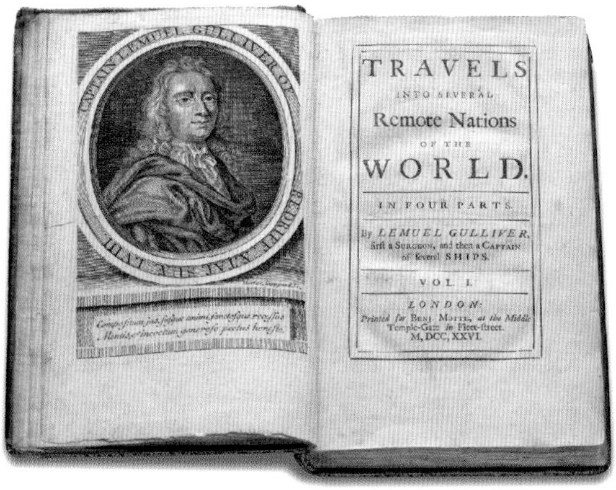

49. スウィフト『ガリバー旅行記』
Jonathan Swift, *Travels into Several Remote Nations of the World* 1726年　明星大学蔵
スウィフトはアイルランドのダブリンの生まれ。59歳のときに本書を出版した。

さらに、小説のなかにも日本が登場する。ジョナサン・スウィフトの『ガリバー旅行記』である。ガリバーは1709年５月６日(架空の日付)、「不死の国」ラグナグの都を発して日本を目指し、「ザモスキという小さな港町」に上陸した。「町は狭い海峡の西側にあり、そこを北へ通り抜けると、細長い入江の北西に首都の江戸が広がる」(山田蘭訳『ガリバー旅行記』)というから、ザモスキは東京湾の浦賀水道の西側、三浦半島東岸の港町だろうか。ガリバーは江戸で「皇帝」(将軍)と謁見した後、長崎からオランダ船で帰国の途につく。フィクションの王国を旅してきたガリバーは、イギリスにもどる最後の行程で日本にあらわれる。空想と現実世界をつなぐ異境の地が日本だったというべきだろうか。

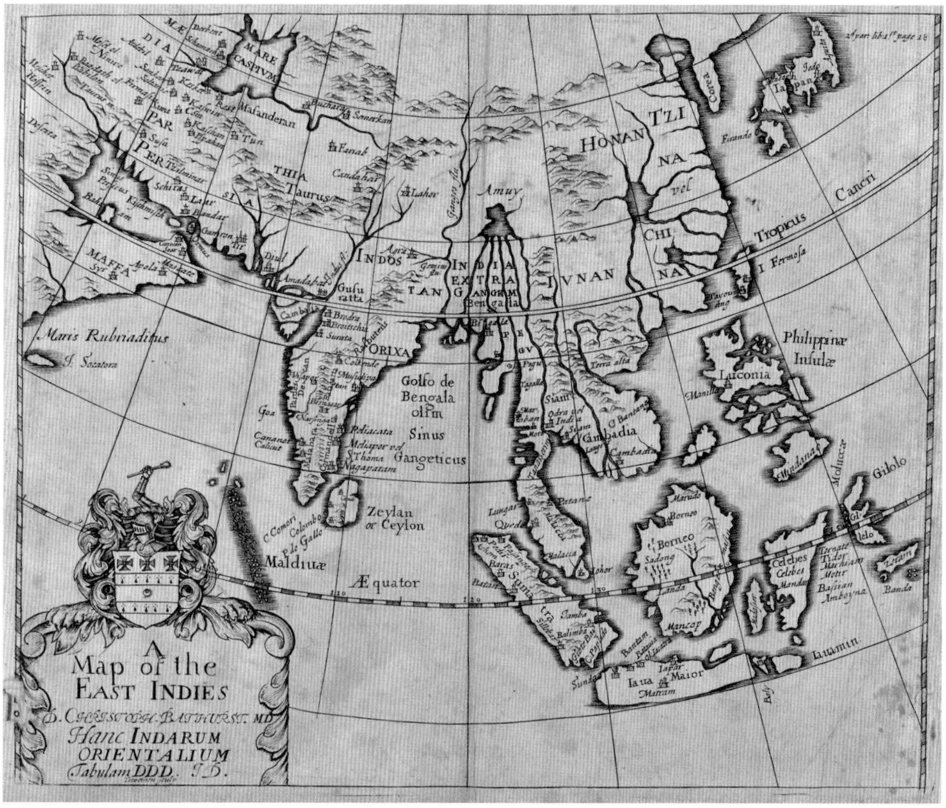

50. 英語で記されたアジア地図
Johann Albrecht von Mandelslo, *Voyages & Travels of J. Albert de Mandelslo into the East-Indies* 1662年　横浜開港資料館蔵
マンデルスロはドイツの冒険家。1630年代にペルシャとインドを旅し、旅行記を残した。英訳はJohn Davies。「日本の国が島なのか大陸の一部なのか断言できないことを、日本人自身が認めている」(『近世日英交流地誌地図年表』)との記述もある。

ガリバーの将軍謁見

『ガリバー旅行記』では、江戸でガリバーが将軍に謁見するシーンが描かれる。「皇帝（将軍）は、通訳を通してわたしに、何なりと望みを申してみるがいい、わが兄弟たるラグナグ国王とのよしみで、どんなことでもかなえてやろうと言ってくださった。（中略）そこで、以前から考えておいたとおりの答えを返す。わたしはオランダの商人ですが、遠い国で船が難破してしまい、海や陸をたどってラグナグにたどりつきました。（中略）どうか長崎までわたしをお送りいただけますよう、と。そしてもうひとつ、ラグナグ国王のご厚情に免じて、わがオランダの同胞に課せられるという踏み絵の儀式だけはどうかご勘弁をいただきたい、わたしは（中略）ただただ不運のためにここまで流れついたのですから」（山田蘭訳『ガリバー旅行記』）

51.「日本図」モル
"Iapon or Niphon: The Land of Jesso and Straits of the Vries & C." Herman Moll 1712年　横浜開港資料館蔵

ロンドンで出版された英語の日本地図。17世紀はじめの日本図には見えなかった蝦夷地（北海道、IESSOと記される）が見える。蝦夷地は中国大陸とつながっていると考えられていた。ハーマン・モルはオランダ出身で、18世紀前半にイギリスで活躍した地図製作者。

5 18世紀イギリスの世界進出

Britain's Global Expansion in the 18th Century

イギリスは18世紀にはいって商工業を保護する政策をとり、フランスとともに世界各地で力を増しつつあった。北アメリカやカリブ諸島で支配地を広げたイギリスは、1732年までに13の植民地を北アメリカ大西洋岸に形成する。北米との貿易拡大(ことに砂糖は重要な輸入品になる)によって、イギリスは17世紀後半から18世紀後半にかけて「商業革命」とも呼ばれる大きな経済成長を遂げる。

1740年から1744年にかけて、イギリス海軍のジョージ・アンソンは、大西洋・メキシコ・太平洋を経由してフィリピン・中国に来航した。アンソンは太平洋上のスペイン勢力を駆逐しつつ、アジ

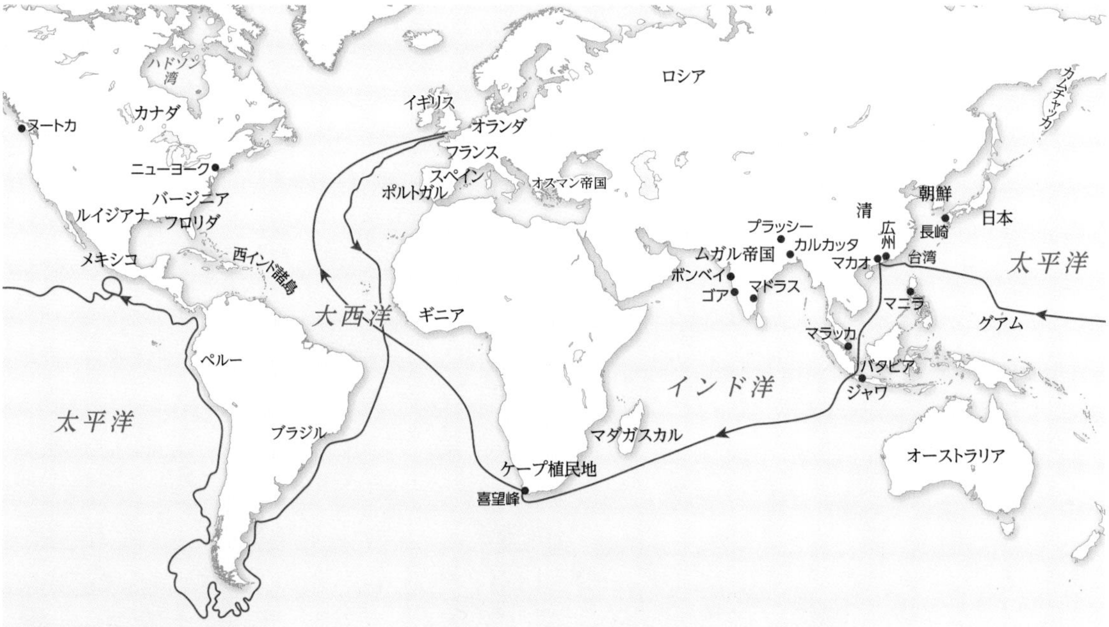

地図4. 18世紀半ばの世界地図とアンソンの航路
George Anson, *A Voyage round the World, in the Years 1740, 41, 42, 43, 44.* の挿図をもとに作図

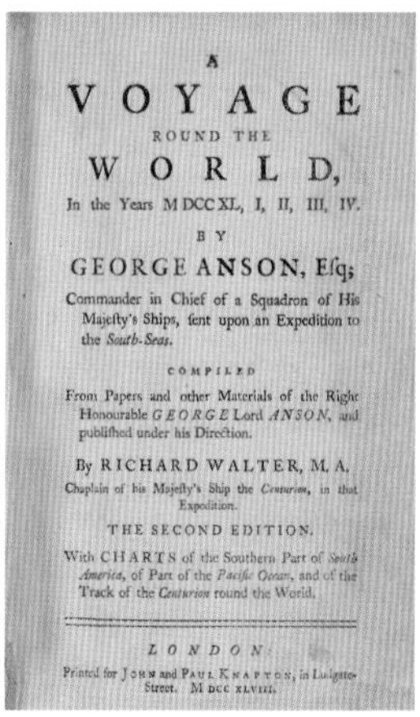

A
VOYAGE
ROUND THE
WORLD,
In the Years MDCCXL, I, II, III, IV.
BY
GEORGE ANSON, Esq;
Commander in Chief of a Squadron of His Majesty's Ships, sent upon an Expedition to the South-Seas.
COMPILED
From Papers and other Materials of the Right Honourable GEORGE Lord ANSON, and published under his Direction.
By RICHARD WALTER, M.A.
Chaplain of his Majesty's Ship the Centurion, in that Expedition.
THE SECOND EDITION.
With CHARTS of the Southern Part of South America, of Part of the Pacific Ocean, and of the Track of the Centurion round the World.
LONDON:
Printed for John and Paul Knapton, in Ludgate-Street. MDCCXLVIII.

52. アンソン『世界周航記』
George Anson, *A Voyage round the World, in the Years 1740, 41, 42, 43, 44* 1748年　横浜開港資料館蔵
アンソンの世界航海の成功はイギリスで熱狂をもって迎えられ、太平洋貿易においてもイギリスが主導権を握る契機となった。帰国後の1748年に出版された本書は評判を呼び版を重ねる。横浜開港資料館所蔵本は第2版。アンソンは7年戦争時には海軍大臣をつとめ、イギリスのこの時期の勢力伸長にも寄与した。

アにイギリスの拠点を得ることをもくろんでいた。イギリスはアメリカ大陸からもアジアに視線を向けつつあった。

ヨーロッパでは多くの国を巻き込んだ7年戦争（1756〜63）がはじまった。戦いを優勢に進めたイギリスは、ヨーロッパ世界で主導的な地位を手にすることになるが、その余波はインドにもおよんだ。1757年、ベンガル地方（現インド東部、バングラデシュ）のプラッシーで、イギリス東インド会社と、フランスが援助するベンガル太守のあいだで戦闘が発生する。戦いに勝利したイギリスは、1765年にムガル王朝からベンガルの徴税権を獲得。これをきっかけにイギリスはインドの支配を本格化させていく。

ところで、インドの良質な綿糸による手織綿布は、イギリスをはじめとするヨーロッパに輸出されたほか、江戸時代の日本にも「桟留」「唐桟」などの名称でもたらされ、江戸っ子の憧れの衣装となった。しかし、18世紀の終わりころからイギリス本国で機械織綿布の大量生産が可能になると、インドはイギリス綿布の輸出先となり、インドの綿織物産業は壊滅的な打撃を受けることになる。

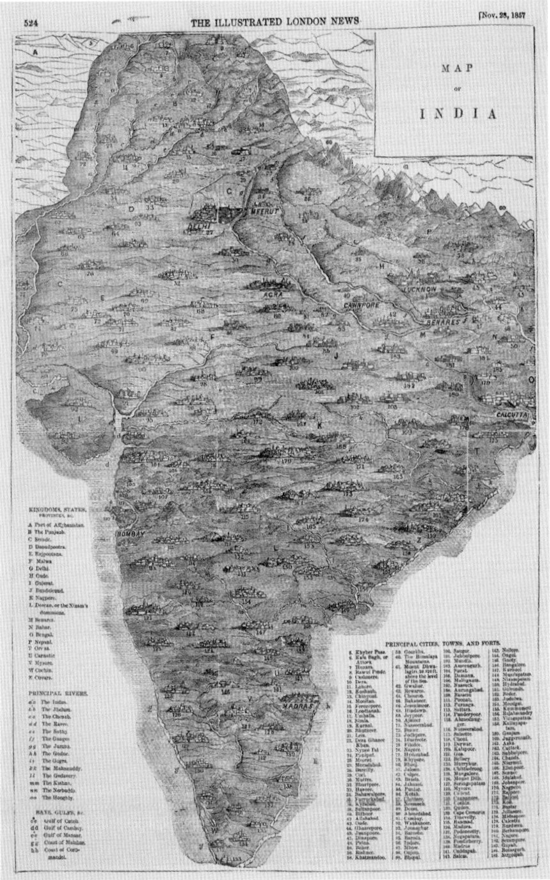

53. インドの地図
The Illustrated London News **1857年11月28日号**
横浜開港資料館蔵
インド大反乱（1857年）を報じたロンドンの絵入り新聞に掲載されたインドの地図。主要都市と藩王国などを示している。インド亜大陸の南東コロマンデル海岸のマドラスはイギリス東インド会社最初の根拠地。続いてイギリスは北西部のボンベイ（現ムンバイ）に進出する。

54. カルカッタの政庁
Thomas Milner, *The Gallery of Geography : a Pictorial & Descriptive Tour of the World* 1864年
横浜開港資料館蔵
イギリス東インド会社は植民地インドをマドラス・ボンベイ・ベンガルの3管区に分けて統治する。ベンガルの主要都市カルカッタ（現コルカタ）には1773年ベンガル総督が置かれ全インドを統括するようになる。同時にイギリス政府の会社に対する関与が強まることになった。

6 イギリスと中国

Britain and China

18世紀の東アジアとイギリスを結んだのは中国産の茶であった。茶(紅茶)は、都市化の進んだイギリス国内で大量に消費されるようになり、この世紀を通じて中国からイギリスへの茶の輸出は激増する。くわえて中国の磁器もイギリスでひろく愛好された。中国製の茶を中国製の磁器でたしなむのは当時の最先端のファッションであった。1784年、イギリスは減税法により茶の輸入関税をおよそ10分の1に引き下げ、さらに大量の茶がイギリスにもたらされるようになる。

一方清は1757年、ヨーロッパ諸国との通商を広州のみに限定することを布告した。広州での取引は公行(コホン)と呼ばれる特権商人の組合が中国側の主な担い手となる。ヨーロッパ人は特定の時期のみ広州に滞在することを許され、また特定地区の外に出歩くことを禁じられた。

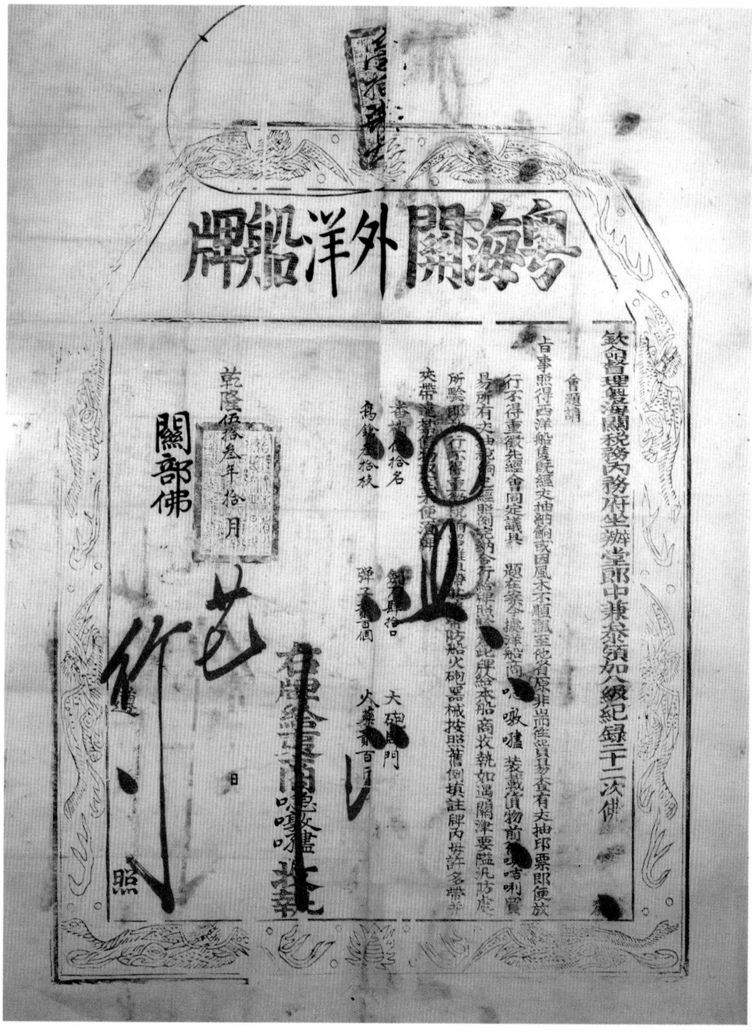
粵海關外洋船牌
乾隆伍拾叁年拾月
關部佛

55.「粵海関外洋船牌」
乾隆53年(1788)横浜開港資料館蔵
イギリスの船舶に発給された納税証書。航海に支障が生じて他の港に入港しても、再度課税してはならないと記されている。「粵海関」とは広州の税関のこと。

56. 茶葉を運ぶ中国の人たち
[Oblong book with 30 pages of black and white photos of the tea industry in Formosa, China and Japan] Geo. H. Macy & Co. 1910年頃
横浜開港資料館蔵

57. 広州の港
"China and Japan"（写真アルバム）
明治初期　横浜開港資料館蔵
本多利明の「西域物語」に「広東の港へ西洋諸国の大舶、渡海、交易して至て繁栄也」と記されるように、広州（広東）は18世紀中国の西欧への窓口でもあった。

18世紀後半、イギリスはアジア支配の中心地インドから中国に進出する足掛かりを求め、1786年にマラッカ海峡東岸のペナンを買収する。さらなる対中国貿易の拡大をはかるイギリス首相ウィリアム・ピット（小ピット）は清朝へ使節ジョージ・マカートニー（George Macartney）を派遣。マカートニーは1793年９月に熱河（中国皇帝の避暑地）で乾隆帝と謁見し、イギリス独自の貿易拠点や外交使節の北京駐在などを求めた。さらに1816年にはウィリアム・アマースト（William Pitt Amherst）が清を訪れ、貿易制限の改善を要求する。しかし、謁見儀礼のやりかたをめぐって双方の意見が対立したこともあり、いずれも目的を果たすことはできなかった。

58. マカートニーと乾隆帝
ジェームズ・ギルレイ画　1792年　（公財）東洋文庫蔵
清朝はマカートニーに対し、「三跪九叩頭の礼」（皇帝に謁見する前に３回跪き、９回頭を床に擦りつける儀礼）をおこなうように要求。マカートニーはこの屈辱的な儀礼を拒絶する。ただし、本図はマカートニーが北京に到着する前に描かれた想像図。

7 18世紀の日本

Japan in the 18th Century

イギリスが世界へと勢力をひろげていく18世紀。日本はどのような状況にあったのだろうか。「鎖国」下にあった江戸時代のなかでもその中期、日本は外国との関係が途絶えていたようにとらえられがちだが、日本の社会も外国情勢の影響を受けながら変容を遂げつつあった。

1684年、清は遷界令を撤廃し、外国商船が中国の港に来航することを許した(展海令)。中国の国内情勢は安定に向かいつつあったのである。展海令以降、長崎に来航する唐船は激増する。日本から中国への主要な輸出品は銀・銅といった貴金属類だったが、幕府はその流出をおそれ貿易額に制限を加えていく。国内でも貨幣経済が進展し、貴金属類の需要が高まっていたからである。18世紀なかばからは、中国向けの銅不足を補うかたちで、俵物(煎海鼠・干鮑・鱶鰭)や昆布などの海産物が輸出されるようになり、その生産地である蝦夷地の重要性が高まってくる。

幕府は一方で、生糸・絹織物・綿織物など中国船からの主要輸入品の国産自給化を奨励。18世紀を通じてこれら商品の国内生産量と品質が向上し、それにともなって唐船の積載量は減少していく。同様に、朝鮮からもたらされる朝鮮人参、琉球―薩摩を通じた薬種も、国産代替化によってその輸入量は減っていくことになる。

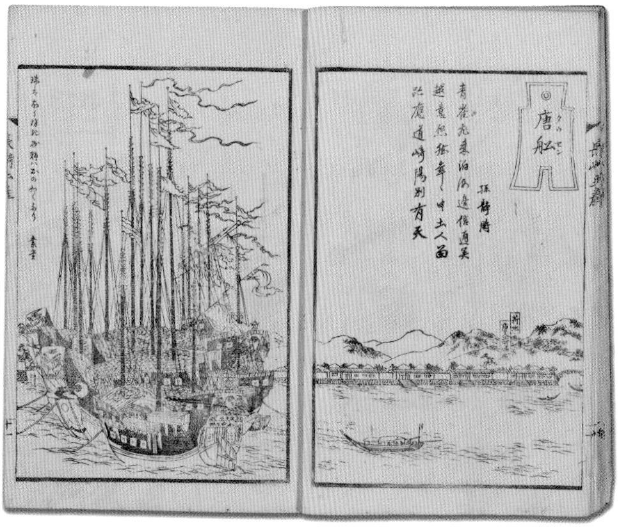

59

60

59. 60. 長崎の唐船と清朝人
磯野信春『長崎土産』弘化4年(1847) 横浜開港資料館蔵

1673年、清では三藩の乱が発生したが1681年に康熙帝はこれを平定。戦乱が収束したことから1684年、清は展海令を発布した。しかし、幕府は清との関係をオランダ同様商人どうしの通商関係にとどめ、外交関係は結ばなかった。

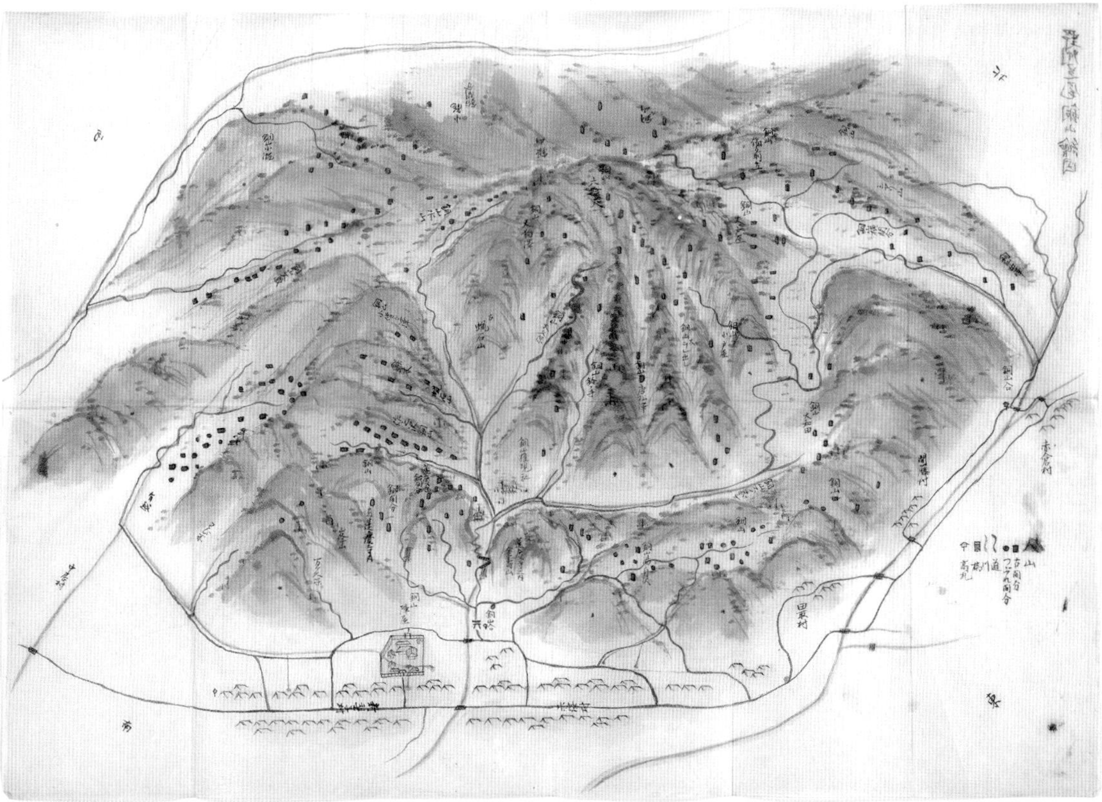

61. 足尾銅山の絵図
江戸時代後期　酒川玲子氏蔵　横浜開港資料館保管（小笠原家文書）
足尾銅山は近世日本の主要な銅産地であった。

62. 絹織物店
オールコック『大君の都』Rutherford Alcock, *The Capital of the Tycoon ; a Narrative of a Three Years' Residence in Japan*　1863年　横浜開港資料館蔵
元文期（1736～1741）には輸入生糸に劣らない品質の日本産の生糸（和糸）が生産されるようになり、それにともない絹織物生産も発展する。近世初期には輸入に依存していた生糸は、幕末には日本を代表する輸出品となっていた。

18世紀の日本と周辺諸国・地域との関係は安定しており、また欧米の勢力はまだ東アジアの海にはおよんでいなかった。18世紀の日本は、新たな国家と関係を取り結ぶ機会が結果としてなかったものの、18世紀後半に田沼意次（おきつぐ）がロシアとの通商を計画するなど、幕府は必ずしも「鎖国」を固定的な体制とはとらえていなかったようである。

しかし、18世紀末からの欧米船の来航により、幕府は外国とのつきあいかたを明確に説明する必要に迫られた。文化元年（1804）、ロシア使節レザノフが長崎に来航した際、幕府は朝鮮・琉球・中国・オランダ以外の国とは外交・通商関係をもたないのが「祖法」であるとして、その通商要求を拒絶した（藤田覚『近世後期政治史と対外関係』）。こうして、安定的な対外関係が揺らぎはじめるころに、「鎖国」が当初からの体制と認識されるようになっていく。

そして、18世紀末からの欧米船の来航には、世界情勢のさまざまな変動が関係していた。その変動のキープレイヤーはイギリスだったのである。

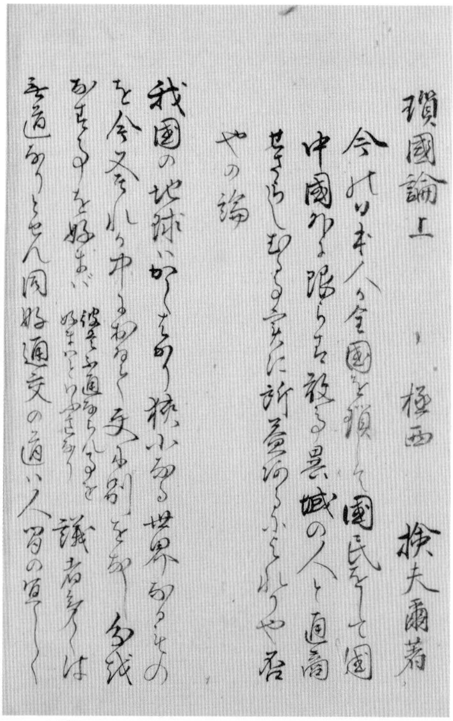
鎖國論上
極西 検夫爾著

63. 志筑（しづき）忠雄「鎖国論」（写本）
横浜開港資料館蔵

享和元年（1801）、長崎の元オランダ通詞志筑忠雄はケンペルの『日本誌』の一部を「鎖国論」として訳出。「鎖国」という用語はこの著作を機に広まることになる。

64. 長崎に来航したクルーゼンシュテルン
クルーゼンシュテルン『世界周航記』 A.I. de Krusenstern, *Voyage Autour du Monde, Fait dans les Annés 1803, 1804, 1805 et 1806* 1821年（フランス語版） 横浜開港資料館蔵

使節レザノフを長崎に運んだロシア艦ナジェージダ号の艦長。北からのロシアの足音も、西からのイギリスの接近とともに幕府を苦慮させることになる。

第3章

イギリスのアジア進出

Chapter 3

Britain's Push into Asia

1 ラッコの毛皮

Sea Otter Fur

18世紀後半、アメリカ北太平洋岸に棲息(せいそく)するラッコやビーバーの毛皮をめぐって、イギリス商人がロシア・アメリカ・スペインといった欧米の商人としのぎを削っていた。ビーバーの毛皮（内毛）を素材としたビーバー・ハットは高級な帽子として人気を博していたのである。一方、イギリスの探検家ジェームズ・クックの艦隊は1778年、ヌートカ（現カナダ南西部の太平洋岸・毛皮交易の拠点）で先住民からラッコの毛皮を入手、きわめて濃密で柔軟なその毛皮は高値をつけて中国の広州で売れた。この事実を知ったイギリス商人たちは、1780年代以降北米で入手した毛皮を貿易品として中国に持ち込むようになっていた。

寛政３年（1791）７月13日、イギリス人ジェームズ・コルネット（James Colnett）が指揮するアルゴノート号（Argonaut）が、ヌートカの毛皮を積み博多湾に入った。北米毛皮貿易の拡大にあたり大きな役割を果たした貿易商人ジョン・ミアズが、コルネットに朝鮮・日本で毛皮の販路をひらくよう命じたのである。リターン号以来のイギリス船の来日であった。小倉藩の抵抗にあったアルゴノート号は、その後日本沿岸数ヶ所に立ち寄ったもの目的を果たせず、朝鮮沿岸をへてマカオに帰還する。一方、ミアズは1790年にロンドンにもどり北

65

65. 毛皮を着たアラスカの人々
ビーチー『太平洋航海踏査録』Frederick William Beechey, *Narrative of a Voyage to the Pacific and Beering's Strait* 1831年　横浜開港資料館蔵
イギリス船ブロッサム号（Blossom）の艦長フレデリック・ビーチーの記録。アラスカ北西岸の先住民が、毛皮を見せながら近寄ってくるようすを描く。手にもつ毛皮の種類は特定できないがラッコの可能性も考えられる。なお北米毛皮交易の最盛期は短く、1830年代までには乱獲によって毛皮市場は縮小していた。
＊次頁図66は同書の付図。

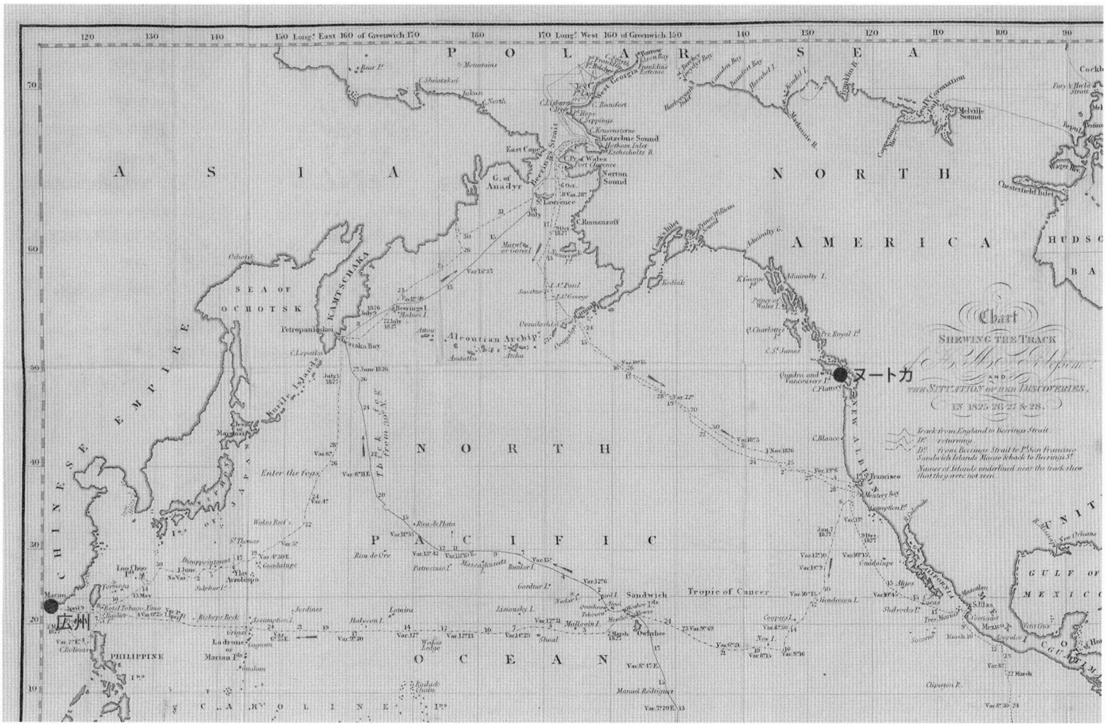

66

太平洋の航海記を出版する。そのなかでミアズは、毛皮貿易の販路を中国のほか日本・朝鮮にも拡大できる可能性を述べ、通商をおこなうための使節の派遣を主張した（横山伊徳『開国前夜の世界』）。

アルゴノート号来航から１ヶ月後の寛政３年９月、老中松平定信は異国船来航の際の対応について、従来より厳しく改訂した触れを発した。イギリス船来航によって、外国船の対処方針は大きく変更されようとしていた。

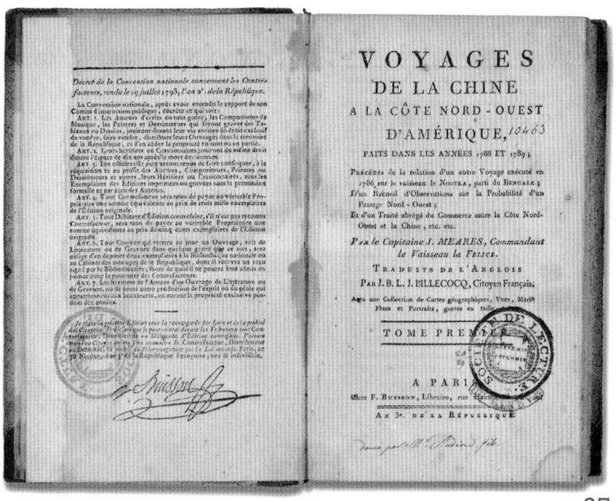

67

67. ミアズの北太平洋航海記
John Meares, *Voyages de la Chine a la Côte Nord-Ouest D'amérique* 1792年（フランス語版）　横浜開港資料館蔵

作者ミアズは元イギリス海軍軍人、のちに毛皮商人に転身して北米での毛皮取引に携わり、ヌートカ紛争で重要な役割を果たす。原著は1790年に英語で刊行されたが、横浜開港資料館所蔵本はフランス語版。

68

68. 千島での「海獺」猟
「大日本物産図会　千島国海獺採之図」明治10年（1877）
国立国会図書館蔵

千島諸島では「海獺」（アシカ・ラッコ）の猟がさかんだった。ミアズは日本近海で獲れるラッコの毛皮の質が北米やロシア産より優れていることも指摘している。

ブロートンの北方探検とロシア Broughton's Northern Expedition and Russia

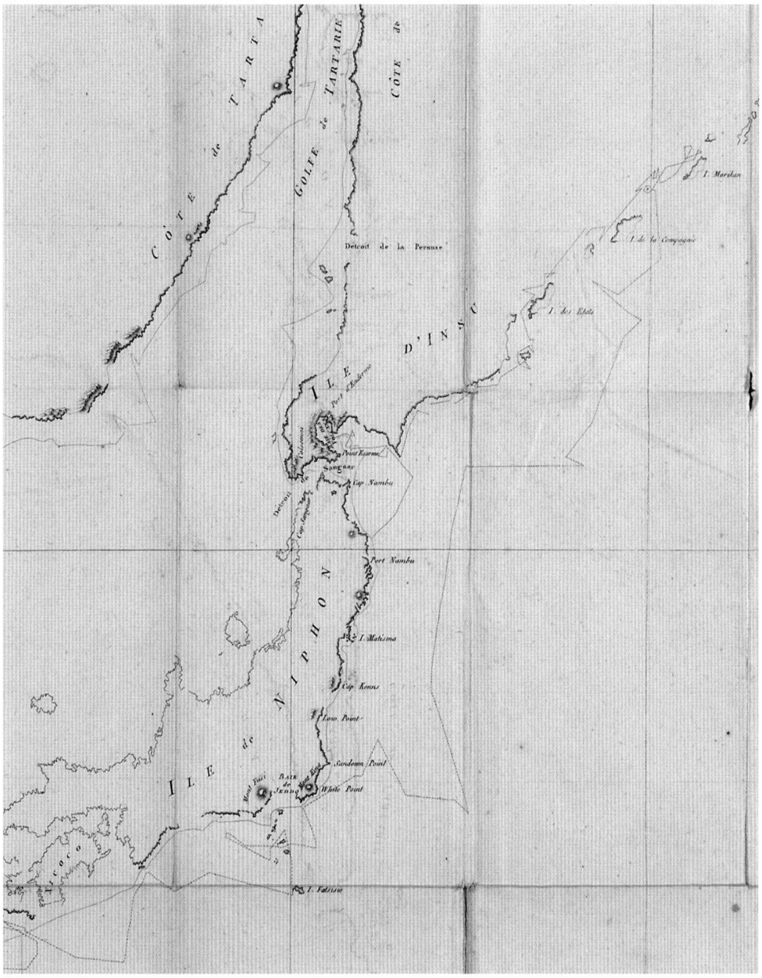

69. ブロートンの調査ルート（部分）
ブロートン『北太平洋航海踏査録』
William Robert Broughton,
Voyage de Découvertes dans la Partie Septentrionale de l'Océan Pacifique 1807年（フランス語版）
横浜開港資料館蔵

図中の点線がプロビデンス号の1796年の航行ルート。絵鞆から南千島へ航海し、反転して東北地方太平洋岸を南下。琉球にも立ち寄ってマカオに至った。原書は1804年に英語で出版されているが、横浜開港資料館所蔵本はフランス語に翻訳されたもの。

イギリスは毛皮交易をめぐってヌートカでスペインとたびたび軍事衝突を生じていた。スペインに対抗するため、イギリスは北米太平洋岸の水路測量を計画し、測量士官ウィリアム・ブロートンが指揮するプロビデンス号（Providence）を派遣する。ブロートンはバンクーバーから、測量の空白地帯であった北太平洋北西部に向かうことを決意。寛政８年（1796）８月、プロビデンス号は蝦夷地の絵鞆（えとも）（現室蘭市）に来航し沿岸部の測量を実施した。

このころ、ロシアもラッコの毛皮を追いかけていた。ラッコはもともとカムチャツカ半島沿岸に多く棲息していたが、乱獲のためその数が急減。ロシア商人はベーリング海峡を渡ってアラスカへ進出する一方、カムチャツカから千島（クリル）列島にも足を伸ばし毛皮を入手する。ロシアは1799年に極東・アラスカでの毛皮獲得を目的とした国策会社・露米会社を設立。文化元年（1804）、同社の代理人レザノフが対日通商を求め長崎に来航するが、その背景には耕作が不可能なアラスカの毛皮基地へ食糧を供給する意図もあったという（木村和男『毛皮交易が創る世界』）。

70. ラ・ペルーズの日本北方地図
"Carte des Découvertes Faites en 1787" 1797年　横浜開港資料館蔵

フランスの探検家ラ・ペルーズ伯爵が1787年におこなった沿海州・樺太・千島等の測量航海に基づく地図。日本の北方地域は地理学上不明な部分が多く、各国の探検家の注目を集めた。

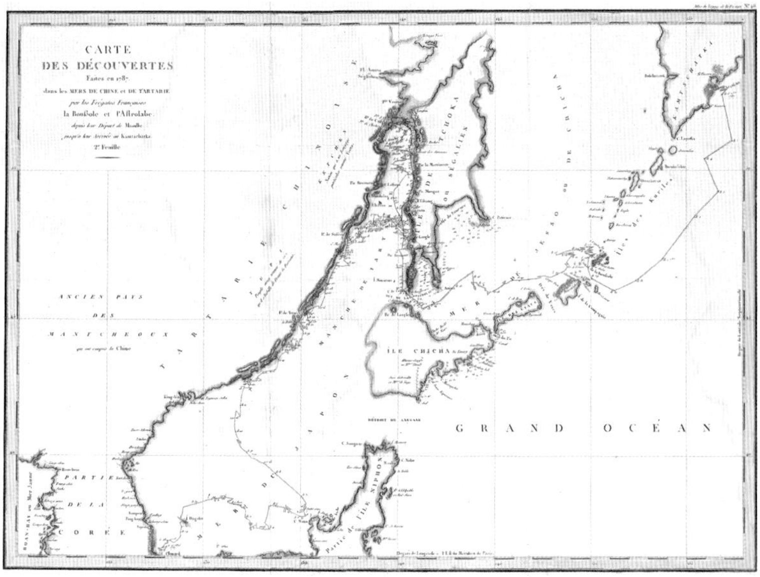

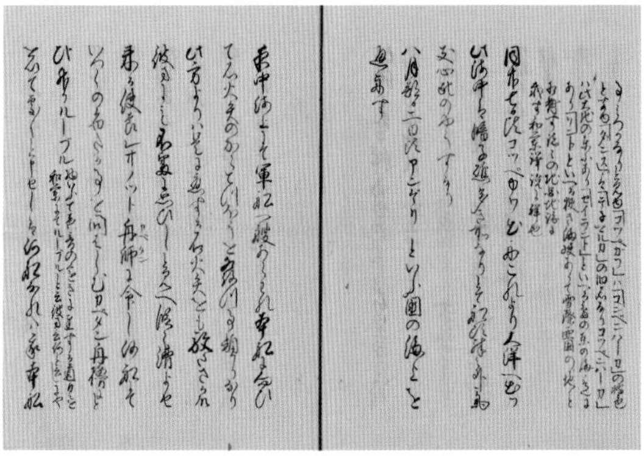

71. 漂流民の送還船、イギリスに寄港
『環海異聞』大槻茂質問、津太夫等答、志村弘強（石渓）記
文化4年（1807）　横浜開港資料館蔵

クルーゼンシュテルンは長崎来航時に石巻の漂流民津太夫らを送還した。本書は漂流民の見聞を蘭学者の大槻茂質（玄沢）が聞き取ったもの。掲載箇所は一行がロシアからの帰途、イギリスに寄港している部分。

72. ロシア人が描いたアイヌ
クルーゼンシュテルン『世界周航記』1821年
横浜開港資料館蔵

ロシアの軍人クルーゼンシュテルンは1803〜1806年に世界を一周する調査探検航海をおこなう。1804年にはレザノフをともなって長崎に入港。その後にカムチャツカ・千島・サハリンを調査。アイヌの人々とも接触した。

北太平洋海域における毛皮の「発見」と、太平洋の両岸を結ぶ壮大な交易ルートの確立という世界史の大きな流れのなかで、日本とイギリスは再び接触を持つことになった。そして、その流れのなかにはロシア人の姿も見え隠れしていたのである。イギリスとロシアの蝦夷地接近に脅威を覚えた幕府は寛政11年(1799)、東蝦夷地を松前藩からみずからの支配下に移すことになる(蝦夷地第一次上知（あげち）)。

2 ナポレオン戦争とフェートン号事件

The Napoleonic Wars and the Phaeton Incident

1789年、フランス革命が起こった。1795年、フランス革命軍がオランダ本国(連合ネーデルラント共和国)に侵入、共和国総督ウィレム5世はイギリスに亡命し、オランダの地はフランスに占領される。混乱のフランスで権力を握ったナポレオンは1806年に弟のルイ・ボナパルトをオランダ国王に任じる。

翌1807年、フランス軍はポルトガルのリスボンを占領した。これにより、ポルトガル領のマカオにフランス軍が進出する可能性が生じた。マカオは広州に近く、イギリスの対中国貿易が妨げられるおそれがある。そこで1808年7月、イギリスはウィリアム・デュリー(William Drury)の艦隊をマカオに送りその占領をくわだてるが、清側の拒

73. フェートン号の図
「崎陽録」 長崎歴史文化博物館蔵
艦長のペリューは1789年生まれで事件時は18歳だった。1852年にはインド・中国艦隊司令長官にまで昇進する。

絶にあう。この間デュリーは、フランスの支配下に置かれたオランダの船舶を攻撃することも検討し、フリートウッド・ペリュー(Fleetwood B. R. Pellew)を艦長とするフェートン号をマカオから分派する。フェートン号は、マカオ占領作戦の一環として、バタビアから長崎に向かうオランダ船の拿捕をねらっていたのである(宮地正人「ナポレオン戦争とフェートン号事件」)。

文化５年(1808) ８月15日、フェートン号はオランダ国旗を掲げて長崎に入港した。通例にしたがい、オランダ商館員と長崎奉行所の役人が小舟で船に近づくと、船の武装兵が突然抜刀し、オランダ商館員を捕えた。ペリューは長崎奉行所に食糧と薪を要求する。

長崎奉行松平康英は長崎警備を担当していた佐賀藩に命じてフェートン号の焼き討ちを命じたが、同藩の警備体制は縮小されており、その準備を整えることができなかった。松平康英はやむなく食糧と薪をイギリス側にあたえ、８月17日フェートン号は長崎を出航する。この夜、康英は小宴を催したのち、イギリス船の入港を許した責任をとって自刃した。フェートン号事件である。

事件後、長崎の警備体制は強化され、異国船の検問体制が厳しくなった。また、長崎には従来の台場(砲台場)に加えて5ヶ所の台場が新たに建造され、翌年までに完成する。イギリスへの日本人の視線は厳しくならざるを得なかった。

74. ナポレオン（右）と世界を分け合うピット首相
「プラム・プディングの危機」ジェームス・ギルレイ画
1805年　伊丹市立美術館蔵

戦争下にある英仏の首脳が、プラム・プディング（菓子）に見立てた地球儀を分け合うさまを諷刺したイラスト。ナポレオンはヨーロッパ大陸を切り取り、ピットは大西洋より西の「海」を切り分けようとしている。

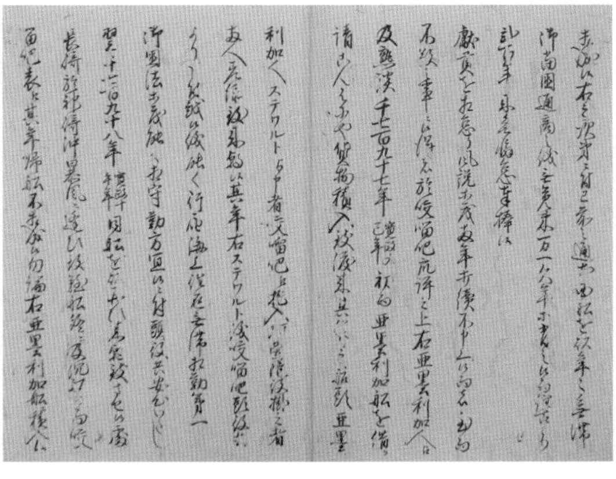

75. ナポレオン戦争の情報
「〔オランダ風説書〕」文化6年（1809）以降
長崎歴史文化博物館蔵

ナポレオン戦争（「本国筋戦争」）によりオランダ本国からジャカルタへの派船が難しくなり、1797年（寛政９年）にはジャカルタ政庁がアメリカ船を雇用して長崎に来航したことが記される。

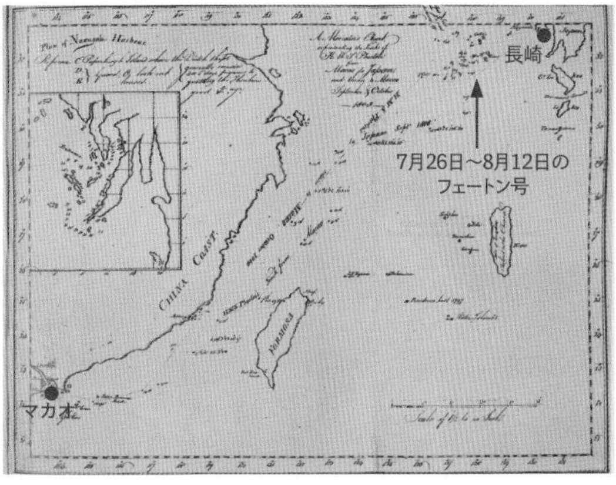

76. フェートン号の航路
Thomas Stamford Raffles, M. Paske-Smith ed., *Report on Japan to the Secret Committee of the English East India Company* 1929年　横浜開港資料館蔵

フェートン号は文化５年７月10日（1808年８月31日）、マカオを出航。台湾海峡を北上し、７月26日から８月12日まで九州の西方沖を遊弋する。この動きは、敵国フランス・オランダ艦を待ち伏せしていたものと推測される。

3 ラッフルズ

Thomas Raffles

フェートン号が去ったあとも、ヨーロッパの戦争はやむ気配を見せなかった。このようななか、イギリスは東南アジアのオランダ勢力圏のさらなる奪取をくわだてる。イギリス東インド会社のトーマス・ラッフルズは、オランダの支配下にあるジャワ島の遠征をベンガル総督に献言する。1811年、イギリス東インド会社は遠征隊を組織しジャワ島に侵攻。オランダの根拠地バタビアを占領し、ラッフルズはジャワの副知事(実質的なトップ)となった。

バタビアをおさえたラッフルズは日本と通商を開始することもくわだてる。ラッフルズはベンガル総督あての手紙で、オランダの前出島商館長ワルデナールを利用するかたちで、英領インド(British India)と日本との貿易関係をひらくことを上申した(資料78、1812年4月30日付)。ラッフルズの構想に沿って、ワルデナールを乗せたイギリス船シャーロット、マリアの2艘が長崎に派遣される。文化10年(1813)6月28日、2艘はオランダ船と偽って長崎に入港した。

オランダ出島商館長はドゥーフである。ワルデナールはドゥーフに、オランダ商館をイギリス側に明け渡すよう要求する。ドゥーフは親交のあるワルデナールの提言に驚いたが、その要求を拒否。東アジアのオランダの孤塁を守ることになる。

ナポレオン戦争の終結後、1815年のウィーン会議によりジャワ島はイギリスからオランダに返還

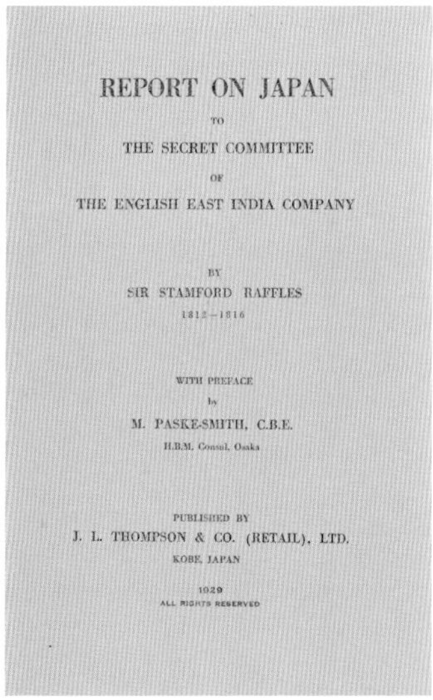

REPORT ON JAPAN
TO
THE SECRET COMMITTEE
OF
THE ENGLISH EAST INDIA COMPANY

BY
SIR STAMFORD RAFFLES
1812—1816

WITH PREFACE
by
M. PASKE-SMITH, C.B.E.
H.B.M. Consul, Osaka

PUBLISHED BY
J. L. THOMPSON & CO. (RETAIL), LTD.
KOBE, JAPAN

1929
ALL RIGHTS RESERVED

77. 78. ラッフルズの肖像（左）と書簡集
Thomas Stamford Raffles, M. Paske-Smith ed., *Report on Japan to the Secret Committee of the English East India Company* 1929年
横浜開港資料館蔵

日本との通商に関するラッフルズの書簡（1811～17年）を収める。ラッフルズは、東南アジアの諸王権と友好関係を結び自国製品の市場にしようという、自由主義的な考えを持っていた。

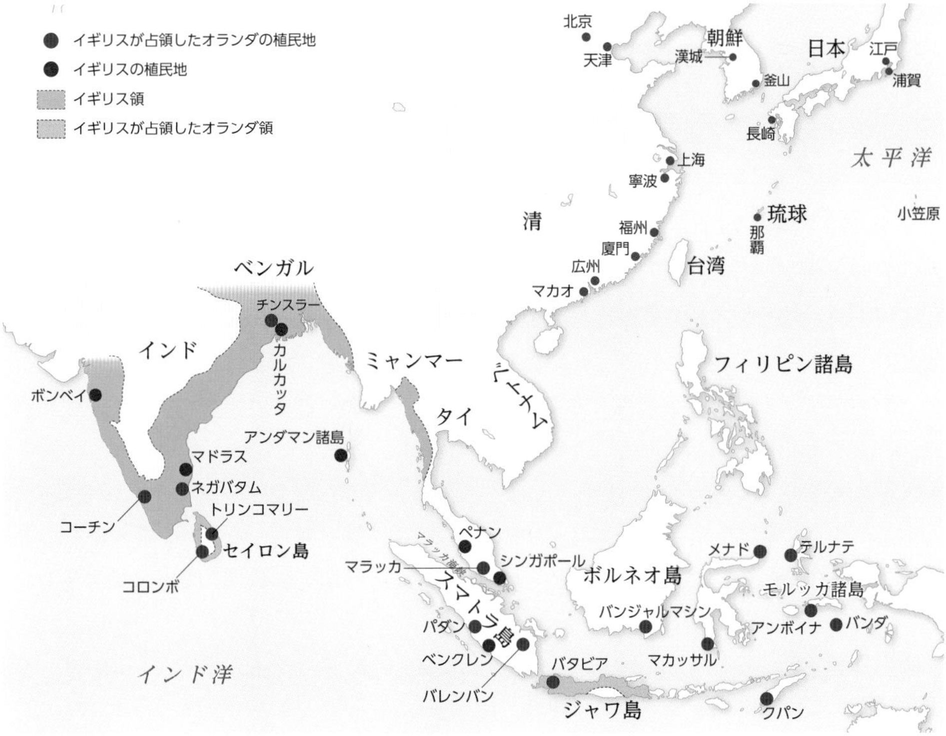

地図5. **ナポレオン戦争期、イギリスのアジア進出**
アンドリュー・N・ポーター編著、横井勝彦・山本正訳『大英帝国歴史地図』（東洋書林、1996年）より作図

79. シンガポール
Paul Bonnetain, *L'Extreme Orient* 1887年（序文）　横浜開港資料館蔵

される。しかし、イギリスは1824年３月に英蘭条約（第２次ロンドン条約）を締結し、マラッカ海峡を境として、その東のマレー半島をイギリスの勢力圏とすることに成功する。また、ラッフルズは1819年にジョホール王よりシンガポールを租借し、対中国貿易の拠点として港湾都市を建設した。17世紀以来オランダが支配的だった東南アジアに、イギリスが進出してきたのである。

4 琉球への接近

Reaching the Ryukyu Islands

イギリス人の中国・日本への関心増大は、琉球とイギリスの出会いを生む。

琉球王国（尚氏）は江戸時代を通じて実質的に薩摩藩の支配下にあったが、中国にも朝貢をおこない、清の皇帝から琉球国王に封じられていた（冊封）。中国の福州には琉球王府の出先機関（琉球館）が置かれていたのである。

ナポレオン戦争終結後の文化13年（1816）8月25日、英国艦ライラ号（Lyra）、アルセスト号（Alceste）の２隻が琉球の那覇沖に来航した。両艦は使節ウィリアム・アマーストを中国に送り届け、使節団が北京を訪れているあいだ、朝鮮と琉球の探検航海をおこなっていたのである。ライラ号艦長ベイジル・ホールは『朝鮮・琉球航海記』で、その初めての琉球の人々との出会いを次のように記している。「われわれは、これほど好意的な人々に出会ったことはかつてない。彼らは舟を横づけにすると、すぐ一人が水の入った壺を、もう一人は、ふかしたサツマイモの入った籠を差し出したが、代価を要求したり、ほのめかしたりするようなことはない。その態度はおだやかで、礼儀正しかった」（春名徹訳『朝鮮・琉球航海記』）と。

琉球の人たちのフレンドリーな対応や、武器の存在を知らないとする牧歌的なホールの描写は、

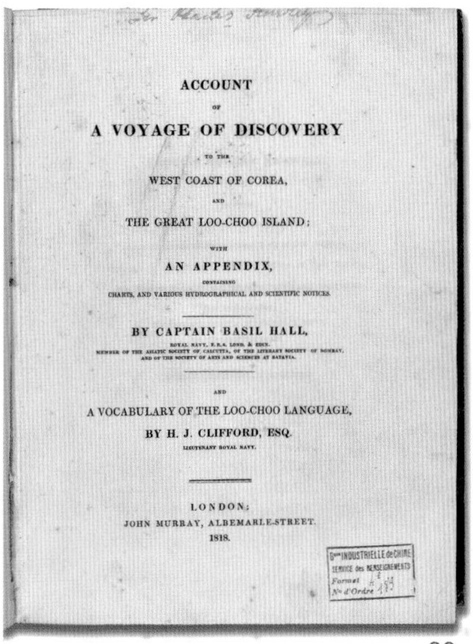

ACCOUNT
OF
A VOYAGE OF DISCOVERY
TO THE
WEST COAST OF COREA,
AND
THE GREAT LOO-CHOO ISLAND;
WITH
AN APPENDIX,
CONTAINING
CHARTS, AND VARIOUS HYDROGRAPHICAL AND SCIENTIFIC NOTICES.
BY CAPTAIN BASIL HALL,
ROYAL NAVY, F.R.S. LOND. & EDIN.
MEMBER OF THE ASIATIC SOCIETY OF CALCUTTA, OF THE LITERARY SOCIETY OF BOMBAY, AND OF THE SOCIETY OF ARTS AND SCIENCES AT BATAVIA.
AND
A VOCABULARY OF THE LOO-CHOO LANGUAGE,
BY H. J. CLIFFORD, ESQ.
LIEUTENANT ROYAL NAVY.
LONDON:
JOHN MURRAY, ALBEMARLE-STREET.
1818.

80

81

80〜83. ベイジル・ホール『朝鮮・琉球航海記』
Basil Hall, *Account of a Voyage of Discovery to the West Coast of Corea, and the Great Loo-Choo Island* 1818年　横浜開港資料館蔵

ホールはスコットランドの名門貴族ダングラス準男爵ホール家の次男。海軍に入り、1812年に東インドに配属される。本書で文筆家としても認められ、のちに南アメリカの航海記も出版している。なお、孫のベイジル・ホール・チェンバレンは日本・琉球文化研究者として知られる。図は現在の那覇市泊。手前に水兵の墓が見える。

ヨーロッパ人の琉球の見方に大きな影響をあたえることになる。しかし、実際のところ琉球側は、イギリス船来航に警戒体制を整え、緊張感をもってイギリス人の行動を見つめていた。

82. 琉球の王子の宴会後の見送り

83. 琉球の首長とふたりの息子

84. 中国に向かう進貢船
ビーチー『太平洋航海踏査録』1831年　横浜開港資料館蔵
英国船ブロッサム号は1827年に琉球にも来航する。

19世紀はじめの日本・朝鮮地図

Maps of Japan and Korea at the Beginning of the 19th Century

ベイジル・ホールは琉球に立ち寄る前に朝鮮半島沿岸にも航海をおこなった。しかし、李氏朝鮮は当時「海禁」政策をとっており、欧米諸国との交際を認めていなかった。そのため、ホールは朝鮮の人たちから上陸を厳しくとがめられている。しかし、ミアズのように貿易市場としての可能性を朝鮮に見出すイギリス人もいたのである。

この時代の朝鮮は中国に臣属しており、琉球同様清の皇帝から「朝鮮国王」に冊封されていた。そのため、1830年代以降に来航した西欧諸国の通商

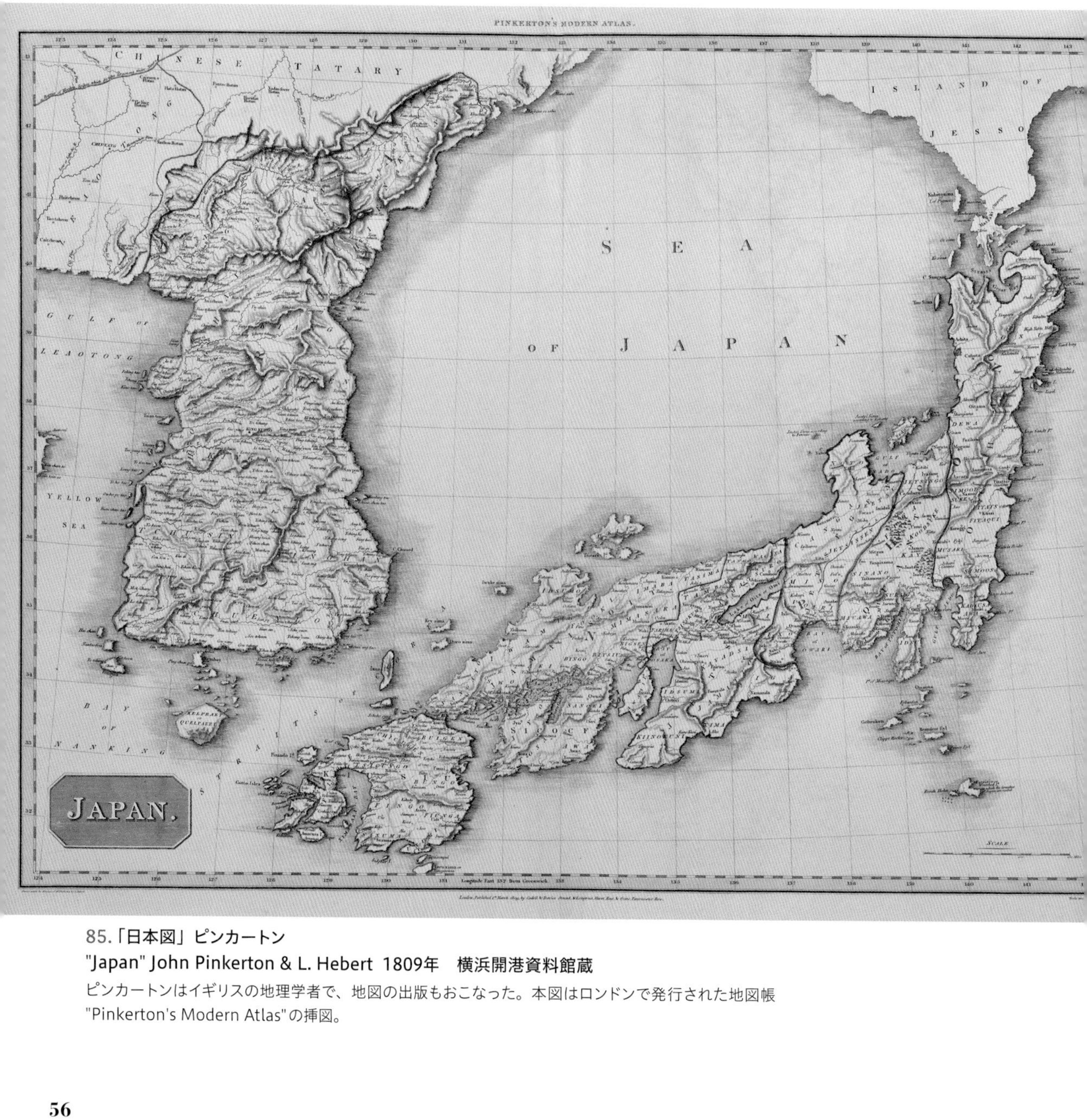

85.「日本図」ピンカートン

"Japan" John Pinkerton & L. Hebert 1809年 横浜開港資料館蔵

ピンカートンはイギリスの地理学者で、地図の出版もおこなった。本図はロンドンで発行された地図帳"Pinkerton's Modern Atlas"の挿図。

要求に対して、朝鮮は宗主国の許可なく外交をおこなうことはできない、という論理でそれを拒絶することになる。また、江戸時代の日本と朝鮮とのあいだには正式な国交があり、慶長12年(1607)から文化８年(1811)まで12回の通信使(最初の３回は回答兼刷還使)が朝鮮国王から日本の将軍に対し派遣されている。しかし、ホールの航海の５年前、文化8年に対馬におこなわれた国書交換(易地聘礼)を最後に、通信使の派遣は途絶えることになる。

ヨーロッパで出版された地図に、地理的に近い両国はひとつの図内にあらわされることもあった。ここでは19世紀はじめにイギリスで発刊された日本・朝鮮の地図を見てみよう。

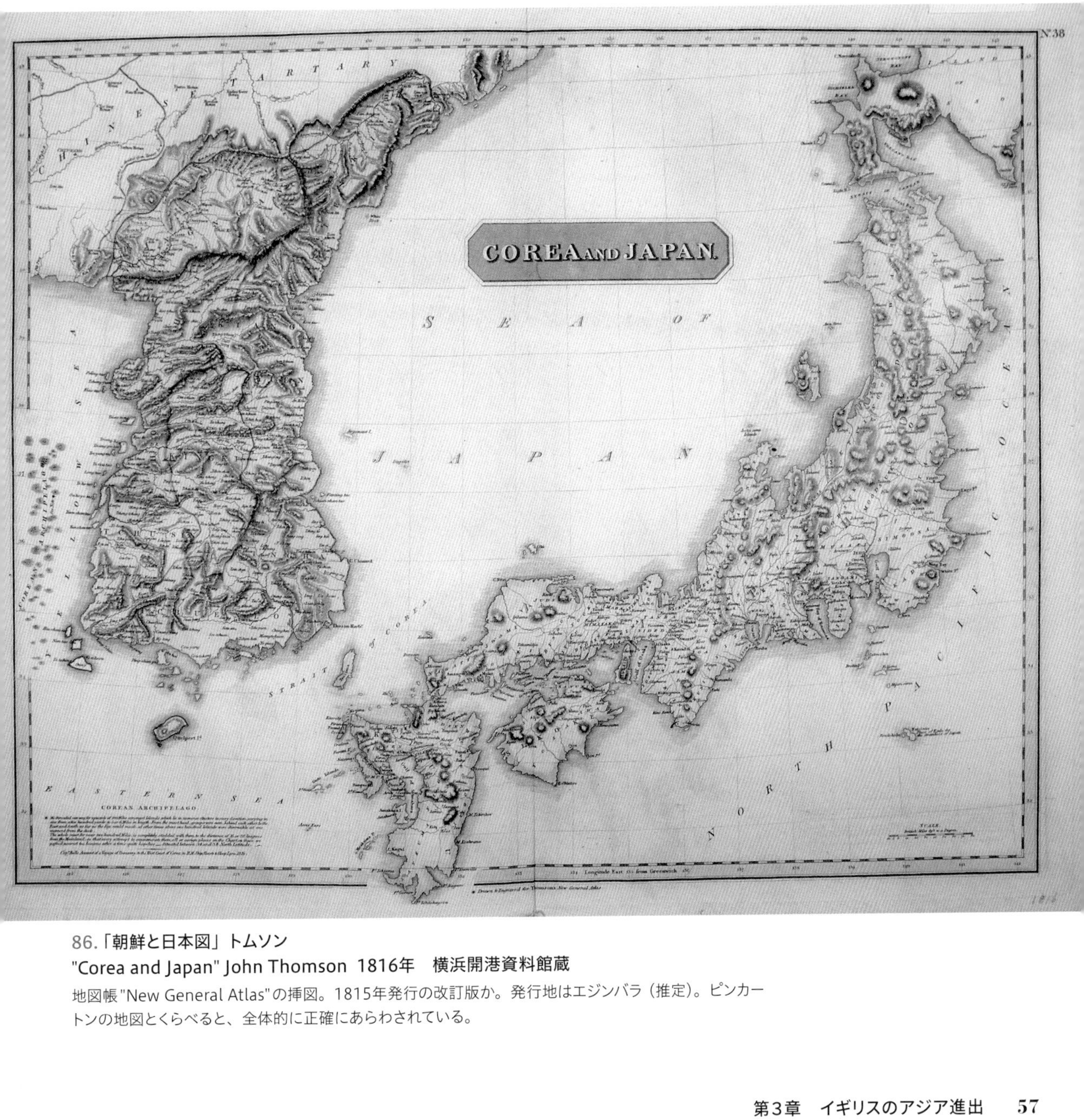

86.「朝鮮と日本図」トムソン
"Corea and Japan" John Thomson 1816年　横浜開港資料館蔵
地図帳"New General Atlas"の挿図。1815年発行の改訂版か。発行地はエジンバラ（推定）。ピンカートンの地図とくらべると、全体的に正確にあらわされている。

5 イギリス船、江戸湾へ

British Ships Arrive at Edo Bay

北太平洋の交易の活性化により、ついに江戸湾(現東京湾)にもイギリス船が姿をあらわすことになる。

文政元年(1818) 5月14日、ピーター・ゴードン(Peter Gordon)船長のイギリス商船ブラザーズ号(Brothers)が江戸湾に姿を見せた。江戸時代後期にはいって、江戸湾に初めて来航した異国船である。浦賀奉行所の役人たちは80艘の船でブラザーズ号を取り囲み、また三浦半島沿岸部の警備を担当していた会津藩も、大小150艘の船を出動させる。老中阿部正精は、通訳として足立左内・馬場佐十郎を派遣して来航意図を質問、江戸で交易をおこないたいというゴードンの要求を知った。ブラザーズ号は私貿易船で、インドのベンガルを出発し、ロシア領アメリカに向かう途中に浦賀に

87. ブラザーズ号のイギリス人船員
文政元年(1818) 横浜開港資料館蔵

作者は、「眼中赤、鼻等「ヲランタ」ノ如シ、(中略) 髪毛赤ク」などとイギリス人の身体的な特徴をオランダ人と比較して記し、「何レモセイ高ク力量モアリト見ヘテ大炮ヲカル々々(軽々) ト積移等セシ也」と、力が強いことを見て取っている。また、衣服についても詳細に観察をおこなっている。

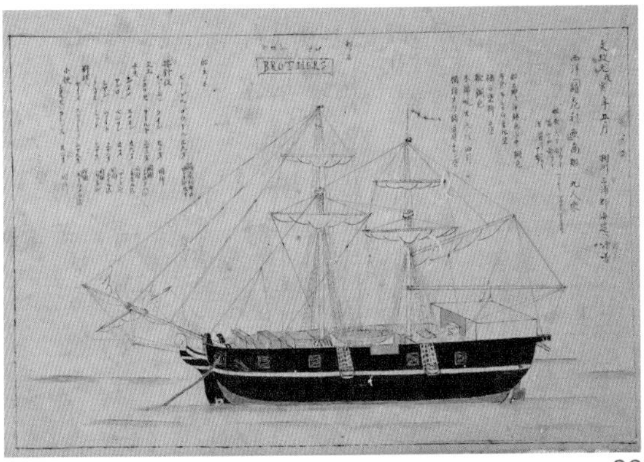

88

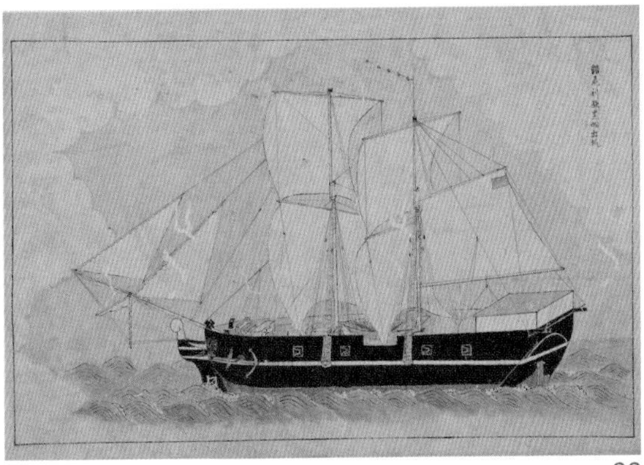

89

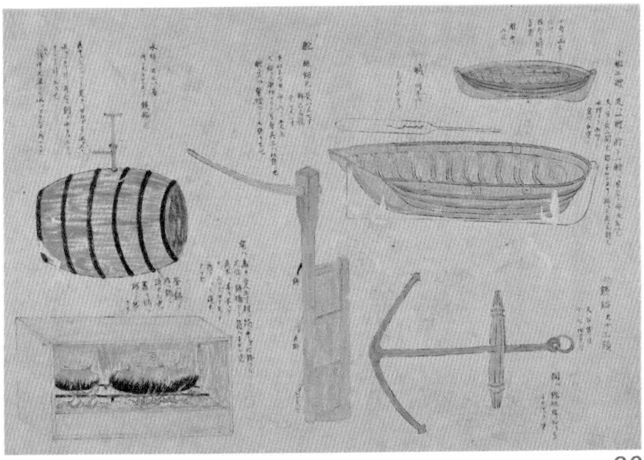

90

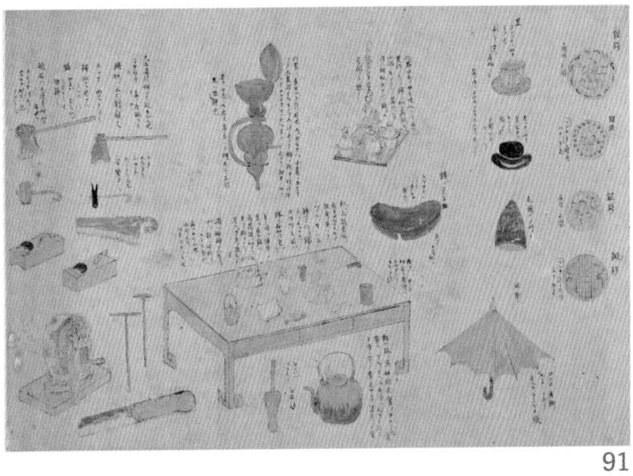

91

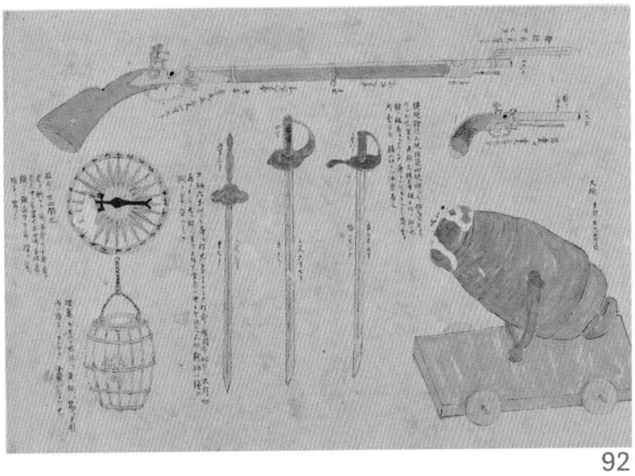

92

88〜92. **ブラザーズ号とその備品の図**
文政元年（1818） 横浜開港資料館蔵

資料88はブラザーズ号の側面図。図中左上に船員の名前・年齢・出生地を記す。資料91には、机、食器、傘、工具など、船内で使用する日用品が描かれる。同図右側には「ベンカラ」（ベンガル）で「通用」する銀・銅のコインなど、船の来航地を指し示すものも見られる。

立ち寄ったのである。ゴードンはロシアの露米会社と取引があり、アジア・太平洋の港に寄港しながら交易をおこなう太平洋貿易船であった（横山伊徳『開国前夜の世界』）。

日本側の対応は緊張感に満ちていたが、足立らがイギリスとは交易はおこなわないので退去するように諭すと、イギリス人たちは荒々しい素振りは見せず、意外にも「平和」に出航していったという（『新横須賀市史』通史編近世）。この間、日本人もイギリス船に近づいて観察をおこなっており、ブラザーズ号やイギリス人の姿、そして彼らの持ち物を詳細に描きとめた絵画が残されている。

6 北太平洋の捕鯨と小笠原

Whaling in the North Pacific and the Ogasawara Islands

1820年代、北太平洋は新たな海洋資源の「発見」に沸いていた。鯨である。

1818年、アメリカのマサチューセッツ船籍の交易船により、日本の太平洋岸の沖合にマッコウクジラの生息が確認された。マッコウクジラは日本からハワイにいたる広い海域(ジャパン・グラウンド)を遊弋していたのである。ジャパン・グラウンドに出漁する欧米の捕鯨船は1820年代から急速に増えはじめ、1840年代に全盛期を迎える。その主力はアメリカの捕鯨船(ヤンキー・ホエイラー)だが、イギリスの捕鯨船も少なくなかった。捕鯨の目的は欧米で照明用・潤滑油として大きい需要があった鯨油である(森田勝昭『鯨と捕鯨の文化史』)。

捕鯨の開始とともに注目されるようになったのが小笠原諸島である。江戸の南約1,000キロに位置するこの南の島々は、延宝3年(1675)の島谷市左衛門の探検報告により幕府に把握されていたが、その後日本人が移り住むことはなく無人島となっていた。1827年6月8日、イギリス海軍の探検調査船ブロッサム号が島に到着。船員たちはイギリ

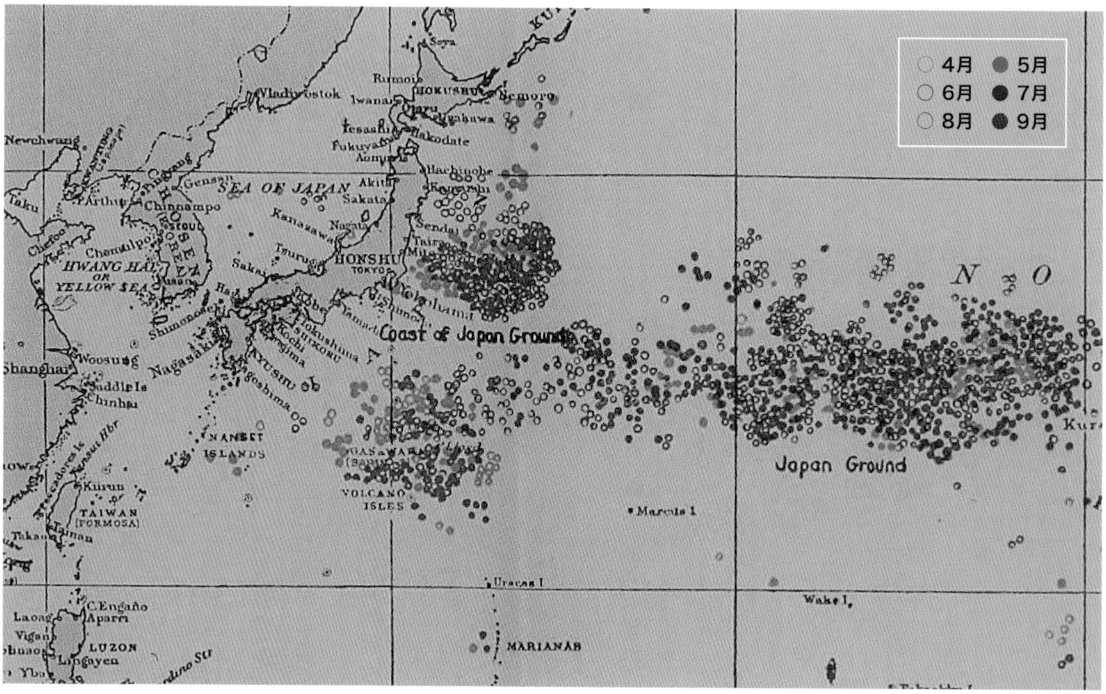

93. アメリカのマッコウ鯨の捕獲地点(部分)
Charles Haskins Townsend, "The Distribution of Certain Whales as Shown by Logbook Records of American Whaleships" *Zoologica* 19-1, 1935年
1761年から1920年までのアメリカ船の航海記録からマッコウ鯨の捕獲地点を示した図(論文A図の一部・4〜9月)。ポイントされた地点は全世界に3万6908箇所。小笠原周辺と関東・東北地方の東方海上にふたつの捕鯨船が集まる地域があり、とくに後者は5月から7月に多いことがわかる。より日本列島に近い海域は"Coast of Japan Ground"と呼称され、東経160度から180度を中心とする"Japan Ground"とは区別されている。

94. 捕鯨の様子
『横浜開港見聞誌』第5編
五雲亭貞秀画　慶応元年（1865）
横浜開港資料館蔵

95. 小笠原
『ペリー提督日本遠征記』Matthew C. Perry, Francis L. Hawks, *Narrative of the Expedition of an American Squadron to the China Seas and Japan* 1856年　横浜開港資料館蔵

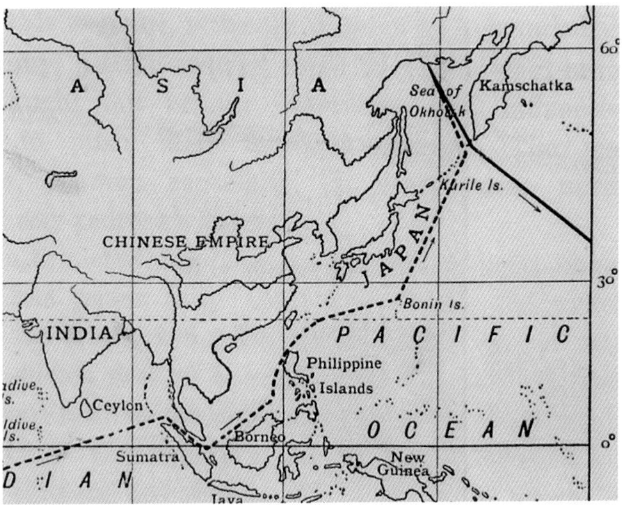

96. 捕鯨船の航路図（部分）
ブレン『カロット号の航海』 Frank Thomas Bullen, *The Cruise of the "Cachalot" round the World after Sperm Whales* 1901年
横浜開港資料館蔵
ロンドン生まれの作家フランク・ブレンによる半自伝的な捕鯨船航海記の付図。"Bonin is."（小笠原諸島）から日本近海を北上する捕鯨船の航路が描かれる。初版は1898年。

ス船サプライ号が1825年９月に寄港したという板を島内で発見し、艦長ビーチ―は小笠原諸島の領有を宣言する。

小笠原諸島は鯨の繁殖海域に位置しており、とくに父島の二見湾は波が静かで捕鯨船の恰好の停泊地となった。冬のあいだ小笠原近海で繁殖した鯨の群れは、春から夏にかけて太平洋を北に移動、カムチャツカ半島付近に達する。欧米の捕鯨船はこの群れを追って日本近海に姿をあらわすことになる（田中弘之『幕末の小笠原』）。

97. サラセン号　文政5年（1822）　横浜開港資料館蔵（金原周五郎氏寄贈）

本図の右上には「本船長サ凡三拾間」で、その形はオランダ・アメリカ船と「格別相替り不申」「是迄渡来之船よりハ平ク」見えたと記される。外国船を見慣れていた人物による評価であろう。サラセン号は松薪や水のほか、鶏・魚・米といった食料品をあたえられ、穏便に退去した。

捕鯨船来航と打払令　The Arrival of Whaling Vessels and the Edict to Repel Them

文政５年(1822)４月29日、イギリス捕鯨船サラセン号(Saracen)が浦賀に到来し、薪水を要求した。捕鯨船は鯨油を船上で精製するため、その燃料となる薪を必要としたのである。ついで文政7年５月、イギリスの捕鯨船が常陸国大津浜(現茨城県北茨城市)に来航して食糧を要求し、同年８月にはイギリス捕鯨船の船員が薩摩藩の支配する宝島(現鹿児島県鹿児島郡十島村)に上陸し、銃を乱射する事件も発生する。一方で同じころ、水戸藩領の漁師がイギリスの捕鯨船上で「頭分の部屋え召連、酒食等振舞」われたという風聞もあった(資料98)。いずれにせよ、イギリス船の接近は幕府にとっては好ましいことではなかった。

これらの事件をうけて幕府は文政８年２月18日、異国船打ち払い令を発令する。東京湾に面した横浜の旧家(横浜市鶴見区)に伝わった古文書のなかには、「今般浦々ニおゐて異国船乗り寄せ次第打ち払うべき旨改めて仰せ出だされ候」とこの命令が書き写されている。文面には「海上ニおゐて異国の船に相親み候義、前々より御法度」とも記されており(資料99)、幕府が庶民と外国人の親しい交流を嫌っていたこともわかる。

そして幕府は、この処置が戦争に発展することはないだろうとみていた。なぜなら、日本に来航する船は漁船であるし、またはるか遠くのヨーロッパからイギリスが軍艦を日本に派遣することなどありえないと考えていたのである。

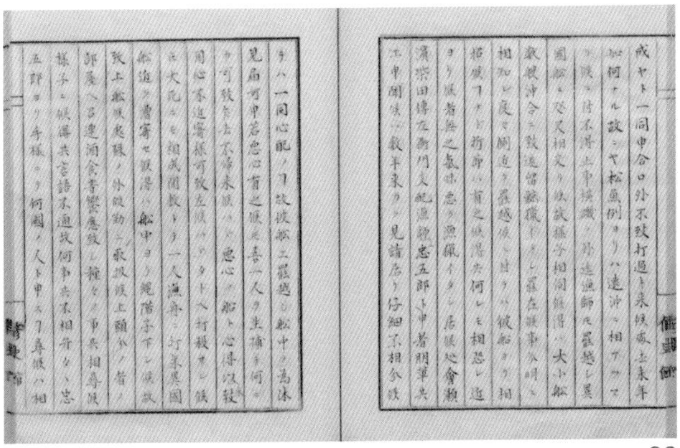

98

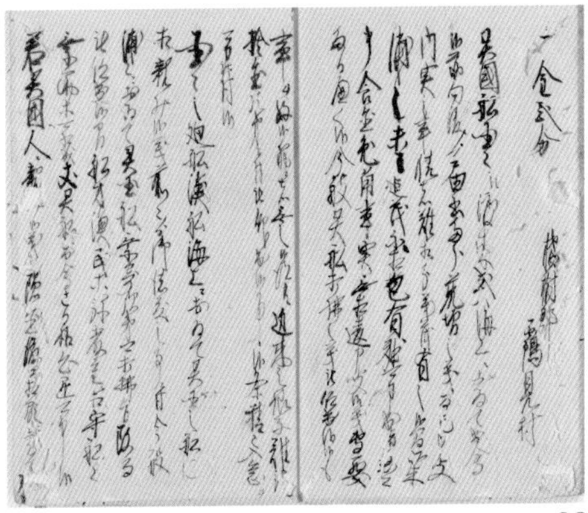

99

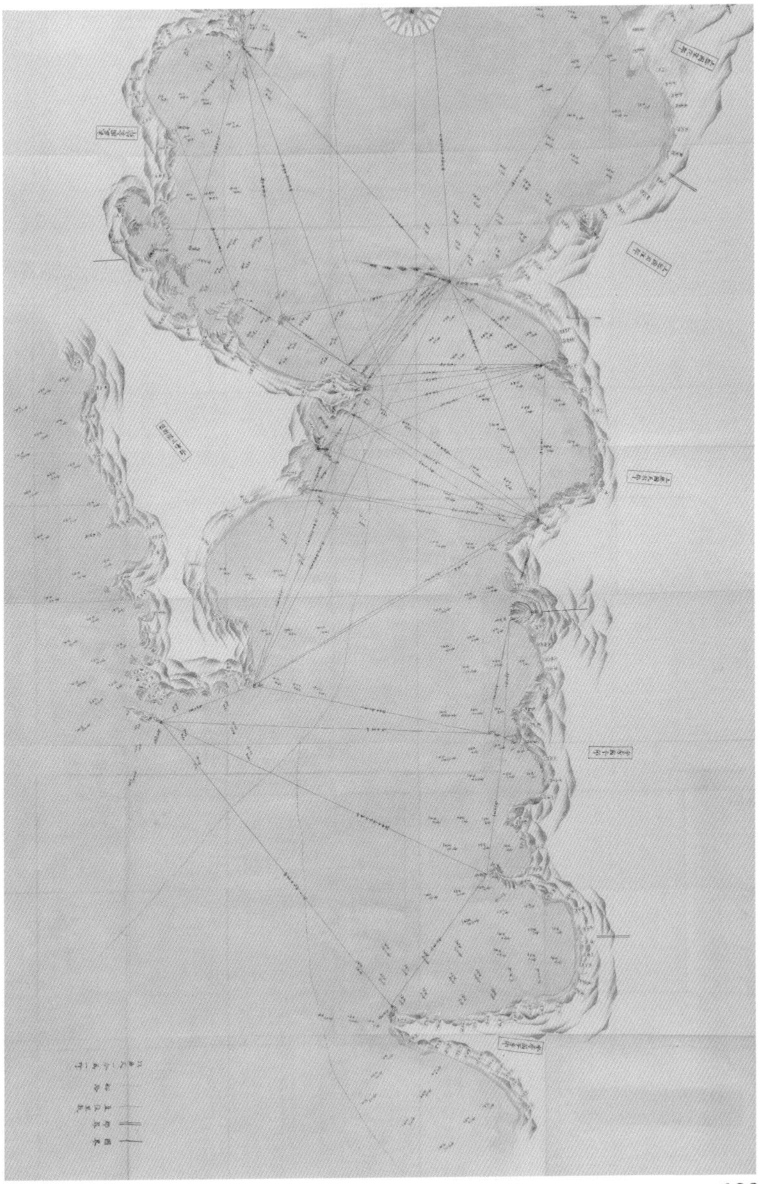

100

98. 捕鯨船と漁師の交流
「甲子夜話抄録」19　文政7年（1824）
国立公文書館蔵

「甲子夜話」は平戸藩主松浦静山の随筆。7年前から常陸の沖合に「異国船六七艘位宛夏ヨリ秋頃マテ」見かけるようになり、興味を持った漁師忠五郎が捕鯨船員と交流したという噂を書き記している。

99. 異国船打ち払い令
「御用留」　文政8年（1825）
横浜開港資料館蔵（佐久間亮一家文書）

鶴見村の名主を代々務めた佐久間家に伝わった御用留（領主からの触れなどを書き写した書類）。鶴見村は東京湾に面した村であった。

100. 三浦半島と房総半島の警備図
「武蔵相模安房上総下総海岸要地之図」（部分）　江戸時代後期　横浜開港資料館蔵

東京湾沿岸部の防備体制を描いた絵図。海には水深が記され、朱点で台場（砲台場）が示される。朱線には2点間の距離が記載されている。とくに三浦半島の観音崎と千葉県の富津岬のあいだ（浦賀水道）は防衛上重視され、本図でも多くの朱線が見える。三浦半島・房総半島では文化7年（1810）会津藩・白河藩に警備が命じられたのを皮切りに、幕末まで大名による沿岸警備がおこなわれた。

TOPIC 3

日本に渡ったイギリス陶器

江戸時代前期、「古伊万里」に代表される日本の陶磁器がヨーロッパに運ばれ、王侯貴族の邸宅を彩ったことは周知の事実であろう。しかし江戸時代の後期、イギリス製の陶器が日本に持ち込まれていたことは意外と知られていない。

18世紀なかば、イングランドの中部・スタッフォードシャーには数多くの窯が集まり、陶器の一大産地となっていた。現在日本でもその名が知られるウェッジウッドもスタッフォードシャーの窯のひとつで、1759年にジョサイア・ウェッジウッド（Josiah Wedgwood）によって創業されている。この地では、18世紀後半に銅板転写による絵付けが導入されるなど製陶業の技術革新が進み、陶器の製造量が増加していた。

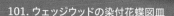

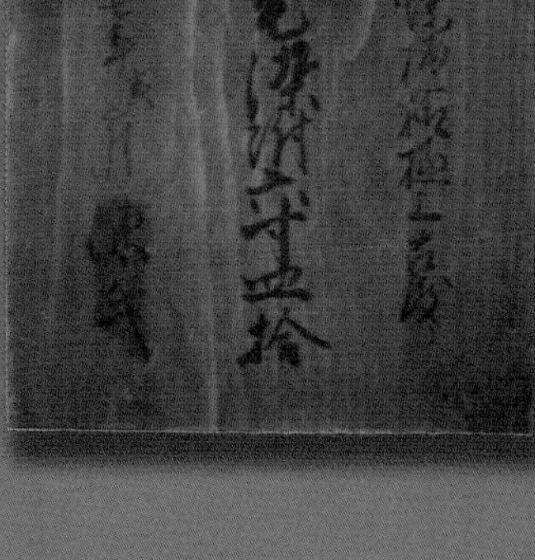

101. ウェッジウッドの染付花蝶図皿
18世紀後半期～19世紀初期　長崎市文化観光部出島復元整備室蔵
ウェッジウッド（バーラストン）の古渡りの名品。「花蝶模様極上古渡り紅毛染付六寸皿拾」「嘉永七年六月」と記された箱が付属する。本資料は発掘品ではなく伝世品。

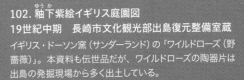

102. 釉下紫絵イギリス庭園図
19世紀中期　長崎市文化観光部出島復元整備室蔵
イギリス・ドーソン窯（サンダーランド）の「ワイルドローズ（野薔薇）」。本資料も伝世品だが、ワイルドローズの陶器片は出島の発掘現場から多く出土している。

スタッフォードシャーの陶器はヨーロッパのみならず、北アメリカやアジアにも輸出されていくが、18世紀後期から19世紀初頭には、オランダを介して日本にももたらされる。長崎出島の発掘現場からは、スタッフォードシャー製の陶器の出土事例が多く報告されている。また、京都など各都市の大名・公家・商人の邸宅跡からも発掘事例があり、くわえて伝世品として個人宅で大切に保存されてきたものも見受けられる。岡泰正氏は、こうしたイギリス・オランダ製の陶器（プリントウェア）の販売は決して特別な富裕階層のみに向けておこなわれたものではなく、輸入品を扱う都市部の「唐物屋」で購入可能だったと推測しており、「実用できないほどの高級品ではなかった」と指摘している（『国指定史跡 出島和蘭商館跡』）。スタッフォードシャーの陶器（食器）は出島のオランダ人のみならず、日本人の食卓にも物珍しいヨーロッパの食器として並んでいたのである。

103. ワイルドローズの欠片
長崎市文化観光部出島復元整備室蔵
2点オランダ・マーストリヒト製陶器が混在している。

104. モスク・アンド・フィッシャーメンの陶器
19世紀前半　長崎市文化観光部出島復元整備室蔵
出島から出土した資料。絵柄のパターンはモスクと漁夫を描く「モスク・アンド・フィッシャーメン」。窯はスタッフォードシャーのジョン・ダベンポート（ロングポート）か。丁寧に製作された上品。年代は1815〜30年代と推定される。

105. ウェッジウッドの美術展
The Illustrated London News 1865年7月22日号　横浜開港資料館蔵
スタッフォードシャーのオールトン・タワーズ（Alton Towers）で催行されたウェッジウッド製陶芸品の美術展。

106. ウェッジウッド
［ウェッジウッドと陶器］　横浜開港資料館蔵
西欧各国の特産品・発明品とゆかりの人物を組み合わせた錦絵のシリーズの1枚。右から2人目、杖をついているのがジョサイア・ウェッジウッド。

107. 復元された長崎出島
前頁で紹介した陶磁器の一部は、長崎出島内の展示施設（考古館）で展示されている。

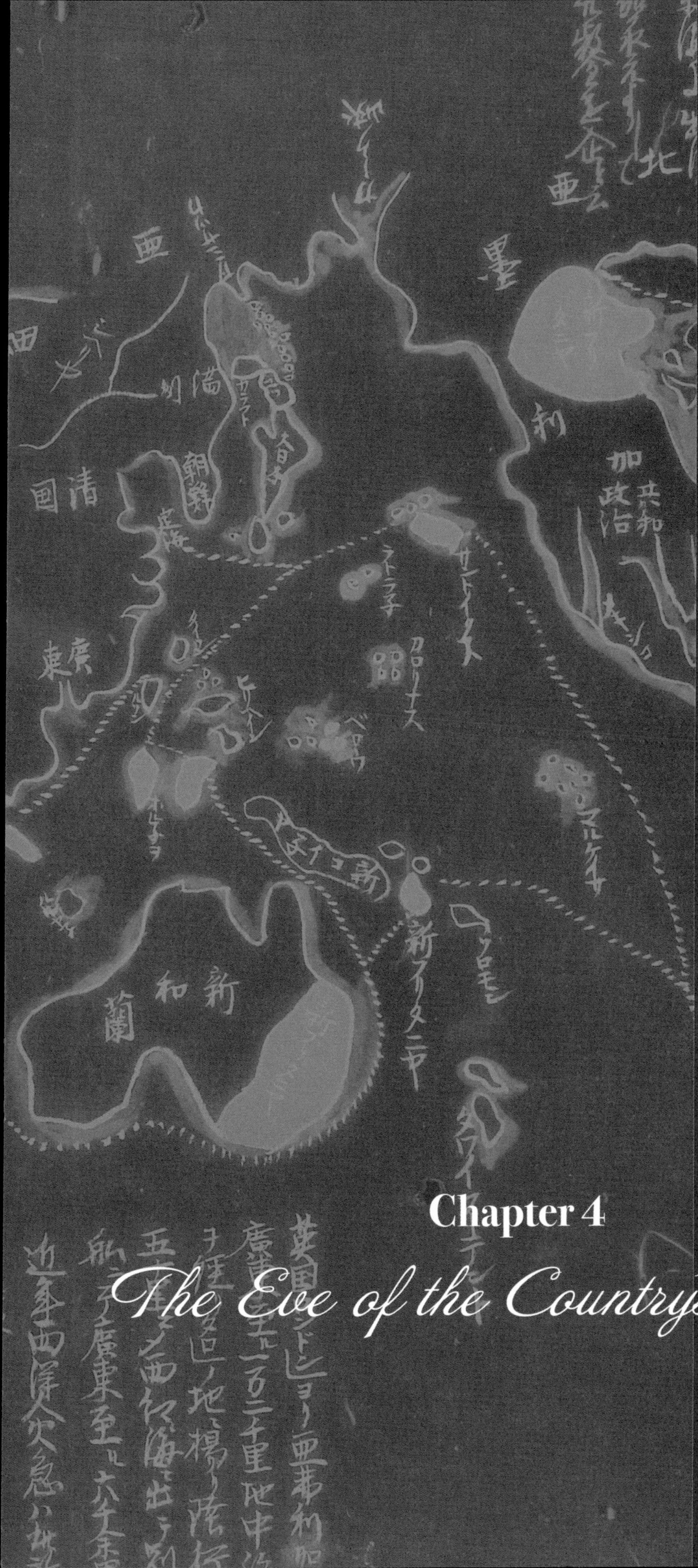

第4章 開国前夜

Chapter 4
The Eve of the Country's Opening

1 アヘンと地方貿易商人

Opium and the Country Traders

18世紀の終わりから、インドで生産されたアヘン(阿片)が中国にさかんに輸出されるようになっていた。ケシの実から採取されるアヘンは麻薬の一種であり、清朝はこれを厳しく禁止する。しかし、アヘンは植民地インドの重要な財源になっており、イギリスは密かに輸出を継続する。密輸という汚れ役を担ったのは地方貿易商人(カントリー・トレーダー)と呼ばれるイギリス商人である。地方貿易商人は東インド会社による対中国貿易の独占に反対し、自由貿易を望んでいた。

1832年、東インド会社の社員でありながら、同社の貿易独占に疑問を抱いていたヒュー・リンゼイは、広州以外の港がイギリスに開かれる可能性を探ろうとこころみる。2月、マカオからアヘン商人と通訳のギュツラフをともなって出航したリンゼイは、厦門・福州・寧波と沿岸部の都市を視察しながら北上し、上海に上陸した。長江(揚子江)沿岸地域の商品が集まっていた上海に国際貿易都市としての可能性を見てとったリンゼイは、上海道台(地方長官)に貿易開始を求める請願書を提出する。さらにリンゼイは朝鮮と琉球にまで足を伸ばし、9月にマカオに帰航した。

108. アヘン窟

The Illustrated London News 1858年11月20日号　横浜開港資料館蔵

上海を訪れたイギリス人医師ウィリアム・ウィリスは「阿片は吸っている間、人間を夢見心地で死んだような様子に変えてしまいます。上海の町で阿片窟の悲惨な状態を目の当たりにしました」と手紙に記している(大山瑞代訳『幕末維新を駈け抜けた英国人医師』1862年3月20日付書簡)。

109

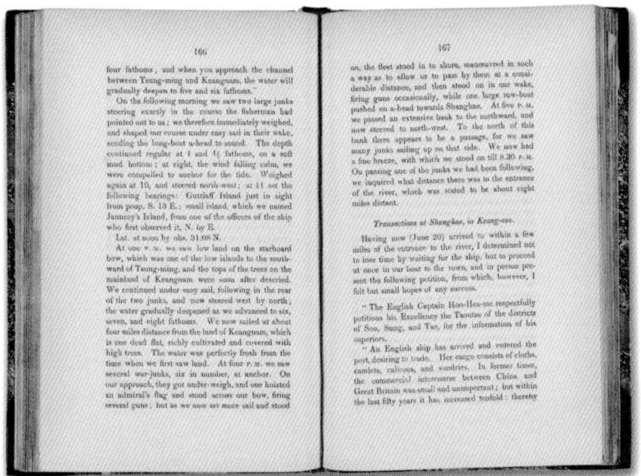

166

four fathoms; and when you approach the channel between Tsung-ming and Keangnam, the water will gradually deepen to five and six fathoms."

On the following morning we saw two large junks steering exactly in the course the fisherman had pointed out to us; we therefore immediately weighed, and shaped our course under easy sail in their wake, sending the long-boat a-head to sound. The depth continued regular at 4 and 4½ fathoms, on a soft mud bottom; at eight, the wind falling calm, we were compelled to anchor for the tide. Weighed again at 10, and steered north-west; at 11 set the following bearings: Gutzlaff Island just in sight from poop, S. 13 E.; small island, which we named Jauncey's Island, from one of the officers of the ship who first observed it, N. by E.

Lat. at noon by obs. 31.08 N.

At one P.M. we saw low land on the starboard bow, which was one of the low islands to the southward of Tsung-ming, and the tops of the trees on the mainland of Keangnam were soon after descried. We continued under easy sail, following in the rear of the two junks, and now steered west by north; the water gradually deepened as we advanced to six, seven, and eight fathoms. We now sailed at about four miles distance from the land of Keangnam, which is one dead flat, richly cultivated and covered with high trees. The water was perfectly fresh from the time when we first saw land. At four P.M. we saw several war-junks, six in number, at anchor. On our approach, they got under-weigh, and one hoisted an admiral's flag and stood across our bow, firing several guns; but as we now set more sail and stood

167

on, the fleet stood in to shore, manœuvred in such a way as to allow us to pass by them at a considerable distance, and then stood on in our wake, firing guns occasionally, while one large row-boat pushed on a-head towards Shanghae. At five P.M. we passed an extensive bank to the northward, and now steered to north-west. To the north of this bank there appears to be a passage, for we saw many junks sailing up on that side. We now had a fine breeze, with which we stood on till 8.30 P.M. On passing one of the junks we had been following, we inquired what distance there was to the entrance of the river, which was stated to be about eight miles distant.

Transactions at Shanghae, in Keang-soo.

Having now (June 20) arrived to within a few miles of the entrance to the river, I determined not to lose time by waiting for the ship, but to proceed at once in our boat to the town, and in person present the following petition, from which, however, I felt but small hopes of any success.

"The English Captain Hoo-Hea-me respectfully petitions his Excellency the Taoutae of the districts of Soo, Sung, and Tae, for the information of his superiors.

"An English ship has arrived and entered the port, desiring to trade. Her cargo consists of cloths, camlets, calicoes, and sundries. In former times, the commercial intercourse between China and Great Britain was small and unimportant; but within the last fifty years it has increased tenfold: thereby

110

109. アヘン貯蔵船(躉船(とんせん))
「〔中国日本風景風俗彩色アルバム〕」明治中期
横浜開港資料館蔵

イギリス商人たちは躉船と呼ばれるこのタイプのアヘン貯蔵船にアヘンを持ち込んで中国側と取引をおこなった。アヘン商人の背後にはロンドンの金融資本家の影があった。

110. リンゼイの報告書
Hugh Hamilton Lindsay, Charles Gutzlaff, *Report of Proceedings on a Voyage to the Northern Ports of China in the Ship Lord Amherst* 1833年
横浜開港資料館蔵

上海が注目されるきっかけになったリンゼイとギュツラフの視察報告書。共著者のギュツラフはプロイセン生まれのドイツ人宣教師で、1826年にオランダ伝道会によってバタビアに派遣され、1837年には初の日本語訳「ヨハネ伝福音書」を出版した。

このリンゼイの動きは中国側を強く刺激するとともに、日本にもその情報が伝えられた。「唐風説書」(中国船から長崎奉行に提出された情勢報告)に、「当節江南省の中上海と申す所へ、インギリス船一艘著船致し、唐国通商の儀相願い候えども、許容これなく」との文面が見えるが(春名徹「唐風説書の新史料」)、東アジアの貿易体制のありかたを改変しようというイギリス商人の動きは、日本にも報知されていたのである。翌1833年、地方貿易商人とつながりのあるロンドンの金融資本家の働きかけにより、東インド会社の対中国貿易独占権が撤廃された(施行は翌年)。イギリス商人が中国で自由貿易をおこなうことが可能になったのである。

2 漂流民とモリソン号

Castaways and the Morrison

東インド会社の対中国貿易独占が撤廃された1830年代、イギリスの貿易商人や政府機関関係者のなかには、中国のみならず対日貿易に関心を示すものもあらわれる。そして、そのくわだての実行にはからずも一役買うことになったのが日本人の漂流民であった。

天保３年（1832）10月、尾張国知多郡小野浦村（現愛知県美浜町）の尾州廻船宝順丸は遠州灘で遭難する。乗組員たちは14ヶ月の漂流ののち、アメリカ太平洋岸フラッタリー岬（現ワシントン州）に漂着した。生き残っていたのは岩吉、久吉、音吉の３人である。かれらは先住民に救助されたのち、ハドソン湾会社（毛皮獲得のため設立されたイギリスの国策会社）のジョン・マクラフリンによってロンドンに送られる。マクラフリンは、英国政府が日本政府と通商を開くきっかけとしてこの漂流民を利用できると考えていた。同社総裁ジョージ・シンプソンは政府にこのことをはかったが、外務

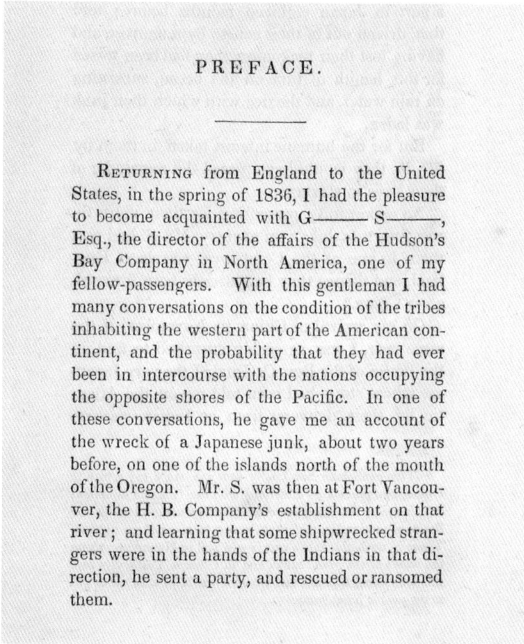

PREFACE.

Returning from England to the United States, in the spring of 1836, I had the pleasure to become acquainted with G—— S——, Esq., the director of the affairs of the Hudson's Bay Company in North America, one of my fellow-passengers. With this gentleman I had many conversations on the condition of the tribes inhabiting the western part of the American continent, and the probability that they had ever been in intercourse with the nations occupying the opposite shores of the Pacific. In one of these conversations, he gave me an account of the wreck of a Japanese junk, about two years before, on one of the islands north of the mouth of the Oregon. Mr. S. was then at Fort Vancouver, the H. B. Company's establishment on that river; and learning that some shipwrecked strangers were in the hands of the Indians in that direction, he sent a party, and rescued or ransomed them.

111. モリソン号の記録と地図（部分）
Charles W.King, *The Claims of Japan and Malaysia upon Christendom* 1839年　横浜開港資料館蔵
モリソン号の日本への航海を記したキングの著書。序文では北米に漂着した音吉らの救出・送還の経緯について記される。

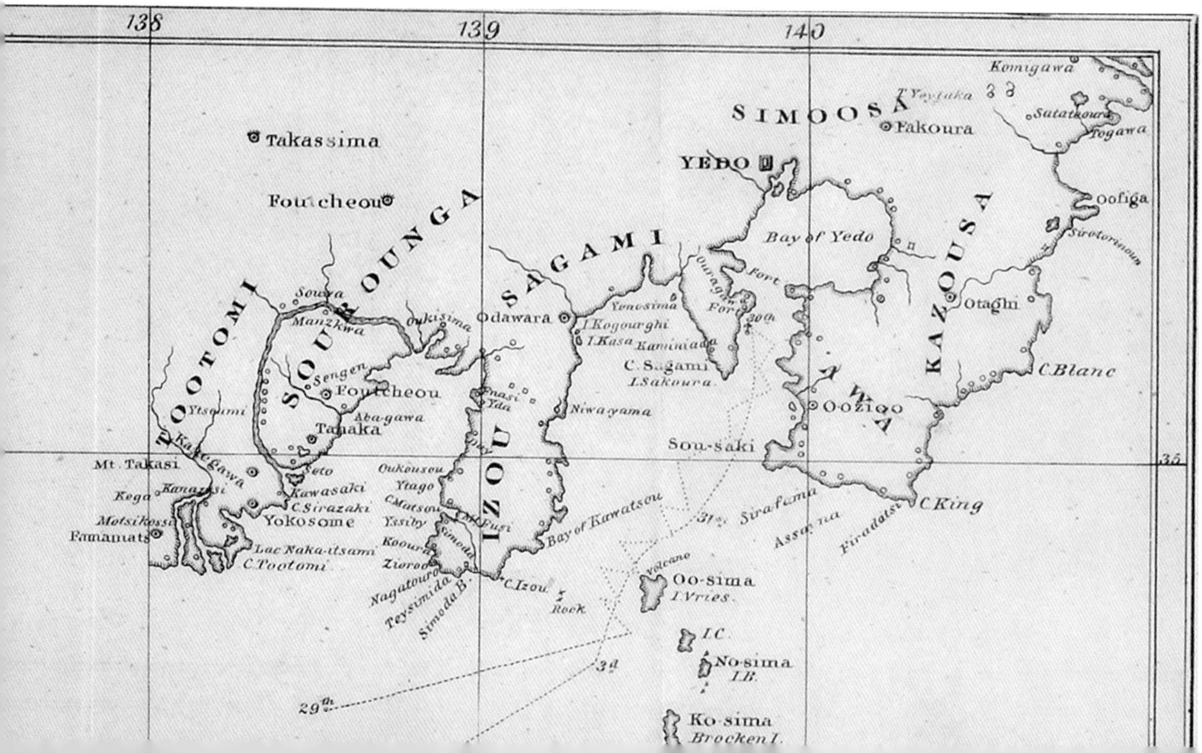

112. マカオ
オールコック『大君の都』1863年
横浜開港資料館蔵
マカオは広州から珠江を下って南に約100キロに位置するヨーロッパ式の都市である。広州に欧米商人の家族が居住することは清朝によって禁じられていたため、外国商人はマカオに住んだ。マカオはポルトガルのみならず、イギリスの東アジアの拠点としても重要である。

113. 和船の漂流
彦蔵『漂流記』文久3年（1863）
横浜開港資料館蔵
浜田彦蔵（ジョセフ・ヒコ）が日本帰国後に著した漂流記。播磨国（現兵庫県）の船乗りだった彦蔵は嘉永3年（1850）にやはり遠州灘で遭難、アメリカ船に救助されサンフランシスコに上陸する。本図では荒天時に転覆を防ぐため帆柱を切り倒し、帆走不能になった和船（弁才船）のようすを描く。

省は「難破した水夫を媒介にして日本政府との通商を開こうとは考えない」と返答する。シンプソンは同社の負担で音吉らを中国まで送ることにし、1835年12月に３人はマカオに到着した。

マカオにもマクラフリンと同じことを考えるものがあった。イギリス貿易監督庁の次官（翌年長官）チャールズ・エリオット（Charles Elliot）は、漂流民をイギリス軍艦によって日本に送還させること、それによって日本と通商を開くことを企図する。しかし本国政府の反対にあって、そのプランは後退。アメリカのオリファント商会のチャールズ・キングが音吉らの送還の任にあたることになった。ただし、エリオットは中国語通訳官のギュツラフに「休暇」扱いで同行を命じる（春名徹『にっぽん音吉漂流記』）。

1837年７月４日、オリファント商会のモリソン号は大砲を取り外してマカオを出航する。那覇でイギリス軍艦からギュツラフが移乗、天保８年６月28日（1837年７月30日）、三浦半島の三崎南方に達し、さらに江戸湾の中に入った。しかし、モリソン号は海岸の砲台から砲撃を受け、３人の送還と通商交渉をあきらめざるを得なかった。

3 アヘン戦争

The Opium War

114

1838年の年末、清の道光帝は林則徐を欽差大臣(特定の対外関係の問題にあたる最高責任者)に任じて広州に派遣し、アヘンの密輸に関して厳しい処置を打ち出しはじめた。翌年3月に広州に着任した林則徐はアヘン貿易商に手持ちのアヘン提出を命じ、没収したアヘンを焼却する。9月と11月には清とイギリスのあいだに軍事衝突が起こった。

アヘン没収の報はイギリスに届いた。アヘン貿易で財をなした広東最大の外国商社ジャーディン・マセソン商会のウィリアム・ジャーディン(William Jardine)もロンドンにもどり、パーマストン外相(Henry John Temple, 3rd Viscount Palmerston)と会見を重ねる。パーマストンは武力行使も辞さない強気の外交政策、いわゆる「砲艦外交」で知られるが、アジア各地からの報告をもとに中国との開戦を決断、主導することになる。

1840年6月、イギリスの派遣した軍艦16隻が広東の沖に姿をあらわした。艦隊は防備の手薄だった中国北部沿岸を襲い、北京に運河でつながる天津・大沽(タークー)砲台を攻略した。1841年1月には香港島を占領、長江をさかのぼって内陸部にまで侵攻したイギリス軍は、1842年7月南京に迫った。南京は中国南部の最重要都市で、ここに集まった大量の米と税銀は大運河をつたって首都北京に運ばれる。

戦意を喪失した清朝は戦争の継続を断念。代表耆英(きえい)を長江上のイギリス艦に派遣し、1842年8月29日、英国全権ポティンガーと南京条約を結んだ。賠償金のほか、香港島がイギリスに割譲され、5港(広州、厦門、福州、寧波、上海)の開港が取り決められた。さらに、広州における公行の制度も廃止される。

これを契機にイギリスは東アジアへも本格的に進出を開始していく。

115. 南京条約の締結
The Illustrated London News 1842年12月3日号　横浜開港資料館蔵
南京条約は長江上のイギリス軍艦コーンウォリス号上で締結された。全権のポティンガーは初代の香港総督に就任する。

114. 広東での砲撃戦（左頁）
Edward Belcher, *Narrative of a Voyage round the World, Performed in Her Majesty's Ship Sulphur, During the Years 1836-1842* 1843年　横浜開港資料館蔵
本書の作者ベルチャーはイギリスの測量士官。1836～42年、サルファー号で東南アジアの測量航海をおこなう。その途次、アヘン戦争への参加を命じられた。

116. パーマストン肖像
Charles Webster, *The Foreign Policy of Palmerston, 1830-1841* 1951年
横浜開港資料館蔵
パーマストンは1830年に外相となって以来、首相在任中の1865年に死去するまで、長きにわたってイギリスの対外政策をリードした。

地図6. 中国と日本の開港都市
横浜開港資料館編『横浜と上海―二つの開港都市の近代』（（財）横浜開港資料普及協会、1993年）より作図。

4 戦争情報の伝播

Information About the War Spreads

アヘン戦争の戦況は日本にも伝えられる。天保11年（1840）７月のオランダ船が「唐国にてヱゲレス人に無理非道の事どもこれあり候ところよりヱゲレス国より唐国に師（軍隊）を出し」（『和蘭風説書集成』下）たと戦争勃発を伝えたのをはじめとして、中国船も刻々と戦争の情況を日本にもたらす。天保13年６月に来日したオランダ商館長は、イギリスが戦争終結後に対日貿易開始のため軍艦を派遣する計画があると長崎奉行に伝えた。翌月の７月23日、ときの老中水野忠邦は異国船打ち払

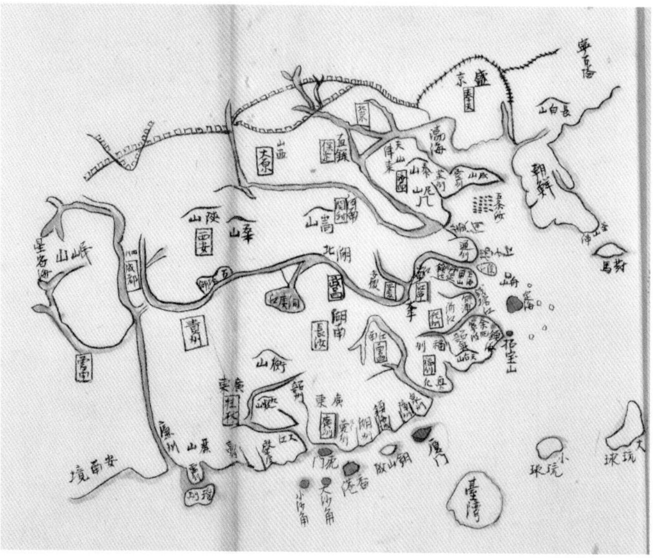

117

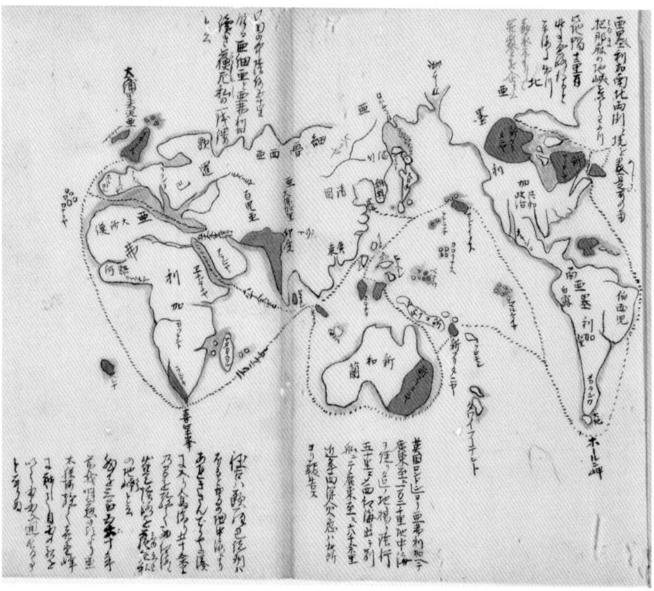

118

117. 118. 関口東作が写した『海外新話』
嘉永4年（1851）写
横浜開港資料館蔵（関口詮家文書）
アヘン戦争の関連地と、世界のイギリスの支配領域を赤で示す。

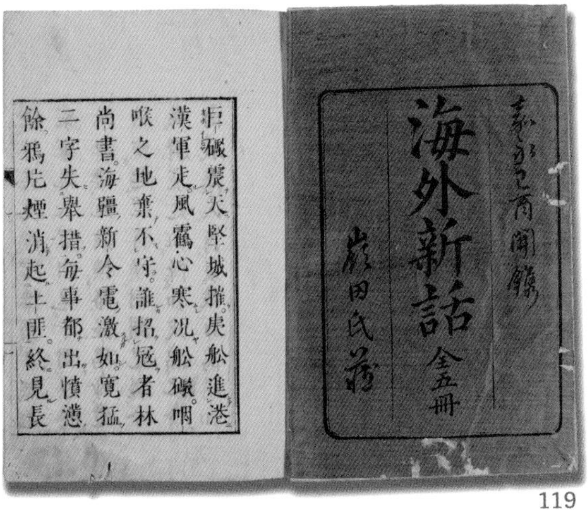

119

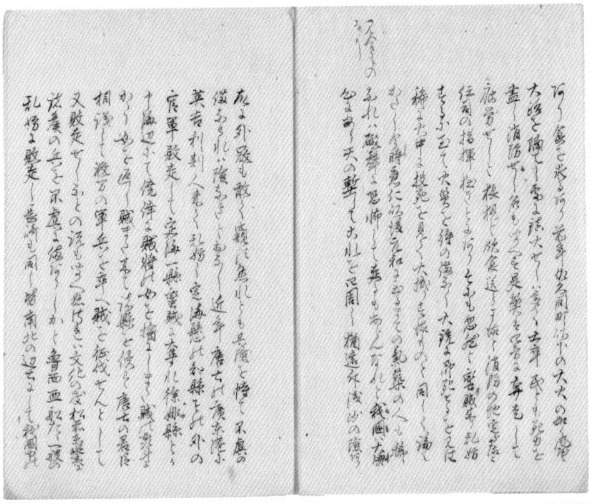

120

121

119. 嶺田楓江『海外新話』(版本)
嘉永2年(1849) 横浜開港資料館蔵

作者嶺田楓江は「夷匪犯境録」(アヘン戦争に関する漢文の情報を集成したもの)などをもとに、アヘン戦争の経過をわかりやすく叙述した。

120. 幕臣のアヘン戦争情報分析
「上書写」天保12年(1841)11月 酒川玲子氏蔵
横浜開港資料館保管(小笠原家文書)

御小人頭小笠原貢蔵から老中水野忠邦に提出したとみられる意見書。アヘン戦争の経過を簡略に記し、日本の防備体制について意見を述べている。水野は一部の幕臣にのみアヘン戦争情報を漏らし、その対応を検討させた(岩下哲典『幕末日本の情報活動』)。

121. 種菜翁『海外新話拾遺』
嘉永2年(1849) 横浜開港資料館蔵

アヘン戦争を軍記物ふうに読みやすく叙述したもの。挿絵も豊富に含まれる。

い令を撤回し、外国船に薪水・食糧を給付することを認める(薪水給与令)。

水野忠邦はアヘン戦争に関する情報を厳しく管理したが、その風聞は大名家や庶民にも時をおいてひろまっていく。丹後田辺藩(現京都府舞鶴市)士嶺田楓江(ふうこう)は嘉永2年(1849)に『海外新話』と題した本を出版し、アヘン戦争の経過について詳細に紹介した。嶺田はアヘン戦争の結果、「英夷の外患あるに依り此くの如く清国二百年来承平柔惰」があらたまったのは「却て国家長久の基本」と結論づけたが、あるいはこれが幕府批判ととらえられたのかもしれない。翌年幕府は本書の出版を禁止する。しかし、『海外新話』は発禁命令後も重版がなされたといい、またひそかに内容を写し取るものもあった。たとえば、武蔵国橘樹(たちばな)郡生麦村(現横浜市鶴見区)の関口東作は、発禁となった本書を嘉永4年に知人から借りて書き写している(図117、118)。為政者のみならず、少なからぬ庶民がアヘン戦争とイギリスに強い興味を持っていたことがうかがえる。

イギリスが中国を屈服させたこの戦争は少なからぬ衝撃を日本にあたえ、イギリスへの警戒心はさらに高まることになる。

5 測量艦マリナー号

Survey Vessel HMS Mariner

アヘン戦争では、中国沿岸の水路測量の成果が戦闘に一定の影響をあたえた。このような軍事的な背景もあり、アヘン戦争の終結後、イギリス海軍の測量艦が日本近海にも姿を見せることになる。幕府も「日本の地方並びに嶋々測量のためエケレス人(が)渡来」するという情報をつかんでおり、天保14年(1843)には測量船が来航しないようイギリス人に伝達しようとしていた(横山伊徳「一九世紀日本近海測量について」)。

しかし、イギリスの測量艦はついに江戸湾にも姿をあらわす。嘉永2年(1849)閏4月8日、イギリス海軍のマリナー号(Mariner)が三崎沖に来航した。乗組士官アルフレッド・ハロランはこの朝、江戸湾の入口で「多くの数のジャンク船」を目にする。これらのなかには、異国船の江戸湾進入を阻止する浦賀奉行所の「乗留船」も含まれており、日本側は浦賀の千代ケ崎台場より10町(1キロ)ほど沖合いにマリナー号を碇泊させた。イギリス側は書簡を日本の役人に渡したが、日本側は「外国人と交渉を持つことは法律に反する」としてそれを返却、江戸湾から退去することをマリナー号に要請する。しかし、マリナー号は取り合わずにボー

122. マリナー号の艦長
嘉永3年(1850)鹿水散人画　紀慶写　横浜開港資料館蔵
イギリス船の「船将」(艦長)の名は「瑪迪遜」と記され「マテセン」とよみが記される。

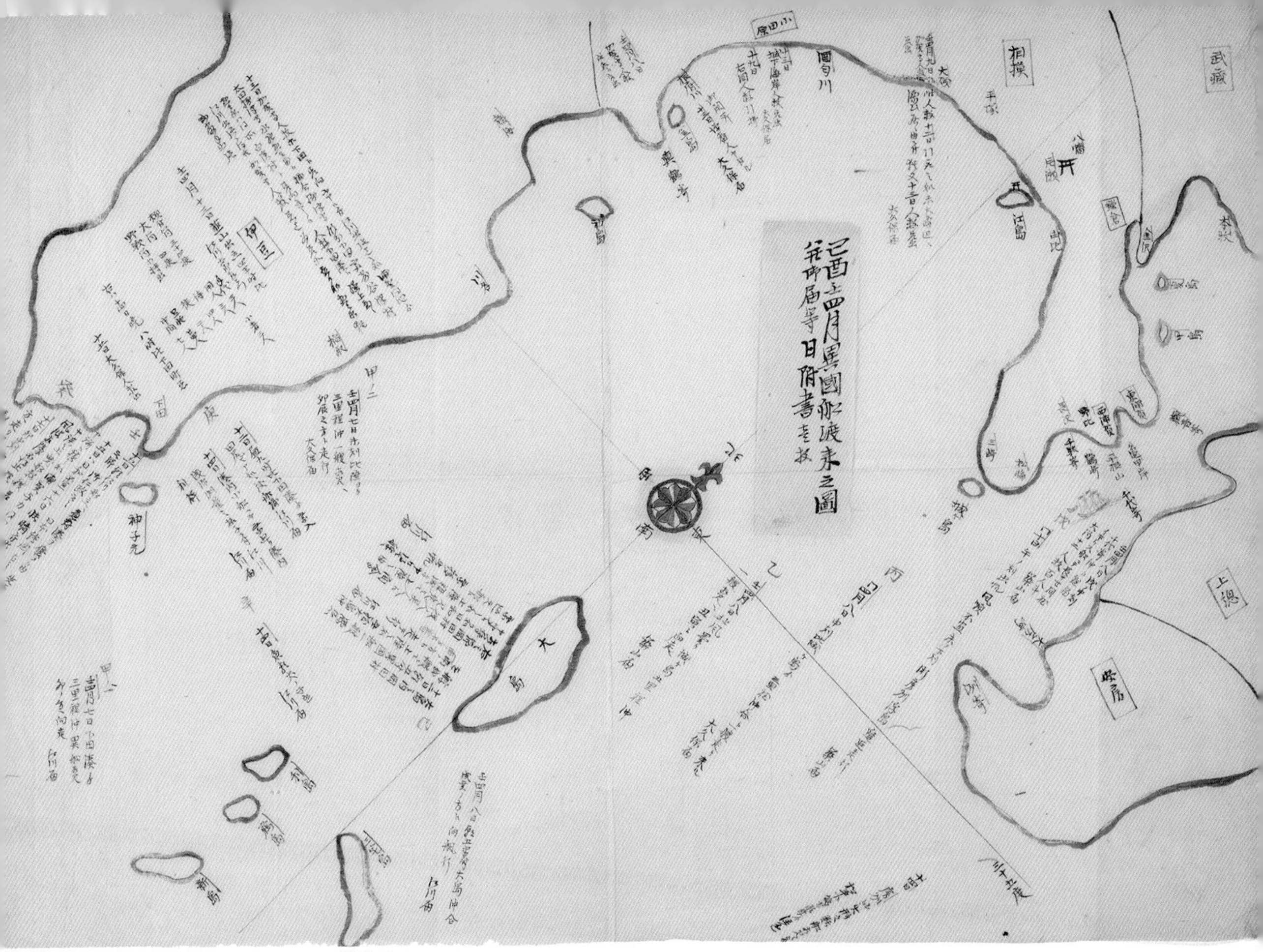

123. マリナー号来航時の地図
「己酉壬四月異国船渡来之図并御届等日附書」嘉永2年（1849） 横浜開港資料館蔵
マリナー号が来航した際、各地から届け出があった同船の位置情報と日本側の対応を地図に落としたもの。左上が伊豆半島、右側が三浦半島・房総半島。

トで浦賀の測深を実施。さらに伊豆大島や下田でも沿岸部の測量をおこなった。

マリナー号来航をうけて、同年12月28日、老中阿部正弘は日本全国に向けて海防強化を指示した。阿部はマリナー号が「横行」の振る舞いをしたことを指摘し、「御国威」（国の威厳）が損なわれないよう各地で海防体制を整えることをあらためて命じた。

マリナー号の来航以前の1845年、香港の貿易監督官（中国でのイギリス商人の監督役）のジョン・デービスは日本との通商開始交渉を提案している。中国情勢の不安定さからこの使節派遣は延期されることになったが、近代国家イギリスの足音は徐々に日本に近づきつつあった。

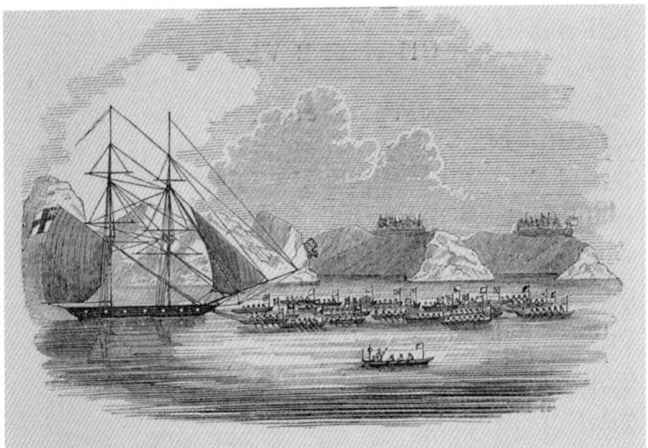

English Brig of War being towed out of Simodi Bay.

124. ハロラン『マリナー号航海日記』
Alfred Laurence Halloran, *Eight Months' Journal, Kept on Board One of Her Majesty's Sloops of War during Visits to Loochoo, Japan, and Pootoo* 1856年
横浜開港資料館蔵
マリナー号に乗り組んでいた士官ハロランが、1856年に刊行した航海記。浦賀や下田の測量を実施し、上海に帰還するまでの8ヶ月の航海を叙述する。挿絵は和船によって下田湾外に曳航されるマリナー号。

6 英学研究と辞書

English Studies and Dictionaries

イギリスの日本接近に脅威を覚えた幕府は、英語とイギリスの研究を開始する。

フェートン号事件翌年の文化6年(1809)、幕府は長崎のオランダ語通訳(阿蘭陀通詞)に英語の研究を命じた。文化8年に完成した「諳厄利亜国語和解」は、英語の発音を解説し語句・文例を紹介した最古の英語研究書である。さらに文化11年には日本最初の英和辞典「諳厄利亜語林大成草稿」が提出された。しかし、長らくイギリスとの接触がなかった日本人にとって英語の研究は容易なことではなく、辞典の編纂にあたった関係者は、その困難さを吐露している。

アヘン戦争後の嘉永3年(1850)、幕府はあらためて通詞に英語の研究を命令し、1850年代にはイギリスに関する書籍が少なからず出版されるようになる。たとえば、安政元年(1854)に刊行された『英吉利国総記和解』はイギリスの地理や政治体制を概説したもので、「政事」(政治)の項では「国中

125.「諳厄利亜語林大成草稿」
文化11年(1814)
長崎歴史文化博物館蔵

本木庄左衛門(正栄)が中心になって編纂した日本初の英和辞典で約6,000語を収載する。序には「諳厄利亜の国は、往昔其職貢を禁じ給へる故を以て、其言詞に於る爾来いまだ是を知る者有らず」とあり、編纂が苦労に満ちていたことがうかがえる。

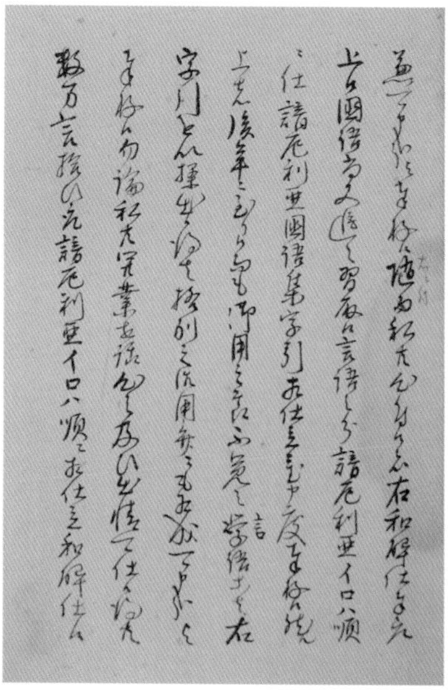

126. 英和辞典作成にあたり
「諳厄利亜国語集字引相仕立置ニ付小通詞并楢林彦四郎吉雄権之助へ世話役相勤被仰付様伺書」
文化8年(1811)9月
長崎歴史文化博物館蔵

本資料の作成者は、「諳厄利亜言語文字修業」は「この節初めて創業(開始)」したこともあり、英語の参考書がないことを指摘。「数万言拾ひ取、諳厄利亜イロハ順」にするのは「大造(大変・大事業)」であることから、さらに2人の通詞を参加させることを長崎の年番町年寄高島四郎兵衛に願い出ている。

に大事あるときは、王および官民ともに巴厘満衙門(議会)に至り公に議し其うへ(上)にて行ふなり」と議会制度の基本について述べ、また「軍伍」(軍事)の項では「水師兵(海軍)九万人、水手二万二千、英吉利陸路の兵八万一千二百七十一人」とイギリスの海軍陸軍の兵員数を細かに書き上げている。

一方、アジアに滞在するイギリス人宣教師のなかには日本布教に関心を寄せるものもあらわれ、宣教のため日本語の研究がなされる。その成果のひとつが、ロンドン宣教会に属するイギリス人宣教師ウォルター・メドハーストがバタビアで1830年に出版した「英和・和英辞書」である。これはイギリス人によってはじめて編集された日本関係の辞書となった。

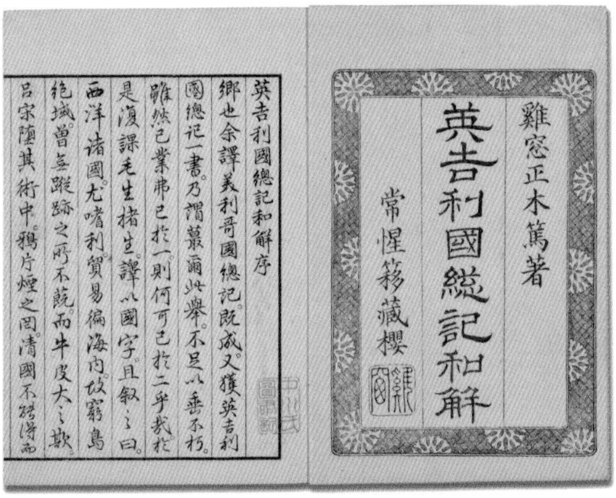

127. 林則徐訳、魏源重輯、正木篤和解『英吉利国総記和解』嘉永7年(1854) 横浜開港資料館蔵

イギリスの政治体制、地理などを叙述した書籍。欧米人の著作をベースとして漢訳されたものをさらに正木が和訳した。正木はアメリカを紹介した『美理哥国総記和解』も訳出している。

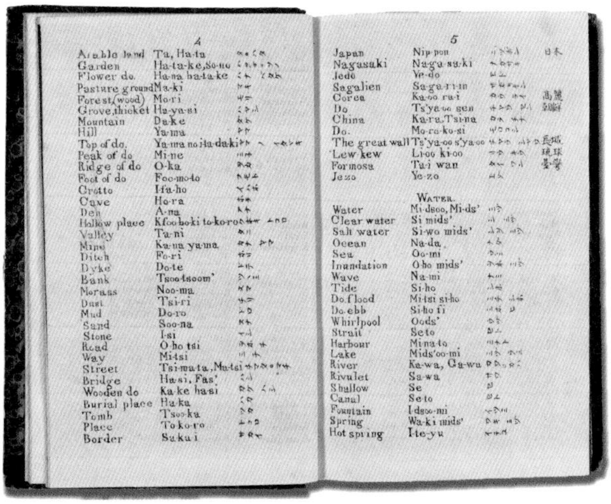

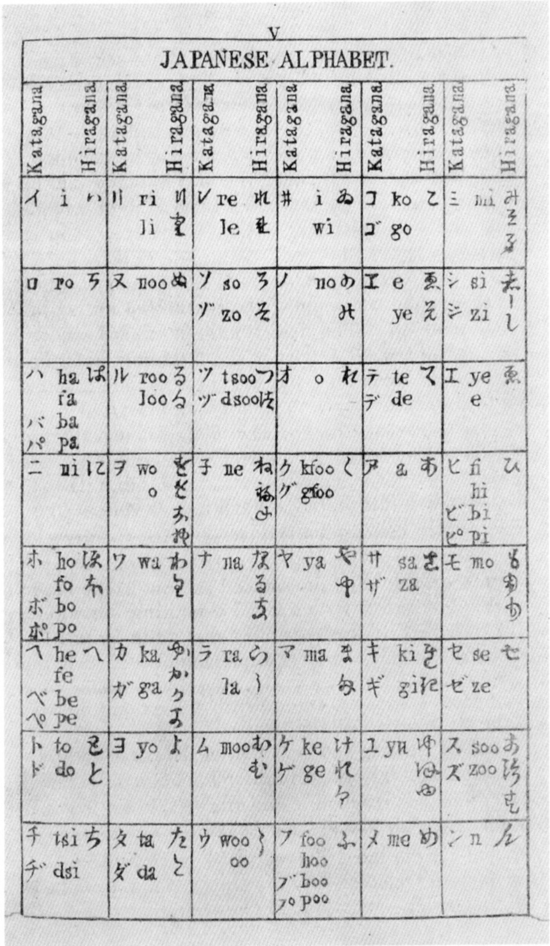

128. メドハーストの英和・和英辞書
Walter Henry Medhurst, *An English and Japanese and Japanese and English Vocabulary* 1830年
横浜開港資料館蔵

英和辞書の部は、主題別に部門分けされ関連する単語をまとめる。一方和英辞書の部では7,000余りの日本語がイロハ順で配列されている。村上英俊閲『英語箋』として、幕末期(前編安政4年・後編文久3年)に日本でも翻刻出版された。

TOPIC 4

香港と上海

129

1842年の南京条約によってイギリスに割譲されその植民地となった香港。そして外国貿易のため開港し租界（foreign settlement、日本では「居留地」と呼ぶ）が置かれた上海。いずれも19世紀後半のイギリスの東アジア進出を支える拠点となり、日本とイギリスを結ぶ役割をも果たす。実際、多くのイギリス人が香港や上海を経由して来日したのである。

香港は清朝時代の外国貿易港・広州から120キロほど東南に位置し、マカオからは珠江の河口を挟んで東方約70キロにあたる。イギリスは香港島のビクトリア地区に本拠を定め、狭い海峡に面して砲台を配置する。また波が穏やかなことから、「ヨーロッパのどの国の船も、けわしい岩ともりあがった丘とにかこまれたこの湾内に、安んじて錨をおろすことができよう」（『大君の都』）と、商船の恰好の碇泊地となった。のみならず、自然地理に恵まれた香港をイギリスは海軍の拠点として整備し、政治外交上の権能も集中させる。香港は東インド艦隊の中心基地となり、海軍省の軍司令官、植民地省の香港総督、外務省の貿易監督官・駐華全権大使（原則として1人がすべての役職を兼任する）も香港に置かれたのである。

129. 丘から見下ろす香港市街と港
130. ヨーロッパ風の香港市街
"Photographs of Japan, Shanghai, Hong-Kong"
明治中期　横浜開港資料館蔵

130

一方、上海は中国人が「大洋の子」と呼ぶ長江河口付近に位置する。長江は言うまでもなくアジア最長6,380キロの長さを誇る大河川だが、古来重要な物流ルートでもあった。長江に沿った内陸部には南京・武漢などの大都市が立地し、さらには鎮江（地名）で北京一杭州を結ぶ大運河（京杭大運河）に接続する。イギリスは上海を外国貿易と中国の国内市場をつなぐ結節点として重要視し、ここを開港させる。イギリス海軍軍人オズボーンは上海を「まさに中国のリバプール」と呼んでいるのである（『日本への航海』）。

131. 上海租界地図
"Ground Plan of the Foreign Settlement at Shanghai from a Survey by Mr. F. B. Youel, R. N., May 1855"
1855年　横浜開港資料館蔵
1855年の調査により作成された。左の円形の城壁に囲まれた部分が県城。図右側はイギリス租界。中央の水路と県城のあいだがフランス租界。

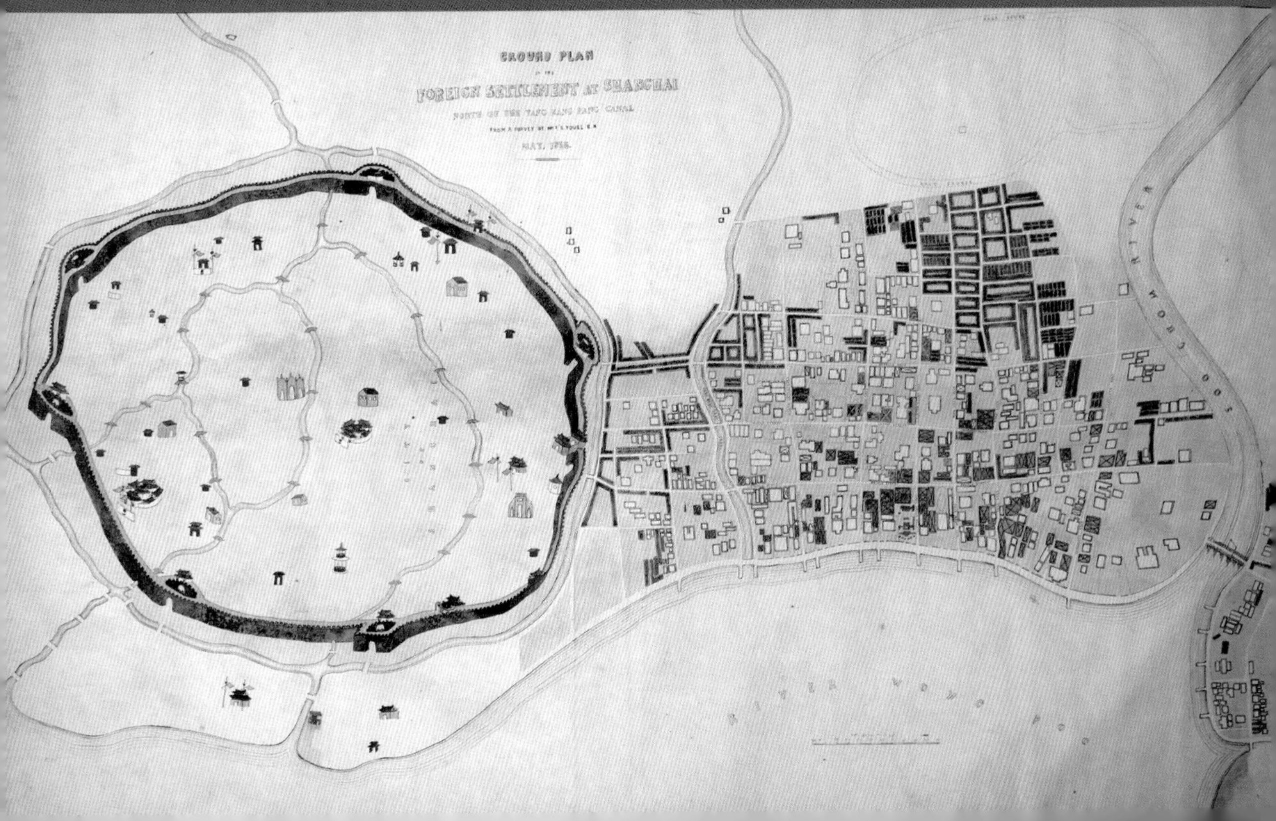

開港後、上海には租界が誕生する。1845年、県城の北にあたる黄浦江のほとりにイギリス人の租界が設定され、その後、フランス・アメリカの租界も定められていく。欧米人は租界に独自の行政機関を設置し、一定の自治権を持つようになるが、この自治権の拡大にあたって大きな指導力を発揮したのが、のちに初代駐日総領事となる上海領事のラザフォード・オールコックであった。

132. 上海の租界と黄浦江
"China and Japan"（写真アルバム）明治初期
横浜開港資料館蔵

133. 上海の外灘（撮影：2017年、吉﨑）
旧租界のあった一帯は外灘（バンド）と呼ばれ、現在でも19世紀に建築された西洋風の建造物が建ち並ぶ。左奥に見えるのが江海関（上海税関）。

第5章 アジアの戦乱と開国

Chapter 5

Opening the Country Amid War in Asia

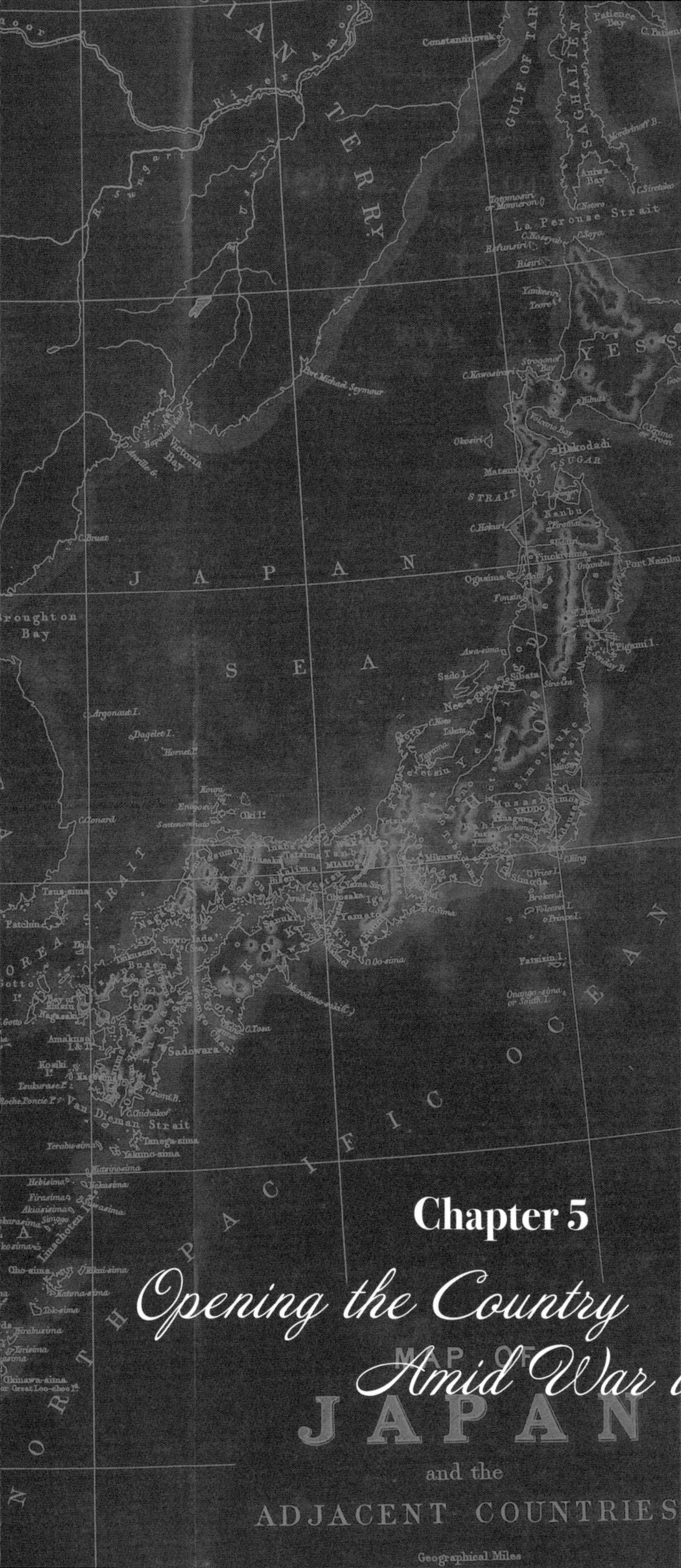

1 クリミア戦争

The Crimean War

1853年７月、ロシアとオスマン・トルコの戦争が勃発する。イギリスはフランスとともにトルコ側として参戦、ナポレオン戦争以来となる大戦争がはじまった（クリミア戦争）。1854年９月、英仏はクリミア半島のロシアの軍港セバストーポリをめざして黒海に艦船を送る。ロシアは堅固な要塞を築き、セバストーポリの包囲戦は膠着。しかし、英仏軍の猛攻を受けたロシア側は、1855年９月に要塞を爆破して北へ撤退した。クリミア戦争が激しさを増していることは、「露西亜国とトルコ国との一件（中略）以来いよいよもって事相募り」と日本にも伝えられ、ことに「エケレス国備えの縦横自在進退の船（蒸気船）」がロシアとの海戦に活躍したことも報告された（安政元年（1854）７月、資料137）。

一方、クリミアの戦火は極東にも飛び火する。1854年３月、イギリス海軍省は極東および太平洋海域のイギリス海軍に対して、敵国となったロシア艦隊の捜索とその拠点の破壊を命じた。英仏の連合艦隊は、ロシア太平洋艦隊の拠点であるカムチャツカ半島東岸のペトロパブロフスクを1854年８月から９月にかけて砲撃。しかし、ロシア側

134. クリミア半島に展開するイギリス軍
ロジャー・フェントン（Roger Fenton）撮影〔1855年〕 アメリカ議会図書館蔵
Library of Congress, Prints & Photographs Division, LC-USZC4-9178
クリミア戦争の激戦地カディコイ（Kadikoi）に野営するイギリス陸軍第5龍騎兵連隊。

の頑強な抵抗にあって攻略は失敗する。このような極東におけるイギリスとロシアの抗争も、「(イギリスが)魯領カムサスカ(カムチャツカ)辺りへ軍勢差し向け候はず」と佐賀藩士が記すように事前に日本にも伝わっていた(麓慎一『開国と条約締結』)。

そして、イギリスと日本の近代的関係のはじまりは、この戦争と深くかかわっていたのである。

135. セバストーポリ要塞の陥落
The Illustrated London News **1855年9月29日号　横浜開港資料館蔵**
ロシア軍がセバストーポリに火を放ち撤退したことを報じる。

136. 燃えるペトロパブロフスクのロシア軍の武器庫
L'Illustration **1855年10月27日号**
横浜開港資料館蔵
英仏の攻撃を受けたロシアはペトロパブロフスクの維持が困難であることを悟り、1855年4月に同港から撤退する。『イリュストラシオン』はフランス語の絵入り新聞。

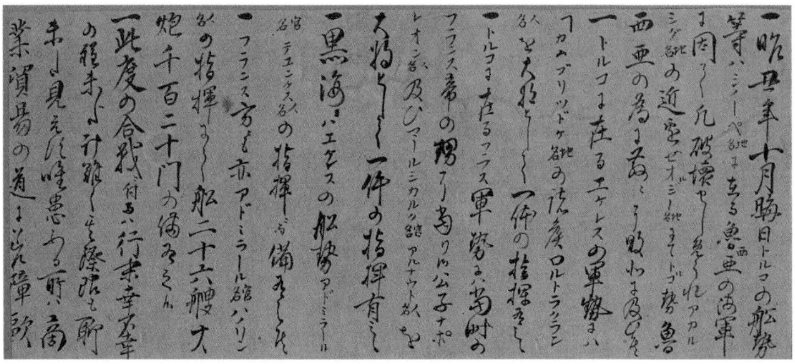

137. クリミア戦争を報じたオランダ商館長の情報
安政元年(1854)7月　国立国会図書館蔵
三条実美が所持していたものという。奥付にオランダ商館長の名と通詞名があり、オランダ商館長からの情報を翻訳したもの(風説書)であろう。

2 日英協約

The Anglo-Japanese Convention

クリミア戦争勃発前の1852年、香港のイギリス貿易監督官ジョン・バウリング(John Bowring)はイギリス外務省に、日本との通商開始が緊急課題であると提言していた。1854年、バウリングは日本遠征に向かおうとしていたが、クリミア戦争の勃発と中国情勢の悪化からこれを断念する。

英仏艦隊がペトロパブロフスクに上陸した2日後の安政元年(1854)閏7月15日、イギリス東インド艦隊司令官のジェームズ・スターリング(James Stirling)が長崎に入港した。スターリングはロシ

138. バウリングの肖像
ジョン・キング (John King) 画　1826年
国立ポートレート・ギャラリー蔵
© National Portrait Gallery, London
ジョン・バウリングが就いていた貿易監督官は、東インド会社の対中貿易独占廃止後、中国の開港都市の領事を束ねてイギリス商人を監督した。なお、同職は香港総督と中国公使も兼ねた。

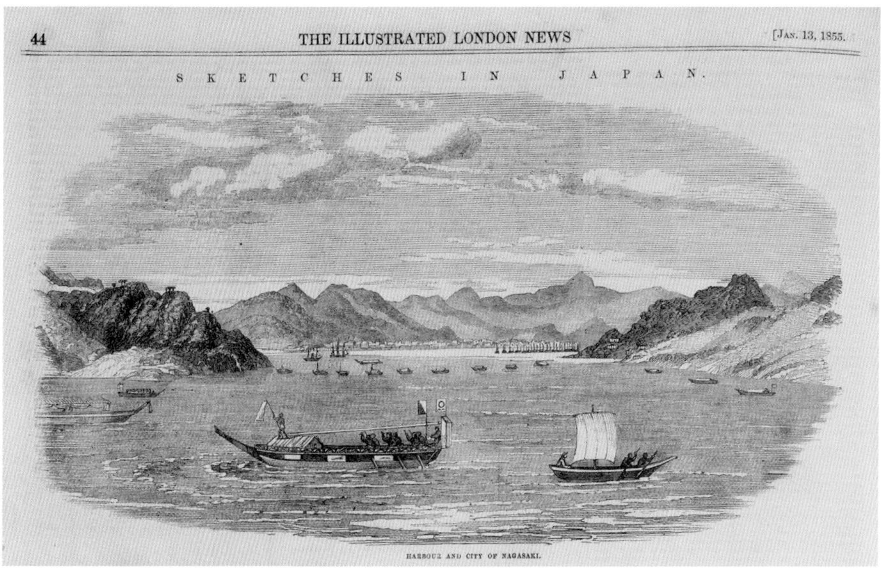

139. スターリングの見た長崎
The Illustrated London News 1855年1月13日号　横浜開港資料館蔵
スターリング艦隊の長崎来航を報じたニュース。

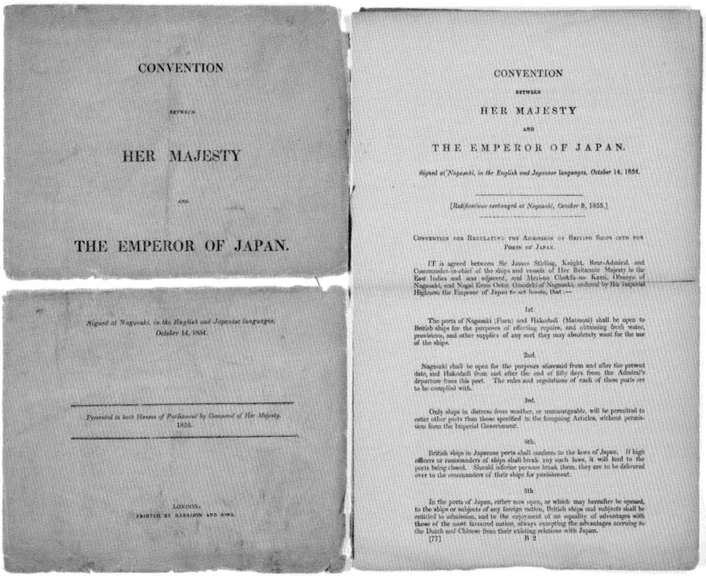

CONVENTION

BETWEEN

HER MAJESTY

AND

THE EMPEROR OF JAPAN.

Signed at Nagasaki, in the English and Japanese languages, October 14, 1854.

Presented to both Houses of Parliament by Command of Her Majesty. 1856.

LONDON:
PRINTED BY HARRISON AND SONS.

CONVENTION

BETWEEN

HER MAJESTY

AND

THE EMPEROR OF JAPAN.

Signed at Nagasaki, in the English and Japanese languages, October 14, 1854.

[Ratifications exchanged at Nagasaki, October 9, 1855.]

CONVENTION FOR REGULATING THE ADMISSION OF BRITISH SHIPS INTO THE PORTS OF JAPAN.

IT is agreed between Sir James Stirling, Knight, Rear-Admiral, and Commander-in-chief of the ships and vessels of Her Britannic Majesty in the East Indies and seas adjacent, and Mezi-no Chekfu-no Kami, Obunyo of Nagasaki, and Nagai Evan Oeito, Omedeki of Nagasaki, ordered by His Imperial Highness the Emperor of Japan to act herein, that:—

1st.

The ports of Nagasaki (Fisen) and Hakodadi (Matsmai) shall be open to British ships for the purposes of effecting repairs, and obtaining fresh water, provisions, and other supplies of any sort they may absolutely want for the use of the ships.

2nd.

Nagasaki shall be open for the purposes aforesaid from and after the present date, and Hakodadi from and after the end of fifty days from the Admiral's departure from this port. The rules and regulations of each of these ports are to be complied with.

3rd.

Only ships in distress from weather, or unmanageable, will be permitted to enter other ports than those specified in the foregoing Articles, without permission from the Imperial Government.

4th.

British ships in Japanese ports shall conform to the laws of Japan. If high officers or commanders of ships shall break any such laws, it will lead to the ports being closed. Should inferior persons break them, they are to be delivered over to the commanders of their ships for punishment.

5th.

In the ports of Japan, either now open, or which may hereafter be opened, to the ships or subjects of any foreign nation, British ships and subjects shall be entitled to admission, and to the enjoyment of an equality of advantages with those of the most favoured nation, always excepting the advantages accruing to the Dutch and Chinese from their existing relations with Japan.

[77] B 2

140. ロンドンで印刷された日英協約
Convention between Her Majesty and the Emperor of Japan, Signed at Nagasaki, in the English and Japanese Languages, Oct. 14, 1854 **1856年　横浜開港資料館蔵**
全7条の英文条項が付されるとともに、次頁からは各条項についてくわしい説明がなされている。

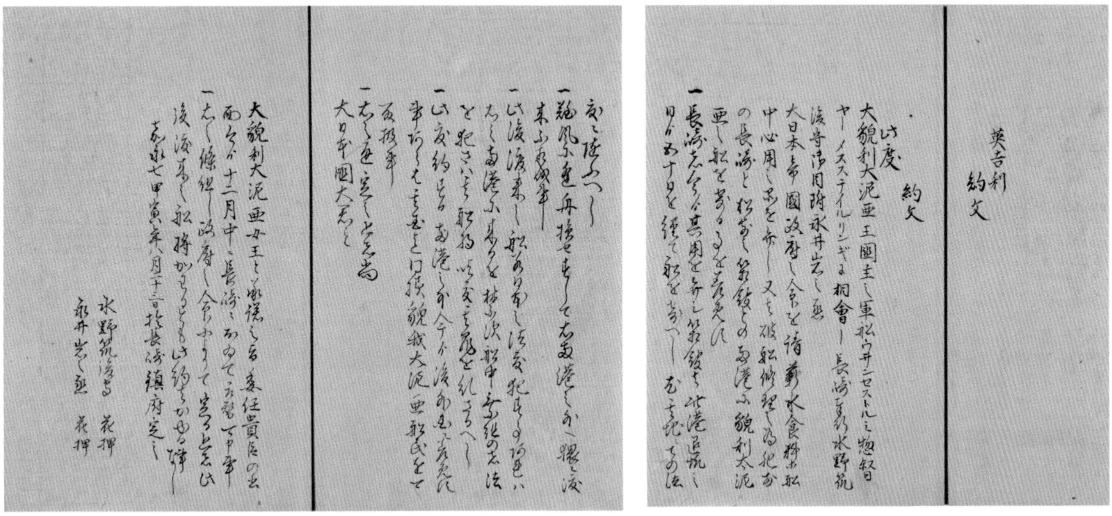

英吉利
約文

141. 日英協約の写本「三国条約」
安政2年（1855）9月
横浜開港資料館蔵（稲生文庫）
イギリス船の日本寄港について、「薪水食料等船中必用（要）之品を弁し、又は破船修理之為、肥前の長崎と松前の箱館との両港に貌利太泥亜之船を寄る事を差免す」と記される。

アとの交戦を長崎奉行水野忠徳（ただのり）に告げ、英仏の艦船が日本の港を利用する許可を求めた。

すでに幕府はこの年の３月3日にアメリカのペリーと日米和親条約を締結し、下田・箱館（函館）の開港、薪水食料・石炭等の供給、領事の日本駐在などを取り決めていた。さらに前年７月に長崎に来航したロシア使節プチャーチンとも交渉を重ねており、安政2年12月21日に日露和親条約が締結されることになる。

水野忠徳は、ヨーロッパがクリミア戦争下にあることを知っていた。さらに、幕府はロシアとも外交交渉をおこなっており、そのライバルであるイギリスに接近することはロシアへの信義に欠けると考えていた。しかし水野は、現在の国際情勢下ではイギリスの要求を強く拒否することは難しいと老中に上申。幕閣も戦争目的ではない入港に限りそれを許可するよう水野に指示した。安政元年８月23日、水野忠徳は箱館・長崎の２港の利用と英国船への食糧補給を可能とする日英協約をスターリングとのあいだに結んだ。日英の公式な関係は、ヨーロッパの強国のつばぜり合いのなかではじまった。

3 アロー戦争の勃発

The Outbreak of the Arrow War

1856年３月30日、パリ講和条約が結ばれクリミア戦争は終結した。しかし、アジアにおいてはイギリスとの火種が各地で燻（くすぶ）っていた。

1856年10月８日、広州の市街地を流れる珠江（しゅこう）に停泊していた貨物船アロー号に、清朝の官憲が乗り込んできた。海賊の容疑がかかったのである。船はイギリス国旗を掲げていたが、官憲は国旗を降ろし、中国人船員を拘束する（アロー号事件）。香港総督バウリングと28歳の若き広州代理領事ハリー・パークス（Harry Parkes）は清側に抗議、本国のパーマストン首相もこの事件を契機としてフランスと共同して清に再び軍隊を送ることを決断する（アロー戦争）。

アヘン戦争終結後、イギリスの工業製品（綿布など）の中国輸出は、商人たちが期待するほどの伸びは見せなかった。背景には、パーマストン首相が下院で言明したように、「中国側の国内規制」と「イギリス商業全般につねに敵対してきた」清朝政府の姿勢がある、とイギリス側はとらえていた（横井勝彦『アジアの海の大英帝国』）。このような通商上の不自由さから、イギリス側はアロー事件前より、中国に軍事力を誇示して商業上の権益を拡大することを意図していたのである。

1857年５月９日、全権公使エルギン卿（ジェームス・ブルース、James Bruce, 8th Earl of Elgin）は5,000の兵とともにイギリスを出発した。エルギン卿は、中国問題の処理とともに対日関係を改善・拡大させることも、外相のクラレンドン伯爵から訓令されていた。

142. 虎門要塞を砲撃するイギリス艦隊
The Illustrated London News 1857年１月24日号　横浜開港資料館蔵
虎門要塞は広東付近、珠江のデルタ地帯に位置し、1856年11月に英仏艦隊と中国側の激戦の地となった。

143. エルギン卿
ウィリアム・ナソー・ジョスリン（William Nassau Jocelyn）撮影　1858年
ビクトリア・アンド・アルバート美術館蔵
© Victoria and Albert Museum, London

エルギン伯爵家は14世紀前半に諸部族を統一してスコットランド国王となったロバート・ブルースの系譜につらなる。エルギン卿は1842年にジャマイカ総督、1847年にはカナダ総督となり両地で実績を残した。高い政治外交能力を評価され、パーマストンによって中国への特命全権大使に任ぜられた。

THE BLOWING UP OF THE CHINESE COMMODORE'S JUNK, AND BURNING OF OTHERS, AT TOON-CHUNG.

144. 燃える清のジャンク船
The Illustrated London News 1857年5月9日号　横浜開港資料館蔵

インド大反乱と天津条約 The Indian Mutiny and the Treaty of Tianjin

エルギン卿がイギリスを出発した翌日の1857年5月10日、インド・デリー北方の軍事基地で、イギリス東インド会社のインド人傭兵(シパーヒー、日本ではセポイとも呼ばれる)がイギリスの支配に対して反乱をおこした。反乱軍によってムガル帝国の皇帝バハードゥル・シャー2世が担ぎ出され、皇帝は統治権をふたたび手中におさめたことをデリーで宣言した。

このため、エルギンは兵の一部をインドに割くことを余儀なくされる。6月、シンガポールに到着したエルギンは、インド総督の要請をうけて中国遠征軍の一部をカルカッタに派遣した。反乱はデリーのみならず北インド各地にひろがりを見せ、約1年半にわたって続くことになる(インド大反乱)。

7月、エルギンは香港に到達。インド情勢を見合わせつつ、中国戦線への補充部隊を待った。12月28日、一定の兵力を得たイギリス軍は広州砲撃を開始、翌日広州は陥落した。さらに1858年4月、エルギンは北京へ軍事的圧力をかけるべく渤海湾に艦隊を向かわせる。北京につながる白河の河口に到着した艦隊は5月、フランスとともに大沽砲

145. デリー、カシミール門の戦い
***The Illustrated London News* 1857年11月28日号　横浜開港資料館蔵**
インド大反乱の中心舞台となったデリーはムガール帝国の首都であり、綿織物業や染色業も盛んであった。
カシミール門はデリーを囲む城壁の北側の門で激戦地のひとつ。

台を攻撃し、これを占領。エルギンは６月26日（安政５年５月16日）に天津条約を清と締結し、南京・鎮江など揚子江沿いの都市を含む10港の開港や、公使の北京駐在を中国に約束させた。

　天津条約後、エルギンは東インド艦隊司令長官マイケル・セイモア（Michael Seymour）とともに日本に向かうことを企図する。日本と通商条約を結ぶためである。

146. ベンガルのシパーヒー（セポイ）
***The Illustrated London News* 1857年8月22日号　横浜開港資料館蔵**
インド人傭兵を描く。シパーヒーの英語なまりがセポイ。「セポイの反乱」でも知られるが、近年は「インド大反乱」と呼称されることが多い。

147. 天津条約の調印風景
オリファント『エルギン卿遣日使節録』Laurence Oliphant, *Narrative of the Earl of Elgin's Mission to China and Japan* 1860年　横浜開港資料館蔵
エルギンに随行した紀行作家オリファントの中国・日本の見聞記の挿絵。アメリカ・ロシアもイギリスとほぼ同様の条約を清と締結する。本書の初版は1859年だが横浜開港資料館所蔵本は第２版。

4 日英修好通商条約

The Anglo-Japanese Treaty of Amity and Commerce

イギリスが天津条約を結んだとの情報は、幕府と通商条約の締結を目指していた下田のアメリカ総領事タウンゼンド・ハリスのもとに届いた。ハリスはアメリカ軍艦ポーハタン号に搭乗し、神奈川沖に急行。近々英仏連合艦隊が大軍を率いて日本に来航する可能性を幕府につたえる。安政５年(1858) ６月19日、同艦上で日米修好通商条約が締結された。ハリスは幕府に対して英仏来航の脅威を巧みに強調し、イギリスに先んじて通商条約を結んだのである。

上海で日本に向かう準備をおこなっていたエルギンとセイモアだが、広東の抗英闘争が続いており、

148. 幕府の条約交渉委員
ウィリアム・ジョスリン撮影　1858年　ビクトリア・アンド・アルバート美術館蔵 © Victoria and Albert Museum, London
随行員のジョスリンは西応寺を訪れた外国奉行ら幕府側交渉委員を、「日本人の衣装を撮る」ためにカメラにおさめた。江戸で撮影された最古の写真である。

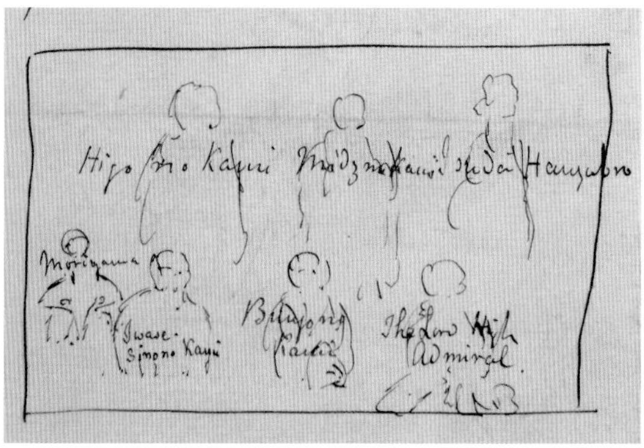

149. 撮影された交渉委員の名を記すジョスリン書簡
1858年10月4日付　横浜開港資料館蔵
ウィリアム・ナソー・ジョスリンの書簡に、上の写真に写された日本人の名前が記されていた。後列左から岩瀬忠震、水野忠徳、津田正路、前列左から森山多吉郎、井上清直、堀利熙、永井尚志、である。

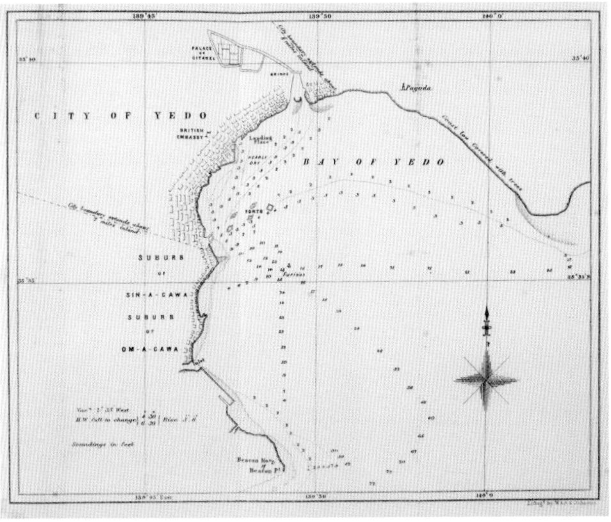

150. 江戸湾の海図
オリファント『エルギン卿遣日使節録』1860年　横浜開港資料館蔵
フュリアス号の碇泊位置も示される。

151. 日英の条約締結
オリファント『エルギン卿遣日使節録』1860年　横浜開港資料館蔵

ジョスリンの見た江戸

エルギンに随行して江戸を訪れたウィリアム・ナソー・ジョスリンは父のローデン伯爵（the 3rd Earl of Roden）にあてて江戸の情景を綴っている。

「江戸は人口約六〇〇万人、ロンドンの人口の倍です。日本には二階より高い家はありませんので、当然のことながら土地はロンドンの二倍以上必要になるのです。（中略）おそらく江戸は北京に次いで世界最大の都市といってもいいでしょう。店は大きく、特に絹と漆器を商う店は大きくてすばらしいのです。日本の絹は最も豪華というにふさわしく、極めて見事です。」（大山瑞代訳「ナソー・ジョスリン書簡集」）

セイモアは10隻以上の艦船を上海から香港に向かわせることを余儀なくされる。結果エルギンは、わずか３隻の蒸気船で上海から日本に出発することになった。旗艦はフュリアス号（Furious）である。

エルギン一行は安政５年７月４日に江戸・品川沖に到着。７月18日（西暦８月26日）に24条からなる日英修好通商条約を江戸で締結した。日本側を代表して条約書に署名したのは、条約締結の直前に設置された外国奉行の水野忠徳・永井尚志（なおむね）・井上清直・堀利熙（としひろ）・岩瀬忠震（ただなり）と目付の津田正路で、当時の幕府の俊英たちであった。条約の内容は日米修好通商条約をモデルとしたもので、箱館・神奈川（横浜）・新潟・兵庫（神戸）・長崎の開港と自由貿易が定められ、外国公使の江戸駐在も取り決められた。なお、イギリス独自の条項として、綿製品・毛織物製品の日本への輸入関税は20％から５％に引き下げられており、また関税の改訂に関しては日本の関税自主権が否定され、日英いずれかの政府が希望すれば改訂できると定められていた。

152.「座敷」のイギリス人　『ゑひすのうわさ』5巻　国立国会図書館蔵（以下同）

江戸ッ子の見たイギリス人

The British as Seen by the Locals of Edo

江戸に入ったエルギン卿一行は、現在のJR山手線田町駅からほど近い西応寺を宿所とする。イギリス使節の滞在中、日常生活の「賄方（まかないかた）」（諸用品の調達）を請け負ったのは河内屋なる商人だが、国立国会図書館が所蔵する『ゑひすのうわさ』という風説留（ふうせつどめ）（世の中の種々の情報を記した資料）には、河内屋の関係者が観察した西応寺のイギリス人の様子が描かれている。幕末期に江戸を訪れた外国人の動静は、さまざまな古文書のなかに見ることができるが、本資料のように丁寧に彩色をほどこし、また詳細にコメントをつけた資料はさほど多くない。

日本人はイギリス人が持ち込んださまざまな日用品に興味をもったようである。たとえば図152では、「すべて書物喰事又は品物の調らべ買物の吟味、諸事此大机の上にて弁ず」と、大きなテーブ

153.「台所」の図

154.「寝所」の図

155. 荷物を運搬する使節一行

156. 3人の随員

ルの上で、食事のほか日常生活において生じるさまざまな事柄を処理していると解説を加える。「台所」では、壁の棚の「諸道具」に注目したようで、各種の食器や瓶を精密に描いている(図153)。なお、「ヱ人(イギリス人)の喰物ハ平常清朝の南京人是をとゝのへる」と注記があって、一行に加わっていた中国人が調理を担当したことも知られる。「寝所」では、高さ「一尺弐三寸」で「三方に手すり」があるベッドを描いているが、これもわざわざ本国から持ち込んだのだろうか。蚊が多かったせいか、ベッドの上には「和製の蚊帳」を吊るしていたという(図154)。

江戸の町人にとっては、外交交渉の内容よりも、このようなイギリス人の生活や用具が気になったのかもしれない。庶民が外国人を見る視線には、敵意よりも好奇心を多く感じることができる。

5 オールコックの江戸着任

Alcock's Arrival in Edo

翌安政6年(1859) 6月2日、修好通商条約の発効にともなって横浜が開港した。同時に「首都」江戸にも外国公館が設置される。6月7日、イギリス初代駐日総領事(のちに公使)ラザフォード・オールコック(Rutherford Alcock)は高輪の東禅寺(現東京都港区)にイギリス総領事館を開き、ユニオン・ジャックを掲揚した。翌日にはハリスが麻布の善福寺(現港区)にアメリカ公使館を開設する。欧米諸国の外交使節が江戸に常駐を開始し、政府の意思を幕府に直接伝えることが可能になったのである。ただし、イギリス外務省はオールコックに対して、中国への対応とは異なり日本の国内政局に介入することを避けるよう訓令を発していた。

オールコックは1844年に厦門(アモイ)の領事として極

157. オールコック肖像写真
カミーユ・シルビー(Camille Silvy)撮影
1862年6月29日　国立ポートレート・ギャラリー蔵 ©National Portrait Gallery, London
シルビーは写真黎明期のフランス人写真家。フランスやアルジェリアのほかイギリスでも活動。ビクトリア女王の庇護をうけて、王室や貴族・名士の肖像写真を撮影した。写真は日本ではこれまで知られていなかった1枚。遣欧使節とともに一時帰英中、ロンドンで撮影された。

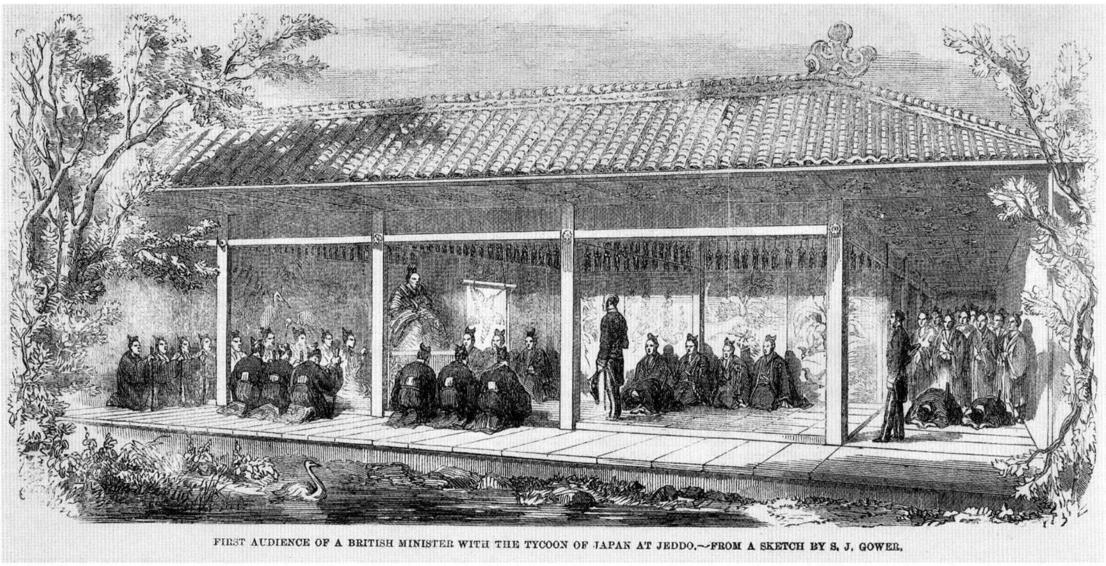

FIRST AUDIENCE OF A BRITISH MINISTER WITH THE TYCOON OF JAPAN AT JEDDO.—FROM A SKETCH BY S. J. GOWER.

158. オールコックの将軍謁見
The Illustrated London News **1860年12月15日号　横浜開港資料館蔵**
オールコックは後年、江戸城内で見た障壁画の印象を『日本の美術と工芸』に記している。

159. オールコック『大君の都』
Rutherford Alcock, *The Capital of the Tycoon ; a Narrative of a Three Years' Residence in Japan*
1863年　横浜開港資料館蔵
オールコックの大著『大君の都』はロンドンとニューヨークで出版された。掲載資料はロンドンで発行されたもの。

東でのキャリアをスタートさせる。このとき、領事館に先に勤務しており部下となったのが16歳のパークスである。オールコックは厦門から福州領事をへて1846年に上海領事に転任。上海居留地の整備に尽力し、また居留地を脅かしていた清朝への反乱軍(小刀軍)の対処にもあたっている。日本への赴任を命じられる前は広州領事の座にあり、すでに東アジアで15年の領事経験を有していた。

　オールコックは江戸着任後、中国での経験も生かして外交活動を活発に展開していく。とともに、オールコックは日本の社会・風俗・地理を詳細に観察し、1863年に刊行した『大君の都』で欧米の読者に紹介した。また、オールコックは範例となるような日本の美術品・工芸品の収集も命じられており、のちに『日本の美術と工芸』("Art and Art Industries in Japan" 1878年)で、それらの特徴を鋭く分析している。日本の社会・文化や美術のゆたかな価値をイギリスに紹介したこともオールコックの重要な功績である。

6 中国の戦争と馬

Horses and the War with China

オールコックの江戸着任と同じころ、中国ではまたも戦争が発生していた。

1858年６月の天津条約の締結後、清朝は外国公使の北京駐在条項の撤回をこころみる。しかし、イギリスのエルギンは当然これを認めない。1859年６月、イギリス駐清公使フレデリック・ブルース（Frederick Wright-Bruce、エルギンの弟）が、北京駐在のため上海に到着。フランス公使とともに北京に向かう。しかし公使を護衛するイギリス艦隊は、天津の白河河口で民勇（人民を訓練した臨時兵）の抵抗を受けて大きな被害を出し、英仏両国はふたたび清と戦火を交えることを決意する。

イギリスとフランスは開港まもない日本において、戦争に必要な物資を調達しようとする。ことに両国は物資を輸送するための馬を必要としていた。安政６年12月、荷馬の調達を命じられたイギリス陸軍少佐フォンブランクが横浜に到着、幕府に荷馬購入の斡旋を要求する。その数は2,000〜3,000頭という多数にのぼった。幕府は12月23日、馬の売却を希望する庶民は申し出るよう触れを発した。この触れをうけて、横浜には関東各地から馬を牽いた馬喰が集まってくる。幕府はその後、イギリス側が戦争で馬を使用するという真の目的を知り、中国との戦争用に馬を輸出できないことを主張。しかし、英仏側の説得にあって幕府はけっきょくそれを認めざるを得なかった。

160. 大沽砲台
オリファント『エルギン卿遣日使節録』1860年　横浜開港資料館蔵

THE WAR IN CHINA.—THE "HAVOC" GUN-BOAT, WITH FANE'S HORSE ON BOARD, ON ITS WAY FROM TALIEN-WAN TO THE PEHTANG.—FROM A SKETCH BY OUR SPECIAL ARTIST, C. WIRGMAN.

161. 兵士と馬を大連湾から北塘に運ぶハボック号
The Illustrated London News 1860年10月27日号
横浜開港資料館蔵

162. 馬の買い付けに来たイギリス将校の記録
Edward Barrington de Fonblanque, *Niphon and Pe-che-li, or, Two Years in Japan and Northern China* 1863年　横浜開港資料館蔵
タイトルは「ニホンと北直隷、または日本および華北における2年間」。フォンブランクは香港で華北戦線に用いる荷馬の購入を命じられ、約10ヶ月日本に滞在してその任にあたった。初版は1862年の刊行で横浜開港資料館所蔵本は1863年発行の第2版。掲載図は中国の馬屋。

1860年8月1日、英仏連合軍は白河から上陸。8月21日には激戦地の大沽が落ちた。10月13日には北京が陥落し、24日、恭親王奕訢(えきえん)とエルギンのあいだに北京条約がむすばれた。清は1858年の天津条約を再確認したのに加え、賠償金800万両(天津条約では400万両)、天津の追加開港、九龍半島南端の割譲などを約束させられた。

日本の開国はアジアの戦乱のなかでおこなわれ、日本もその影響を受ける。そしてその戦乱の主役を演じていたのはイギリスであった。

中国と日本の地図

Maps of China and Japan

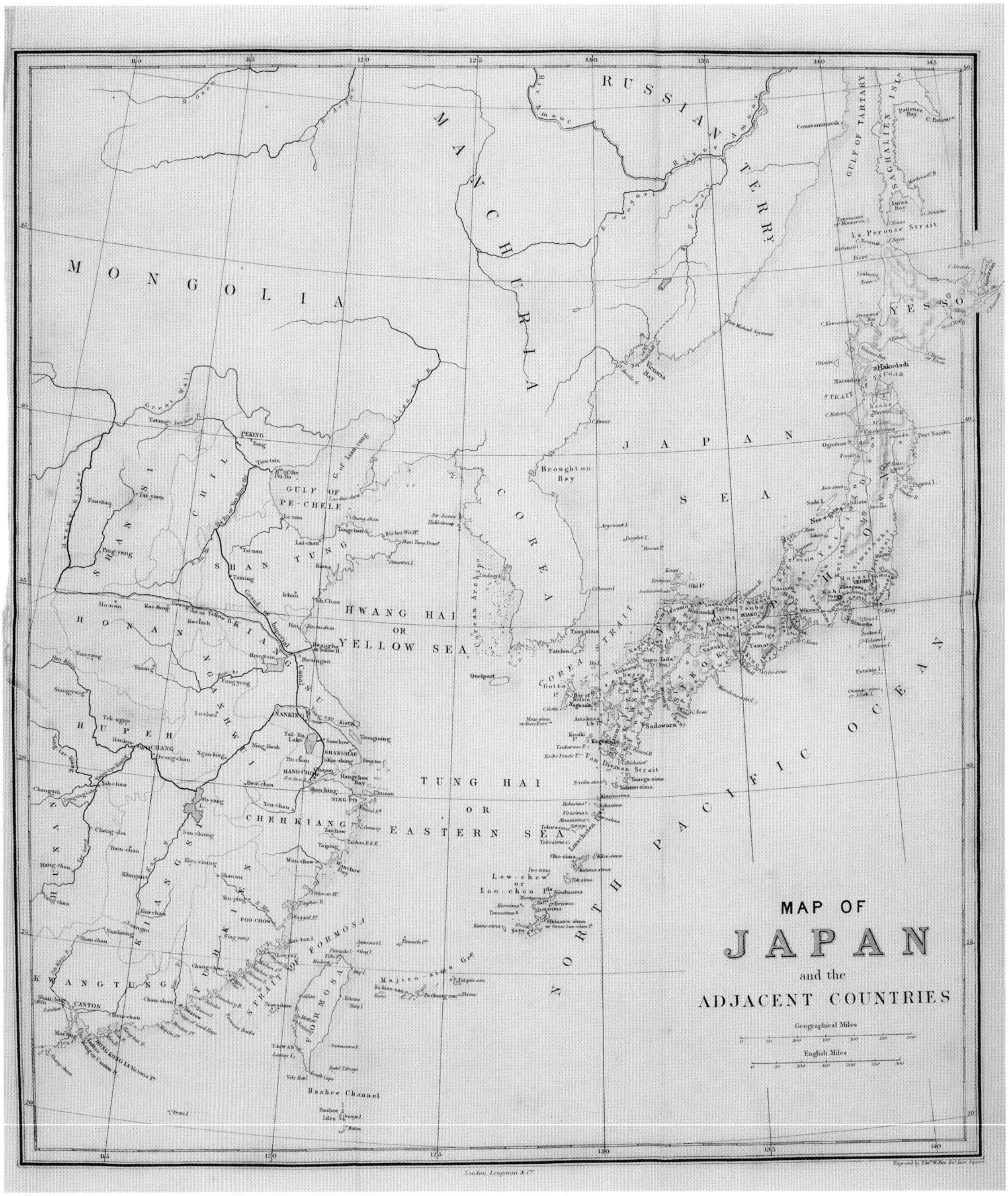

163. 中国と日本の地図

スミス『日本滞在一週間』George Smith, *Ten Weeks in Japan* 1861年　横浜開港資料館蔵

万延元年（1860）に来日したイギリスの宣教師スミスの日本見聞記の挿図。

164. 1859年の日本の地図

"〔Wyld's Map of〕The Islands of Japan" 1859年　横浜開港資料館蔵

日本が開港した年（1859年）の1月1日にロンドンで発行された日本全図。開港予定港（Free Ports）には都市名の下に赤で下線が引かれる。

TOPIC 5

江戸のイギリス公使館

幕末の「首都」江戸にはイギリス公館（公使館・総領事館等の総称。当初は総領事館）が設置されたが、その様相（土地・建物）は短い期間で変わっていく。

最初のイギリス総領事館は規模の大きい寺院の一部を間借りするかたちで開かれた。安政6年（1859）6月にイギリス公館となった東禅寺は、臨済宗妙心寺派の江戸触頭（ふれがしら）（幕府と宗派をつなぐ役割がある）のひとつとして、江戸の寺院のなかでも高い格式を誇った寺院であり、その敷地は1万4772坪という広さを有していた。しかし、イギリス人は寺側とさまざまなトラブルを生じ、東禅寺はその「迷惑」を寺社奉行に訴える。また東禅寺を檀家とする仙台藩伊達家も、法事が差し支えていることを幕府に報告した（吉﨑雅規『幕末江戸と外国人』）。

幕府は寺や藩からの訴えのほか、警備上の理由なども鑑みて、条約締結国の公使館を1ヶ所にまとめることを検討する。そこで公使館用地として選定されたのが品川宿に近い桜の名所・御殿山（現品川区）であった。東京大学史料編纂所に残る建物の絵図面から、イギリス公使館は洋風建築として設計されていたことがわかる。しかし、文久2年（1862）12月、長州藩士高杉晋作、伊藤博文、井上馨らの襲撃によって、建築中だったイギリス公使館が焼き討ちされてしまう。

165. 東禅寺の庭の役人
ピエール・ロシエ（Pierre Joseph Rossier）撮影　1859年　横浜開港資料館蔵
左側、銃を手にしているのはイギリス外交官のエイベル・ガワー。資料はステレオ写真。

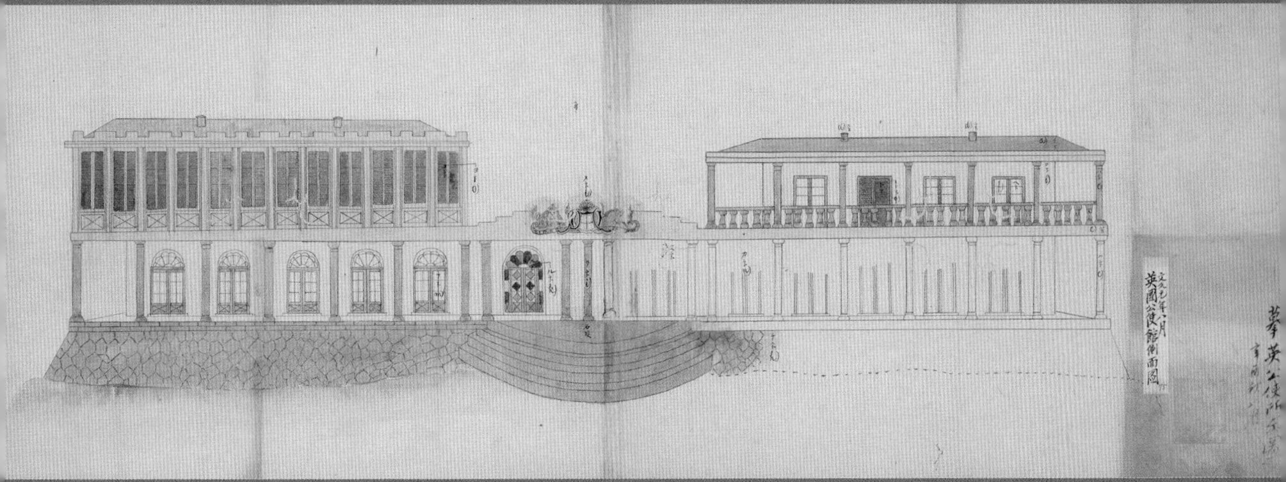

166. 御殿山のイギリス公使館設計図
「文久元年八月英国公使館側面図」文久元年（1861）　東京大学史料編纂所蔵

その後、慶応元年（1865）６月に公使ハリー・パークスが幕府側と会談し、新たな公使館の築造を要望。幕府は、赤穂義士の墓所で知られる泉岳寺の門前に専用の敷地を確保し、イギリス公使館の建物を新築する。攘夷派浪士の襲撃を避けるために「高輪接遇所」と呼称された新公使館は翌年３月に完成。その外観を撮影した写真は横浜開港資料館が所蔵するが、このたび別の部分を写した２枚の写真が新たに見つかった。寄棟の屋根の下部を切り落としたスタイルはジャーキン・ヘッドという西洋の建築手法であるが、縁側・障子など日本の建具も見え、少々奇妙な和洋折衷の建築様式となっている。イギリス公使館に勤務した医師ウィリアム・ウィリスは、「私たちは遂に快適な家に住むことができるようになりました。（中略）私たち全員を収容して十分余裕のある住まいです」（『幕末維新を駈け抜けた英国人医師』）と評するが、二等書記官として赴任したアルジャーノン・ミットフォードは、「泉岳寺下の木造平屋建ての粗末な小屋」（高輪接遇所）のなかには「風がひゅうひゅうと音を立てて（中略）吹き抜けるので、隙間風のない屋外にいたほうが、まだましだ」（『英国外交官の見た幕末維新』）と酷評している。住み心地はいずれにせよ、イギリスは高輪接遇所を新たな江戸の拠点として、幕府との外交活動をより積極的に進めていった。

167. 高輪接遇所
チャールズ・L・ウィード（Charles Leander Weed）撮影　1867年
「イギリス横浜駐屯軍士官幕末写真帳」
横浜開港資料館蔵

横浜開港資料館の所蔵する高輪接遇所の写真は、1866年夏に来日したイギリス陸軍第９連隊のグレニー中尉（Farquhar Glennie）が収集した写真アルバムに収められている。

168.169. 新たに見つかった高輪接遇所の写真
チャールズ・L・ウィード撮影　1867年　個人蔵

撮影したウィードは1866年から67年のあいだに来日したアメリカ人カメラマン。左の写真に写されているのは2棟のイギリス公使館の建物。右の写真には芝車町（現港区）の町家と高輪の海が見える。高輪接遇所の写真は、横浜開港資料館所蔵の資料167とこの写真のほかは知られていない。

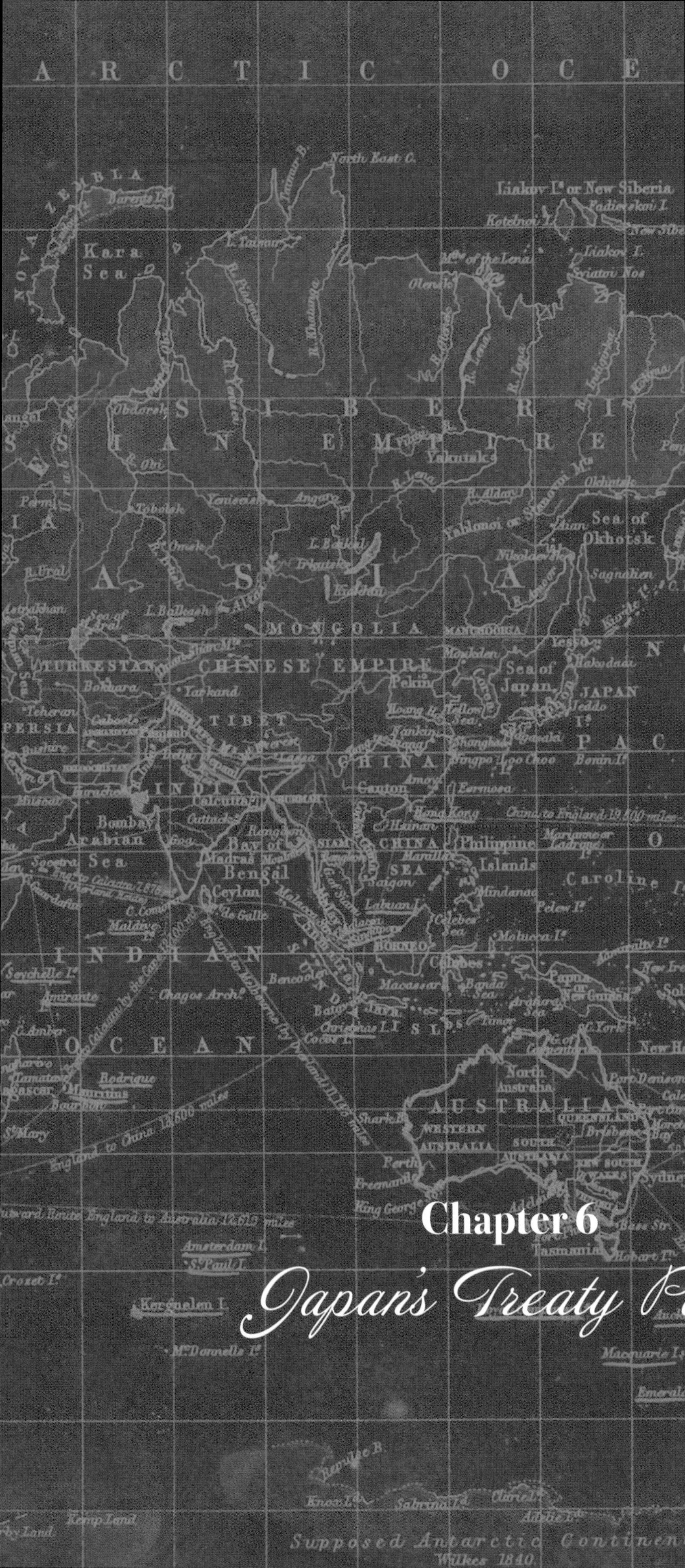

第6章 開港都市

Chapter 6

Japan's Treaty Ports

1 自由貿易帝国主義

The Imperialism of Free Trade

ビクトリア女王の治世下にあった19世紀半ばのイギリスは、「自由貿易」(国家による干渉を排して自由に貿易をおこなうこと)を推し進めて世界に影響力を拡大していた。「七つの海」(全世界)に権益をもつ商業国であるイギリスは、自由貿易によって自国製品を販売するため、新たな市場を獲得することを重要な国策としていた。

イギリスは、アジアの国々にも自由貿易を要求していく。イギリスは、非ヨーロッパ諸国に対しては、自由貿易によってある国・地域を可能なかぎり経済的に勢力下に置こうとし(「非公式帝国」)、それらの国が反抗してきた場合には、植民地として政治・軍事的に支配した(「公式帝国」)。このようにイギリスの勢力がおよぶ範囲全体を「帝国」としてとらえ、植民地以外の地域も帝国の一部とみなす考え方が近年の研究で有力となっている(「自由貿易帝国主義」)。このとらえ方によれば、世界地図にイギリスの植民地として示される地域以外であっても、自由貿易のもとイギリスの影響力が及んでおり、帝国のなかで一定の機能・役割を果たしていたと考えられる。

日本は対外貿易に国家が制限を加える政策を伝統的に採っており、自

由貿易は開港後もしばしば妨害される。自由貿易を貫徹させ、「自由貿易帝国主義」の傘下に日本をおさめることが、幕末日本におけるイギリスの主要な目的となっていく。

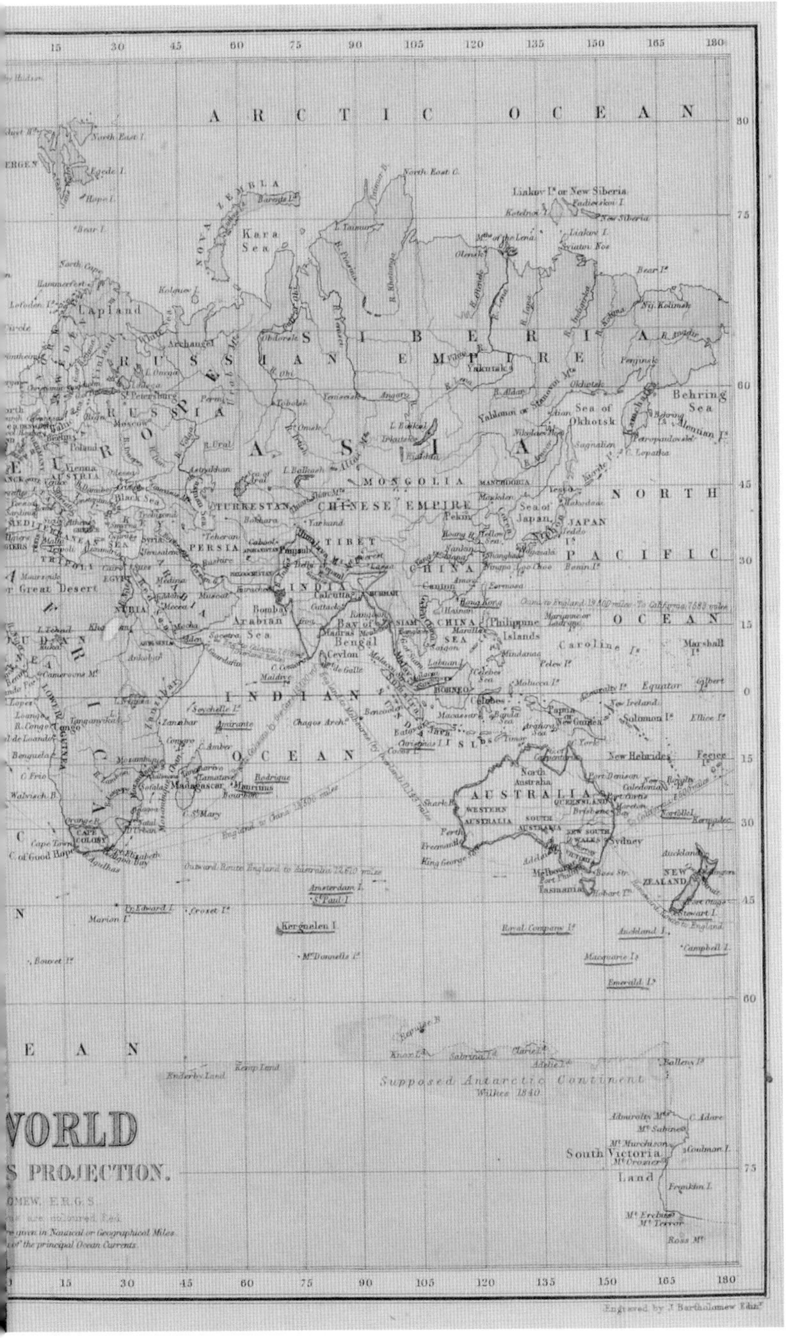

170. 世界のイギリスの版図
Thomas Milner, *The Gallery of Geography* 1864年　横浜開港資料館蔵
ピンクの着色と赤のアンダーラインがイギリス本国および植民地・植民都市（「公式帝国」）。

ロンドンの繁栄

Prosperity in London

自由貿易帝国主義を主導したホイッグ党のパーマストンは、党内で意見を異にしていた重鎮ジョン・ラッセルと和解するかたちで1859年に自由党を結成し、2度目の首相の座についた。パーマストンは輸出商品を生産する国内産業の振興にも意を用いる。ロンドンでは万国博覧会のほか、産業博覧会も開催されていたのである。

世界に市場を獲得しつつあった大英帝国の首都ロンドンには多くの富が流れ込み、ロンドンは「パクス・ブリタニカ（イギリスによる世界平和）」を謳歌していた。街には豊かさを象徴するかのように華々しい建造物が建てられていく。テムズ川には、ロンドンを訪れた日本人が「河蒸気船およびそのほかの諸運搬船が数えきれないほど往来」していると記すように（『幕末欧州見聞録』）、さまざまな商品を載せた船であふれていた。イギリス各地を結ぶ鉄道は1840年代から本格的に整備されていくが、1860年代にテムズ川をわたる鉄道橋が完成し、水上・陸上交通がロンドン中心部で交錯する。1859年には再建中だったウェストミンスター宮殿のビッグ・ベン（時計台）が完成し、時を刻みはじめた。そして、ロンドンの繁栄は日本にも伝わっていく。

171. ロンドンを一望する
The Illustrated London News 1865年2月25日号　横浜開港資料館蔵
テムズ川南岸よりロンドンの都心部を描く。画面左手のドームのある建物がセント・ポール大聖堂。画面の右端がロンドン・ブリッジ。蒸気機関車や馬車の走る橋が何本も架けられ、水上には多くの船がゆきかう。

INTENDED BLACKFRIARS BRIDGE.　LONDON, CHATHAM, AND DOVER RAILWAY BRIDGE.　ST. PAUL'S CATHEDRAL.

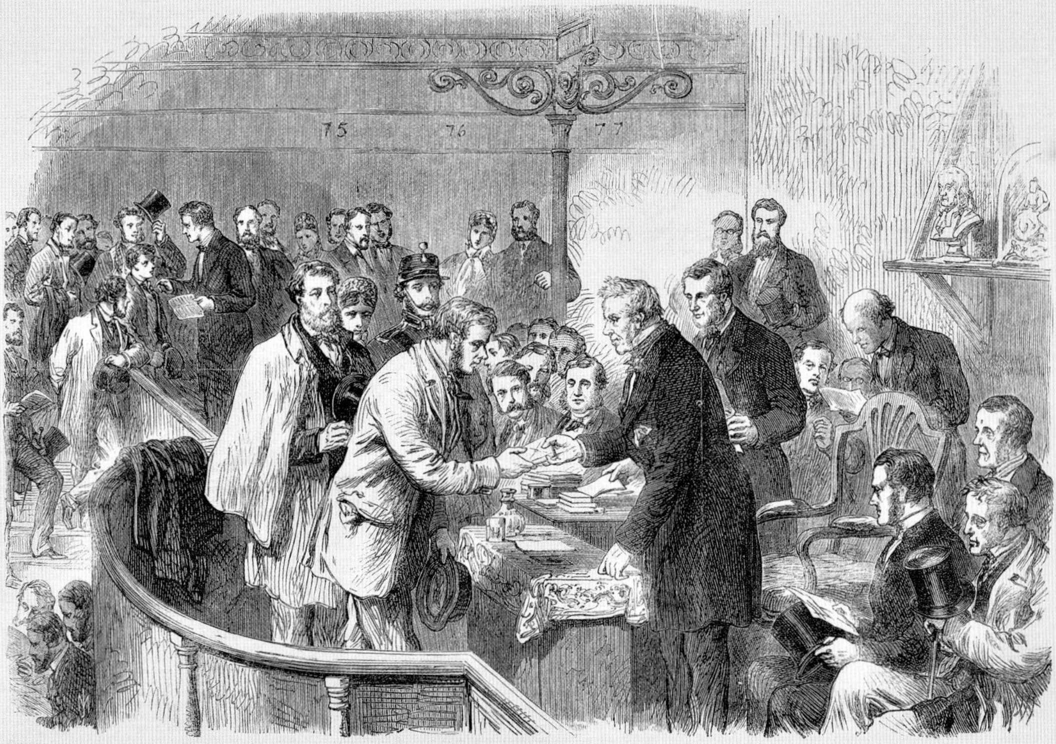

LORD PALMERSTON DELIVERING THE PRIZES AT THE SOUTH LONDON INDUSTRIAL EXHIBITION ON SATURDAY LAST.

172. 南ロンドン産業博覧会で賞をあたえるパーマストン首相（右）
The Illustrated London News 1865年4月8日号附録　横浜開港資料館蔵

SOUTHWARK BRIDGE.　　SOUTH-EASTERN RAILWAY BRIDGE.　　LONDON BRIDGE.

TOPIC 6

浮世絵のなかのロンドン

横浜開港後、ロンドンを描いた錦絵が摺られた。幕末期に横浜から輸出された生糸はまずロンドンに送られ、そこからフランスのリヨンをはじめとする絹織物の生産地に運ばれることが多かった。日本人は自国の商品の送り先としてロンドンを想像することもあったかもしれないし、あるいは、外国を象徴する都市として、ロンドンの街並みを思い描くこともあったろう。

錦絵の多くは絵師の空想をまじえたものだろうか、実際のロンドンの光景とは少々異なっている。しかし、いずれも都市ロンドンの巨大さと港湾都市としての賑わいを描き、また説明している。たとえば、「英吉利龍動海口」（資料174）では、ロンドン（龍動）の「家屋櫛の歯を挽が如く、人民皆福有（裕福）なり」とその都市民の富裕を述べ、「互市場（交易場）を置き土産（産出品）の品物を以て万国の商人と貿易す」「その商舶河口に集りて水面陸の如し」などと国際貿易都市として栄えているさまを解説している。

174.「蛮国名勝尽競之内　英吉利龍動海口」
歌川芳虎画　文久2年（1862）　横浜開港資料館蔵

175.「英吉利西龍道大港」
歌川広重（2代）画　文久2年（1862）　横浜開港資料館蔵

本図も折れ曲がった橋を大きく配し、後景にロシア・フランス・中国（唐船）の貿易船を描く。左下の説明には「日に海船の出入数千艘なり」とある。

2 イギリスの対日貿易

British Trade with Japan

安政６年(1859) ６月２日、修好通商条約の規定により、箱館・長崎・横浜(神奈川)の3つの港が外国貿易のため欧米諸国に開かれた。

開港前、イギリス商人たちは、日本のどのような産物が好適な輸出品になるのかわかっていなかった。しかし、オールコックが「大きな貿易の要素をなすような品質・価格および数量をもっている」と指摘した生糸と茶が、有望な商品になりうることにイギリス人は気づいた。実際、1860～70年代の日本の輸出品は、生糸・茶が輸出総額の60%以上を占めることになる。また、輸入については、おもにイギリスから輸入される綿製品と毛織物製品が輸入総額の約50%に達した(輸出入とも年平均)。19世紀後半期には、イギリス(およびインド・香港などイギリス帝国地域)は日本の輸出貿易の25～30%を、輸入貿易では50%強を占めていたと推定されている(杉山伸也『日英経済関係史研究』)。

開港都市の外国人居留地には、すでに東洋で活動していたイギリスの商社が進出してくる。中国市場で大きな支配力をもっていたジャーディン・マセソン商会とデント商会(Dent & Co.)がその両雄で、２社ともインド・中国間での交易に従事した

176. 横浜開港場とジャーディン・マセソン商会「再改横浜風景」(部分)
五雲亭貞秀画　文久元年 (1861)　横浜開港資料館蔵
2本の突堤(波止場)の下、白壁のひときわ大きい建物がジャーディン・マセソン商会。

177. **宇治の茶畑**
[Oblong book with 30 pages of black and white photos of the tea industry in Formosa, China and Japan]
Geo. H. Macy & Co. 1910年頃　横浜開港資料館蔵
幕末に来日したイギリス人フォーチューンは、絹と茶が「無制限に供給する生産力」をもっており、「特に茶が有望だと確信」していた(『幕末日本探訪記』)。しかし、日本の茶はイギリスへ輸出されたものの、風味がイギリス人にあわずアメリカに再輸出されることが多かった。

地方貿易商人の系譜を引く。ほかにも、デイビット・サッスーン商会(David Sassoon & Co.)、アダムソン・ベル商会(Adamson, Bell & Co.)、バタフィールド・スワイア商会(Butterfield & Swire)といった比較的規模の大きい商社が中国から来航して横浜に支店を置いた。一方、日本の開港場で設立され、日本に本拠を置くイギリス人の商社もあった。1870年の「イギリス領事報告」によると、欧米の外国商会の総数256社のうち101社(横浜に54、兵庫・大阪に31、長崎に9、函館に2、東京に5)をイギリス系商社が占めた。さらに、1860年代なかば頃の横浜において、イギリス商社が輸出の60%、輸入の75%を取り扱っていたというから、イギリス商社が黎明期の日本の貿易に占める役割はひじょうに大きかったのである。

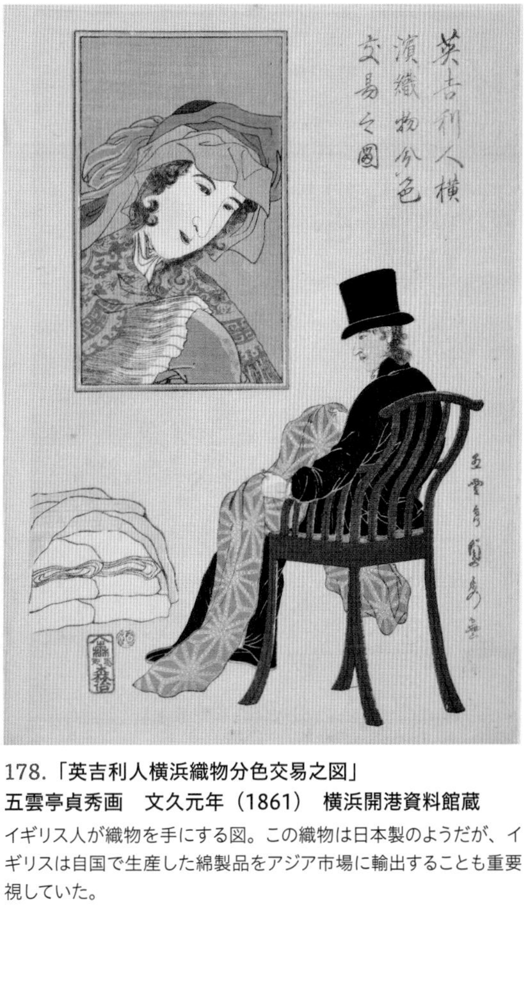

178.「英吉利人横浜織物分色交易之図」
五雲亭貞秀画　文久元年(1861)　横浜開港資料館蔵
イギリス人が織物を手にする図。この織物は日本製のようだが、イギリスは自国で生産した綿製品をアジア市場に輸出することも重要視していた。

3 横浜居留地のイギリス

Britain in the Yokohama Settlement

江戸に近い横浜には日本最大の外国人居留地が形成された。その総面積は、のちに拡張された地域を含め32万6000坪(関内・山手)におよぶ。明治3年(1870)末、日本の全開港場に在留する外国人の数は1,586人だったが、そのうち横浜に居留するものは約6割にあたる942人。とりわけイギリス人が過半数の513人を占めた(欧米人男性のみの数字)。イギリス人は横浜の外国人社会で中心的な存在だったのである。

横浜居留地にはイギリス人が経営する機関や施設が多く見られるようになる。1864年に横浜支店を開設したオリエンタル銀行は、1842年ボンベイに創業した東洋の「メガバンク」。もうひとつの主要銀行である香港上海銀行は、P＆O汽船やデント商会などの共同出資によって1865年に香港で設立され、翌1866年に横浜に出店する。銀行の横浜進出により、自己資本をさほど持たない中小商社が日本貿易に参入することが可能になった。

179. オリエンタル銀行横浜支店
幕末期　横浜開港資料館蔵
居留地海岸通り11番に所在。手前はフランス波止場の境の柵。

180. 横浜ユナイテッドクラブ
横浜開港資料館蔵
1863年10月頃、軍人以外の居留民も参加できる組織として、スミス中尉によって居留地66番に共同サービス・クラブが設立される。その後、イギリス人以外でも参加できるようにあらため1864年に海岸通5番にオープンした。

181. 横浜鉄工所
横浜開港資料館蔵
横浜鉄工所（Yokohama Iron Works）は、関内と元町を隔てる堀川沿いに所在した。

182. グランドホテル
横浜開港資料館蔵

外国貿易に携わる商社のほか、イギリス人はさまざまな商売を横浜で展開する。港町ならではの商いとして、元船大工のヘンリー・クック(Henry Cook)が1860年に創業した造船・建設業フライ＆クックがある。1866年に来航した土木建築技師のジョージ・ウィットフィールド(George Whitfield)は横浜鉄工所を開業、波止場(象の鼻)の改築工事も手がけた。ロバート・クラーク(Robert Clarke)が1865年に開いた横浜ベーカリーでは日本人も働いていたといい、洋風の食文化が国内にもたらされる窓口ともなった。

横浜を訪れる外国人が増えるにしたがい、社交施設としてクラブが設立され、またホテルも開業する。イギリスのスミス中尉によって設立されたクラブは、1864年横浜ユナイテッド・クラブとしてイギリス国籍以外の居留民にも門戸を開く。ジャマイカ生まれの通称マコーリー男爵がロイヤル・ブリティッシュ・ホテルを開業したのは1862年。1870年には横浜を代表するホテルとなるグランド・ホテルがオープンした(『横浜もののはじめ考』)。

TOPIC 7

大英図書館の「外国人住宅図」

幕末横浜の外国人居留地を描いた絵図として、橋本玉蘭斎（五雲亭貞秀）の「御開港横浜大絵図二編　外国人住宅図」が知られている。江戸馬喰町の丸屋徳造から版行されたこの図（以下、版行図）は、外国商館等の建造物が細かく描かれ、また各敷地に居住した外国人の名前と国籍まで示されており、幕末期の横浜を視覚的に知ることのできる一級資料である。おおむね文久期の前半（1861〜62年）の様子を写し取ったものと推定されている（出版年不詳）。

この「外国人住宅図」の肉筆版が大英図書館に所蔵されているとの情報を得て、今回同館のアジア・アフリカ研究閲覧室（Asian & African Studies Reading Room）を訪ねて資料を実見した。資料は同館が2017年に入手したもので、法量はタテ63.5×ヨコ190.0センチ。描写範囲は版行図とほぼ同じだが、説明文や一部の図は省かれている。一方、版行図にはない洋式船が多数描かれているのが目を惹く。描線にはたどたどしさがありプロの絵師の筆ではないだろう。また、図中の各住宅に註記さ

183.「御開港横浜外国人住宅ノ図」
（Or 16988）大英図書館蔵 By permission of the British Library

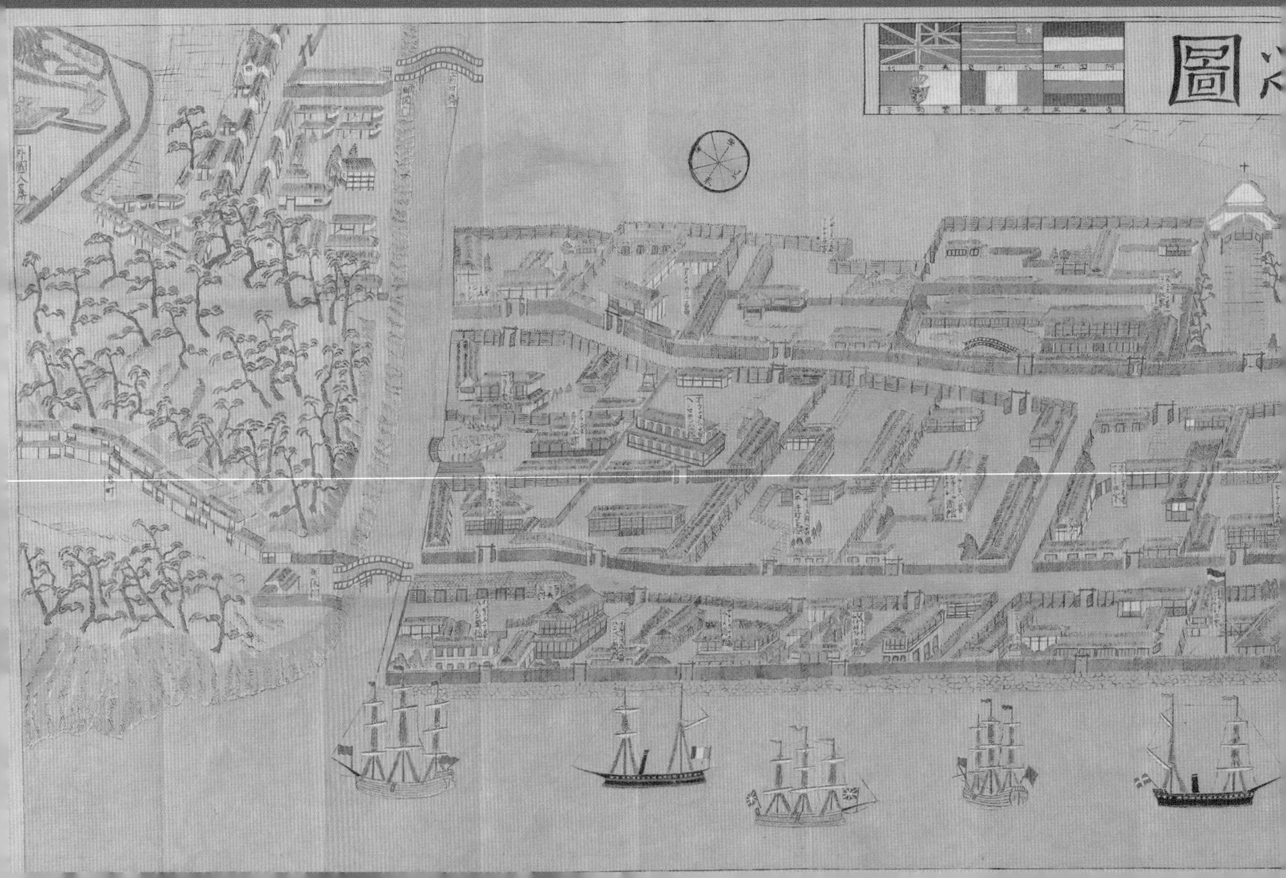

れる日本語の筆致はやや稚拙な印象を受ける。あるいは外国人の手になるものかもしれないが断定はできない。実見前は出版された「外国人住宅図」の下絵の可能性もあるかと思っていたが、版行図を模写したものと考えたほうがよいかもしれない。

いずれにせよ、「外国人住宅図」は版行図以外の形態は知られておらず、なかなか興味深い発見となった。

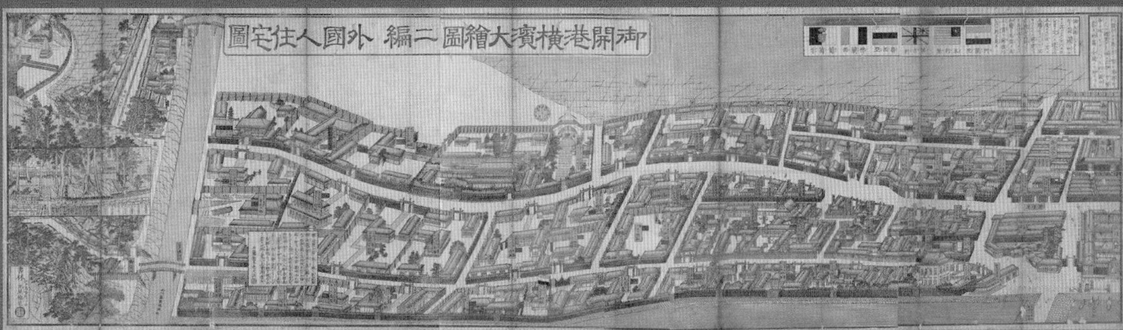

184.「御開港横浜大絵図二編　外国人住宅図」
橋本玉蘭斎（五雲亭貞秀）画　幕末期　横浜都市発展記念館蔵

4 幕末長崎とグラバー

Nagasaki at the End of the Edo Period and Glover

　幕末の長崎では、安政６年（1859）６月の開港前から、会所貿易というかたちですでに条約締結国と商品取引がなされていた。1859年1月、ジャーディン＝マセソン商会の上海支店は帆船トロアス号（Troas）をチャーターし、長崎にマッケンジーとケズウィックを送る。マッケンジーは日本の商人から生糸を直接仕入れる契約を結んだことを上海に報告した。イギリス人との最初期の取引は長崎ではじまったわけだが、その後、長崎における生糸取引は外国商人が思うほどには伸びなかった。しかし、茶や石炭が特色ある輸出品となったほか、蠟・銅なども積み出されていく。

　長崎の貿易額（輸出入合計）は1860年の約130万ドルから1867年には823万ドルに増加したが、横浜貿易の伸長により1862年以降は全国貿易額の20％前後にとどまった。しかし、長崎は江戸から離れているため幕府の支配力が弱く、薩摩・長州・佐賀などの西南諸藩は長崎港から艦船や武器を輸

185. 長崎の港と出島
チャールズ・L・ウィード撮影 1866～1868年　個人蔵
資料168・169の高輪接遇所の写真と同じ資料群に含まれる新たに見出された長崎港の写真。
大浦居留地から出島（左手奥、海に面している）とその後方の稲佐山を望む。

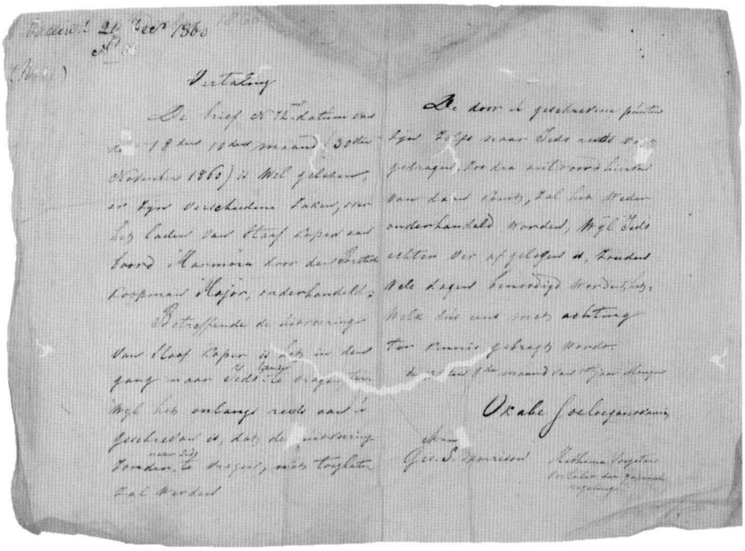

186. 長崎奉行のオランダ語書簡
万延元年（1860）11月　横浜開港資料館蔵
長崎奉行岡部長常（駿河守）からイギリス領事ジョージ・S・モリソンへの書簡。イギリス商人メジャーによる銅棒の輸出について、幕府への事前の申請が必要なことを伝えている。開港直後、幕府はオランダ語を介してその意思をイギリス側に伝えた。

187. 若き日のグラバー
A.F.ボードイン（Anthonius F. Bauduin）撮影　1863年
長崎大学附属図書館蔵

入することになる。

　これら武器販売で有名なイギリス人がトーマス・グラバー（Thomas Blake Glover）である。グラバーはスコットランド出身で、開港直後の安政6年8月に長崎に到着した。グラバーは自己資金で取引をおこなう独立した商人であるとともに、ジャーディン・マセソン商会、デント商会といった大商社の長崎代理店も兼ねる。開港初期には日本茶の再製（長期保存のため乾燥させること）・輸出をおこなったが、慶応期（1865～68）以降、西南雄藩のほか幕府や親藩にも艦船や武器を販売して利益を上げ、長崎最大の外国人商人に成長する（杉山伸也『明治維新とイギリス商人』）。文久3年（1863）に建てられたその邸宅は「旧グラバー邸」として現在も観光客に親しまれている。

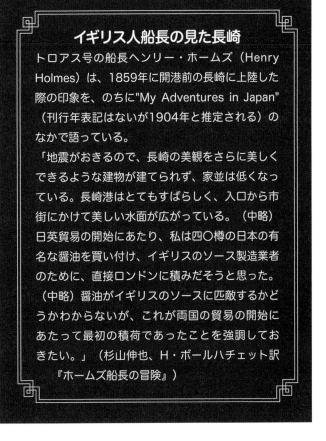

イギリス人船長の見た長崎

トロアス号の船長ヘンリー・ホームズ（Henry Holmes）は、1859年に開港前の長崎に上陸した際の印象を、のちに"My Adventures in Japan"（刊行年表記はないが1904年と推定される）のなかで語っている。

「地震がおきるので、長崎の美観をさらに美しくできるような建物が建てられず、家並は低くなっている。長崎港はとてもすばらしく、入口から市街にかけて美しい水面が広がっている。（中略）日英貿易の開始にあたり、私は四〇樽の日本の有名な醤油を買い付け、イギリスのソース製造業者のために、直接ロンドンに積みだそうと思った。（中略）醤油がイギリスのソースに匹敵するかどうかわからないが、これが両国の貿易の開始にあたって最初の積荷であったことを強調しておきたい。」（杉山伸也、H・ボールハチェット訳『ホームズ船長の冒険』）

5 箱館とロシアの動静

State of Affairs in Hakodate and Russia

スターリングとの日英協約によって箱館が開港したのは安政２年(1855) ３月である。前述のように当時イギリスはロシアと戦争状態にあり、開港当初(安政２～３年)の箱館に寄港したイギリス船のすべてが軍艦であった。その数は13隻で、たとえばアメリカ船の多くが捕鯨船(11隻)・商船(７隻)だったのと好対照をなしている(『函館市史』通説編1)。イギリス軍艦は箱館港で石炭の補給を受けて間宮海峡への航行を頻繁におこない、ロシアの活動に関して情報収集をおこなっていた。そのロシアも箱館に強い関心を寄せる。ロシアはサハリン(樺太)対岸のニコラエフスクに東シベリア総督府を置き極東の拠点としていたが、冬は厚い氷で閉ざされる。ロシアは定期的に軍艦を箱館に寄港させ、ときには艦船が箱館で越冬することもあった。

ロシアの眼はさらに南を向いていた。1858年８月、アイグン条約を清と結んだロシアは、アムール川以北を自国領とし、ウスリー川以東の沿海州を両国の共同管理地とした。1860年にはアロー戦争後に締結された北京条約で沿海州を獲得する。ロシアはニコラエフスクより海路1,500キロ以上南に位置するウラジオストクに港湾を建設する。

日本海沿岸に拠点を手に入れたロシアは、中国市場に進出する出入口として対馬海峡の重要性

188.「箱館真景」作者不詳　幕末期　横浜開港資料館蔵

北側から箱館山とそのふもとの市街を見る。湾内にイギリスを含む黒い外国艦船が停泊している。ホジソンが「もし箱館がヨーロッパ強国の掌中にあれば、ジブラルタルやアデンとなり得る」と記すように、箱館は地政学的に重要な拠点とみなされていた。

地図7　**ロシアの進出図**
イアン・バーンズ、ロバート・ハドソン著、増田えりか訳『アジア大陸歴史地図』（東洋書林、2001年）より作図

に着目する。1860年4月、ロシア海軍の最高責任者コンスタンチン大公の指示のもと海軍少将リハチョフが箱館に到着する。リハチョフは対馬の重要性を悟り、イギリスなど他国が対馬に影響力をおよぼすことへの懸念をコンスタンチンに書き送る。実際、箱館のイギリス領事ホジソンが「われわれにとって肝要な点は、疑いもなく対馬島を視界に入れることである」（ホジソン『長崎函館滞在記』）と記すように、イギリスは対馬を勢力下に入れることを検討していたのである。

文久元年（1861）2月3日、ロシアの軍艦ポサドニックが対馬に来航した。同艦はこの後約半年にわたって対馬にとどまり、石積みの波止場など軍事施設を建設する。有効な対策を打てなかった対馬藩・幕府にかわって、イギリス東インド・中国艦隊司令官のジェームス・ホープ（James Hope）中将が同年7月23日に対馬に来航、ロシア側に退去を要求する。イギリスと戦争に発展することをおそれたロシアは8月25日艦船を引き上げることになる。

ロシアとイギリスの角逐は19世紀後半の東アジア情勢に大きな影響をあたえることになるが、箱館や対馬は双方にとって重要な位置を占めており、幕府の外交的なかじ取りを一層難しくさせた。

189.「北方の熊と日本の蜂蜜」
***The Japan Punch*〔1868年7月号〕　横浜開港資料館蔵**
熊（「魯西亜」）が、蜂の巣の描かれた蝦夷地に関心をもって舐めようとしているようすを描く。戊辰戦争中の状況を示したものが、日本北方をうかがうロシアへの、イギリスの一貫した警戒心をうかがうことができる。『ジャパン・パンチ』はイギリス人チャールズ・ワーグマンによって1862年に発刊された漫画雑誌。

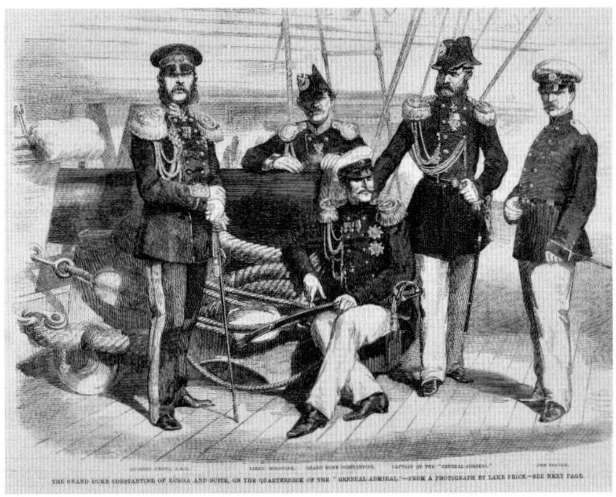

190. コンスタンチン大公
***The Illustrated London News* 1859年9月10日号**
横浜開港資料館蔵
前列の座っている人物がコンスタンチン大公（The Grand Duke Constantine of Russia）。ロシア皇帝アレクサンドル2世の弟である。

P&O汽船、日本までの航路

――北アイルランド公文書館寄託ウィルキンソン文書から

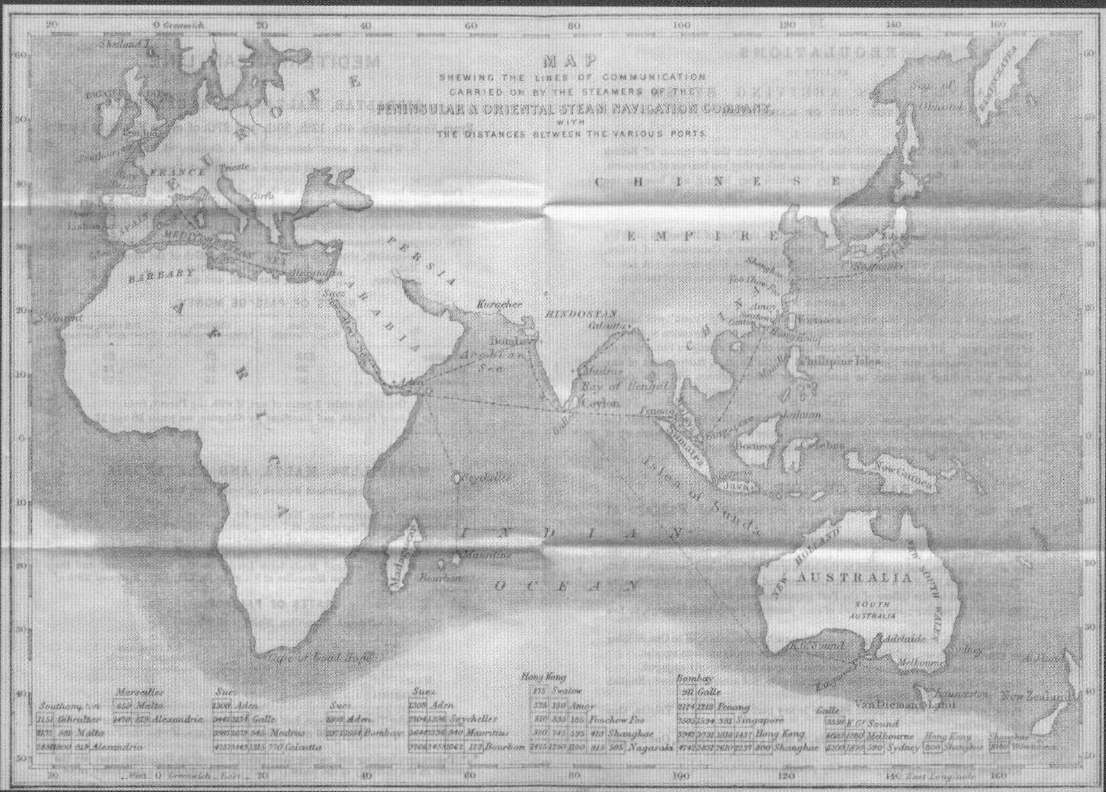

191. P&O社の航路図
"Hand Book of Information for Passengers and Shippers"
1864年 北アイルランド公文書館寄託 The Deputy Keeper of the Records, Public Record Office of Northern Ireland D1292/C/1

本書のもとになった展覧会の準備をかねて、平成31年（2019）・令和２年（2020）に訪英調査を実施し、幕末期に来日したイギリス人にかかわる歴史資料の発掘につとめた。とりわけ、ベルファストの北アイルランド公文書館（Public Record Office of Northern Ireland）に寄託されている幕末明治の外交官・法律家ヒラム・ショー・ウィルキンソン（Hiram Shaw Wilkinson）の関連資料は、幕末維新史の研究者にもほとんど知られていない興味深い発見となった。その資料群のなかに、ウィルキンソンがはじめて日本に渡航した際（1864～65年）に参照したと思われる、イギリスの海運会社Ｐ＆Ｏ社（Peninsular and Oriental Steam Navigation Company）の資料が含まれていた。

1837年に設立されたP&O社は、当時のイギリスを代表する海運会社である。1840年代にインドからセイロン、ペナン、シンガポールと、イギリスのアジア進出に沿うかたちで東南アジアへ航路を延ばし、1845年には香港に達した。その後上海まで航路をひらいた同社は、日本の開港（1859年）にあわせて上海―長崎航路を開設。さらに1864年、上海―横浜間に月２回の定期航路を開通させる。ウィルキンソンが日本に来航した1865年は、P&O社が中国から日本へとその網の目を延ばしてきたまさに最初期ということになる。

資料群に含まれるP&O社のハンドブックの航路図には、サウザンプトンから東アジアに伸びる航路線の一番東に長崎と横浜が記されているのが見える。一方、同資料にはイギリス（サウザンプトン・ロンドン）からアジア各地（終着地は上海）へのタイムテーブルも掲載され、同社の定期便の

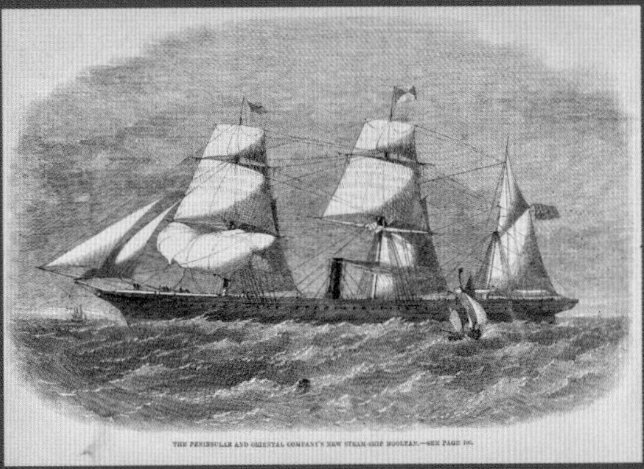

192. P&O汽船のムルタン（Mooltan）号
The Illustrated London News 1861年8月3日号
横浜開港資料館蔵
サウザンプトン―アクレサンドリアに就航したP&O社の2,600トンの蒸気船。1860年代初頭、同社は39隻の船を運航していた。

地図8．P&O社の航路図（アジア・オセアニア部分）
"Hand Book of Information for Passengers and Shippers"（北アイルランド公文書館寄託）をもとに作図

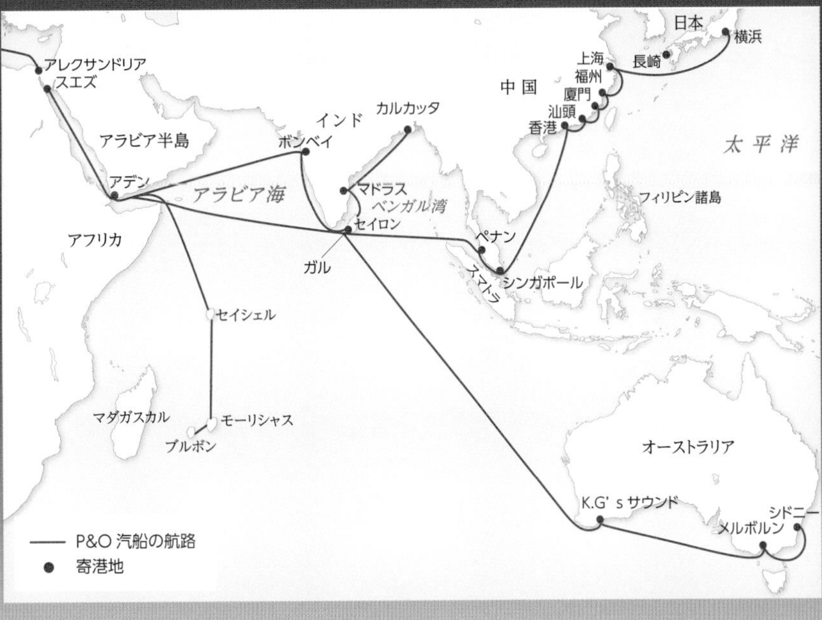

193. サウザンプトンの港（撮影：2019年、吉﨑）
P&O社は、近代イギリスの海の「玄関口」サウザンプトンに本社を置く。ウィルキンソンやサトウなど多くのイギリス人がこの港から日本に向けて旅立った。

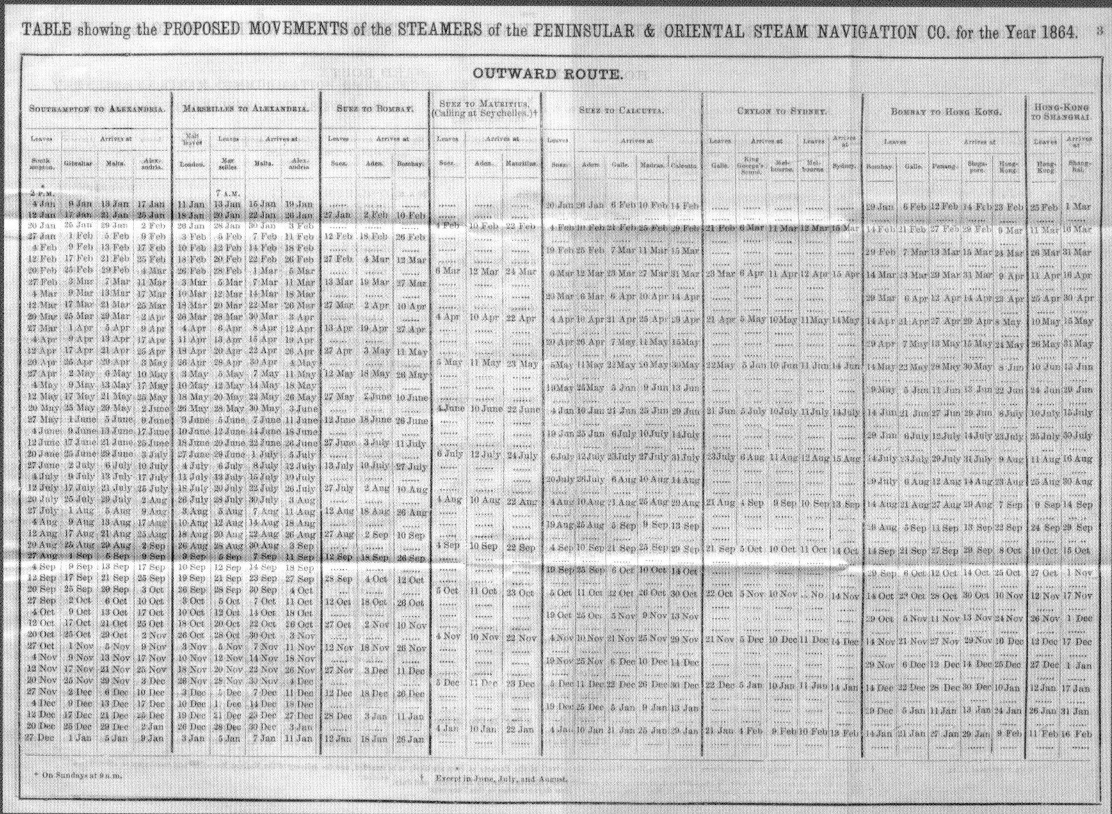

TABLE showing the PROPOSED MOVEMENTS of the STEAMERS of the PENINSULAR & ORIENTAL STEAM NAVIGATION CO. for the Year 1864. 3

OUTWARD ROUTE.

Southampton to Alexandria. Leaves Southampton.	Arrives at Gibraltar	Arrives at Malta.	Arrives at Alexandria.	Marseilles to Alexandria. Mail leaves London.	Leaves Marseilles	Arrives at Malta.	Arrives at Alexandria	Suez to Bombay. Leaves Suez.	Arrives at Aden.	Arrives at Bombay.	Suez to Mauritius. (Calling at Seychelles.)† Leaves Suez.	Arrives at Aden.	Arrives at Mauritius.
* 2 P.M.					7 A.M.								
4 Jan	8 Jan	13 Jan	17 Jan	11 Jan	13 Jan	15 Jan	19 Jan						
12 Jan	17 Jan	21 Jan	25 Jan	18 Jan	20 Jan	22 Jan	26 Jan	27 Jan	2 Feb	10 Feb			
20 Jan	25 Jan	29 Jan	2 Feb	26 Jan	28 Jan	30 Jan	3 Feb				4 Feb	10 Feb	22 Feb
27 Jan	1 Feb	5 Feb	9 Feb	3 Feb	5 Feb	7 Feb	11 Feb	12 Feb	18 Feb	26 Feb			
4 Feb	9 Feb	13 Feb	17 Feb	10 Feb	12 Feb	14 Feb	18 Feb						
12 Feb	17 Feb	21 Feb	25 Feb	18 Feb	20 Feb	22 Feb	26 Feb	27 Feb	4 Mar	12 Mar			
20 Feb	25 Feb	29 Feb	4 Mar	26 Feb	28 Feb	1 Mar	5 Mar				6 Mar	12 Mar	24 Mar
27 Feb	3 Mar	7 Mar	11 Mar	3 Mar	5 Mar	7 Mar	11 Mar	13 Mar	19 Mar	27 Mar			
4 Mar	9 Mar	13 Mar	17 Mar	10 Mar	12 Mar	14 Mar	18 Mar						
12 Mar	17 Mar	21 Mar	25 Mar	18 Mar	20 Mar	22 Mar	26 Mar	27 Mar	2 Apr	10 Apr			
20 Mar	25 Mar	29 Mar	2 Apr	26 Mar	28 Mar	30 Mar	3 Apr				4 Apr	10 Apr	22 Apr
27 Mar	1 Apr	5 Apr	9 Apr	4 Apr	6 Apr	8 Apr	12 Apr	13 Apr	19 Apr	27 Apr			
4 Apr	9 Apr	13 Apr	17 Apr	11 Apr	13 Apr	15 Apr	19 Apr						
12 Apr	17 Apr	21 Apr	25 Apr	18 Apr	20 Apr	22 Apr	26 Apr	27 Apr	3 May	11 May			
20 Apr	25 Apr	29 Apr	3 May	26 Apr	28 Apr	30 Apr	4 May				5 May	11 May	23 May
27 Apr	2 May	6 May	10 May	3 May	5 May	7 May	11 May	12 May	18 May	26 May			
4 May	9 May	13 May	17 May	10 May	12 May	14 May	18 May						
12 May	17 May	21 May	25 May	18 May	20 May	22 May	26 May	27 May	2 June	10 June			
20 May	25 May	29 May	2 June	26 May	28 May	30 May	3 June				4 June	10 June	22 June
27 May	1 June	5 June	9 June	3 June	5 June	7 June	11 June	12 June	18 June	26 June			
4 June	9 June	13 June	17 June	10 June	12 June	14 June	18 June						
12 June	17 June	21 June	25 June	18 June	20 June	22 June	26 June	27 June	3 July	11 July			
20 June	25 June	29 June	3 July	27 June	29 June	1 July	5 July				6 July	12 July	24 July
27 June	2 July	6 July	10 July	4 July	6 July	8 July	12 July	13 July	19 July	27 July			
4 July	9 July	13 July	17 July	11 July	13 July	15 July	19 July						
12 July	17 July	21 July	25 July	18 July	20 July	22 July	26 July	27 July	2 Aug	10 Aug			
20 July	25 July	29 July	2 Aug	26 July	28 July	30 July	3 Aug				4 Aug	10 Aug	22 Aug
27 July	1 Aug	5 Aug	9 Aug	3 Aug	5 Aug	7 Aug	11 Aug	12 Aug	18 Aug	26 Aug			
4 Aug	9 Aug	13 Aug	17 Aug	10 Aug	12 Aug	14 Aug	18 Aug						
12 Aug	17 Aug	21 Aug	25 Aug	18 Aug	20 Aug	22 Aug	26 Aug	27 Aug	2 Sep	10 Sep			
20 Aug	25 Aug	29 Aug	2 Sep	26 Aug	28 Aug	30 Aug	3 Sep				4 Sep	10 Sep	22 Sep
27 Aug	1 Sep	5 Sep	9 Sep	3 Sep	5 Sep	7 Sep	11 Sep	12 Sep	18 Sep	26 Sep			
4 Sep	9 Sep	13 Sep	17 Sep	10 Sep	12 Sep	14 Sep	18 Sep						
12 Sep	17 Sep	21 Sep	25 Sep	19 Sep	21 Sep	23 Sep	27 Sep	28 Sep	4 Oct	12 Oct			
20 Sep	25 Sep	29 Sep	3 Oct	26 Sep	28 Sep	30 Sep	4 Oct				5 Oct	11 Oct	23 Oct
27 Sep	2 Oct	6 Oct	10 Oct	3 Oct	5 Oct	7 Oct	11 Oct	12 Oct	18 Oct	26 Oct			
4 Oct	9 Oct	13 Oct	17 Oct	10 Oct	12 Oct	14 Oct	18 Oct						
12 Oct	17 Oct	21 Oct	25 Oct	18 Oct	20 Oct	22 Oct	26 Oct	27 Oct	2 Nov	10 Nov			
20 Oct	25 Oct	29 Oct	2 Nov	26 Oct	28 Oct	30 Oct	3 Nov				4 Nov	10 Nov	22 Nov
27 Oct	1 Nov	5 Nov	9 Nov	3 Nov	5 Nov	7 Nov	11 Nov	12 Nov	18 Nov	26 Nov			
4 Nov	9 Nov	13 Nov	17 Nov	10 Nov	12 Nov	14 Nov	18 Nov						
12 Nov	17 Nov	21 Nov	25 Nov	18 Nov	20 Nov	22 Nov	26 Nov	27 Nov	3 Dec	11 Dec			
20 Nov	25 Nov	29 Nov	3 Dec	26 Nov	28 Nov	30 Nov	4 Dec				5 Dec	11 Dec	23 Dec
27 Nov	2 Dec	6 Dec	10 Dec	3 Dec	5 Dec	7 Dec	11 Dec	12 Dec	18 Dec	26 Dec			
4 Dec	9 Dec	13 Dec	17 Dec	10 Dec	[illegible]	14 Dec	18 Dec						
12 Dec	17 Dec	21 Dec	25 Dec	19 Dec	21 Dec	23 Dec	27 Dec	28 Dec	3 Jan	11 Jan			
20 Dec	25 Dec	29 Dec	2 Jan	26 Dec	28 Dec	30 Dec	3 Jan				4 Jan	10 Jan	22 Jan
27 Dec	1 Jan	5 Jan	9 Jan	3 Jan	5 Jan	7 Jan	11 Jan	12 Jan	18 Jan	26 Jan			

Suez to Calcutta. Leaves Suez.	Arrives at Aden.	Arrives at Galle.	Arrives at Madras.	Arrives at Calcutta.	Ceylon to Sydney. Leaves Galle.	Arrives at King George's Sound.	Arrives at Melbourne.	Leaves Melbourne	Arrives at Sydney.	Bombay to Hong Kong. Leaves Bombay.	Leaves Galle.	Arrives at Penang.	Arrives at Singapore.	Arrives at Hong-Kong.	Hong-Kong to Shanghai. Leaves Hong-Kong.	Arrives at Shanghai.
20 Jan	26 Jan	6 Feb	10 Feb	14 Feb						29 Jan	6 Feb	12 Feb	14 Feb	23 Feb	25 Feb	1 Mar
4 Feb	10 Feb	21 Feb	25 Feb	29 Feb	21 Feb	6 Mar	11 Mar	12 Mar	16 Mar	14 Feb	21 Feb	27 Feb	29 Feb	9 Mar	11 Mar	16 Mar
19 Feb	25 Feb	7 Mar	11 Mar	15 Mar						29 Feb	7 Mar	13 Mar	15 Mar	24 Mar	26 Mar	31 Mar
6 Mar	12 Mar	23 Mar	27 Mar	31 Mar	23 Mar	6 Apr	11 Apr	12 Apr	15 Apr	14 Mar	23 Mar	29 Mar	31 Mar	9 Apr	11 Apr	16 Apr
20 Mar	26 Mar	6 Apr	10 Apr	14 Apr						29 Mar	6 Apr	12 Apr	14 Apr	23 Apr	25 Apr	30 Apr
4 Apr	10 Apr	21 Apr	25 Apr	29 Apr	21 Apr	5 May	10 May	11 May	14 May	14 Apr	21 Apr	27 Apr	29 Apr	8 May	10 May	15 May
20 Apr	26 Apr	7 May	11 May	15 May						29 Apr	7 May	13 May	15 May	24 May	26 May	31 May
5 May	11 May	22 May	26 May	30 May	22 May	5 Jun	10 Jun	11 Jun	14 Jun	14 May	22 May	28 May	30 May	8 Jun	10 Jun	15 Jun
19 May	25 May	5 Jun	9 Jun	13 Jun						29 May	5 Jun	11 Jun	13 Jun	22 Jun	24 Jun	29 Jun
4 Jun	10 Jun	21 Jun	25 Jun	29 Jun	21 Jun	5 July	10 July	11 July	14 July	14 Jun	21 Jun	27 Jun	29 Jun	8 July	10 July	15 July
19 Jun	25 Jun	6 July	10 July	14 July						29 Jun	6 July	12 July	14 July	23 July	25 July	30 July
6 July	12 July	23 July	27 July	31 July	23 July	6 Aug	11 Aug	12 Aug	15 Aug	14 July	23 July	29 July	31 July	9 Aug	11 Aug	16 Aug
20 July	26 July	6 Aug	10 Aug	14 Aug						29 July	6 Aug	12 Aug	14 Aug	23 Aug	25 Aug	30 Aug
4 Aug	10 Aug	21 Aug	25 Aug	29 Aug	21 Aug	4 Sep	9 Sep	10 Sep	13 Sep	14 Aug	21 Aug	27 Aug	29 Aug	7 Sep	9 Sep	14 Sep
19 Aug	25 Aug	5 Sep	9 Sep	13 Sep						29 Aug	5 Sep	11 Sep	13 Sep	22 Sep	24 Sep	29 Sep
4 Sep	10 Sep	21 Sep	25 Sep	29 Sep	21 Sep	5 Oct	10 Oct	11 Oct	14 Oct	14 Sep	21 Sep	27 Sep	29 Sep	8 Oct	10 Oct	15 Oct
19 Sep	25 Sep	6 Oct	10 Oct	14 Oct						29 Sep	6 Oct	12 Oct	14 Oct	25 Oct	27 Oct	1 Nov
5 Oct	11 Oct	22 Oct	26 Oct	30 Oct	22 Oct	5 Nov	10 Nov	[illegible]	14 Nov	14 Oct	[illegible]	28 Oct	30 Oct	10 Nov	12 Nov	17 Nov
19 Oct	25 Oct	5 Nov	9 Nov	13 Nov						29 Oct	5 Nov	11 Nov	13 Nov	24 Nov	26 Nov	1 Dec
4 Nov	10 Nov	21 Nov	25 Nov	29 Nov	21 Nov	5 Dec	10 Dec	11 Dec	14 Dec	14 Nov	21 Nov	27 Nov	29 Nov	10 Dec	12 Dec	17 Dec
19 Nov	25 Nov	6 Dec	10 Dec	14 Dec						29 Nov	6 Dec	12 Dec	14 Dec	25 Dec	27 Dec	1 Jan
5 Dec	11 Dec	22 Dec	26 Dec	30 Dec	22 Dec	5 Jan	10 Jan	11 Jan	14 Jan	14 Dec	22 Dec	28 Dec	30 Dec	10 Jan	12 Jan	17 Jan
19 Dec	25 Dec	5 Jan	9 Jan	13 Jan						29 Dec	5 Jan	11 Jan	13 Jan	24 Jan	26 Jan	31 Jan
4 Jan	10 Jan	21 Jan	25 Jan	29 Jan	21 Jan	4 Feb	9 Feb	10 Feb	13 Feb	14 Jan	21 Jan	27 Jan	29 Jan	9 Feb	11 Feb	16 Feb

* On Sundays at 9 a.m.

† Except in June, July, and August.

194. P&O社のタイムテーブル（アジア行き）
1864年 北アイルランド公文書館寄託
"Hand Book of Information for Passengers and Shippers"
1864年 The Deputy Keeper of the Records, Public Record Office of Northern Ireland D1292/C/1

運航頻度や実際の所要日数を知るための手がかりとなる。こころみに、ウィルキンソンがイギリスを発った1864年10月27日のサウザンプトンから、上海までの航路をたどってみよう（ウィルキンソンの実際の旅程は明らかではない）。

サウザンプトンからエジプトのアレクサンドリアまでは、月４便の定期船がある。10月27日にサウザンプトンを発した船は、11月１日にジブラルタル、５日にマルタ、そして９日にアレクサンドリアに到着する。スエズ運河開通（1869年）以前のこの時期はアレクサンドリアからスエズは鉄道である。ウィルキンソン文書の別のパンフレットによれば、アレクサンドリアからカイロまで（162マイル＝約260キロ）は所要約５時間、さらにカイロからスエズまで（90マイル＝約144キロ）は同４時間とある。ここではアレクサンドリア到着の３日後に、スエズからの船に乗ることとしよう。

スエズからはボンベイ、モーリシャス、カルカッタ行きと3つのタイムテーブルが掲載されるが、ここではウィルキンソンが乗り換えを予定していたボンベイ（現ムンバイ）航路をたどる。スエズからボンベイ行きは月２便だが、11月12日発の船に搭乗すると、18日にアデン、そして26日にボンベイに到着する。ボンベイからは月２便香港までの船がある。11月

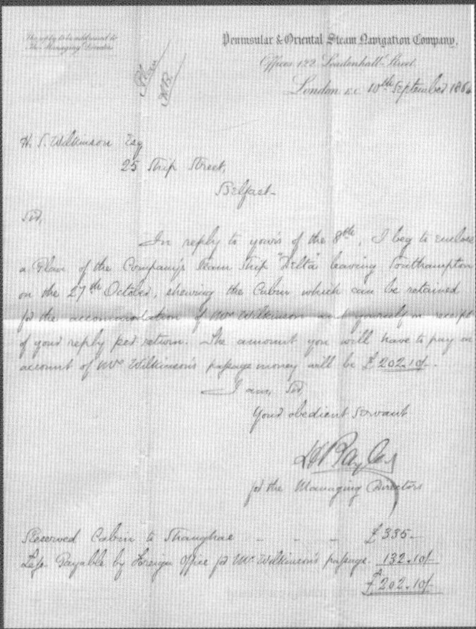

Peninsular & Oriental Steam Navigation Company,
Offices 122 Leadenhall Street
London E.C. 10th September 1864

H. T. Wilkinson Esq
25 Ship Street,
Belfast

Sir,

In reply to yours of the 8th, I beg to enclose a Plan of the Company's Steam Ship "Delta" leaving Southampton on the 27th October, shewing the Cabin which can be retained for the accommodation of Mr Wilkinson on receipt of your reply per return. The amount you will have to pay on account of Mr Wilkinson's passage money will be £202.10/-.

I am, Sir,
Your obedient Servant

for the Managing Directors

Reserved Cabin to Shanghae - - - £335.-
Less Payable by Foreign Office for Mr Wilkinson's passage 132.10/-
£202.10/-

195. P&O社からウィルキンソンへの手紙
1864年9月10日付　北アイルランド公文書館寄託
The Deputy Keeper of the Records, Public Record Office of Northern Ireland D1292/C/1

ベルファスト・シップストリートに住むウィルキンソンに宛てた、P&O社の担当者からの手紙。サウザンプトンを10月27日に出港する同社の蒸気船を手配したこと、202£あまりを請求することが記される。

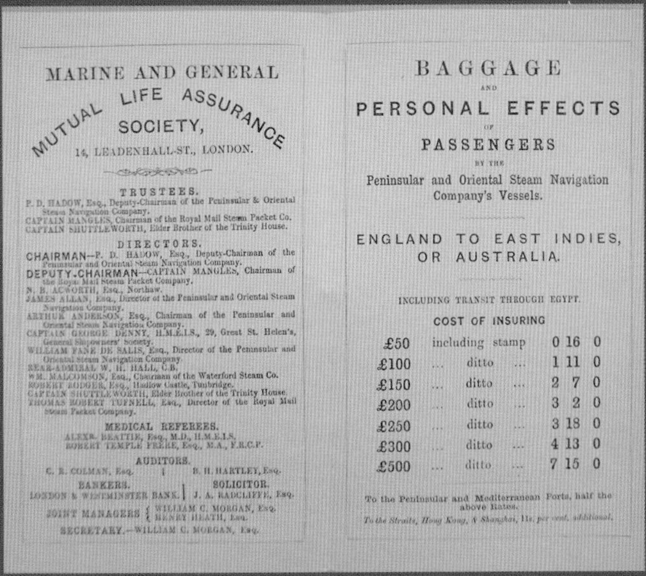

MARINE AND GENERAL
MUTUAL LIFE ASSURANCE
SOCIETY,
14, LEADENHALL-ST., LONDON.

TRUSTEES.
P. D. HADOW, Esq., Deputy-Chairman of the Peninsular & Oriental Steam Navigation Company.
CAPTAIN MANGLES, Chairman of the Royal Mail Steam Packet Co.
CAPTAIN SHUTTLEWORTH, Elder Brother of the Trinity House.

DIRECTORS.
CHAIRMAN—P. D. HADOW, Esq., Deputy-Chairman of the Peninsular and Oriental Steam Navigation Company.
DEPUTY-CHAIRMAN—CAPTAIN MANGLES, Chairman of the Royal Mail Steam Packet Company.
N. B. ACWORTH, Esq., Northaw.
JAMES ALLAN, Esq., Director of the Peninsular and Oriental Steam Navigation Company.
ARTHUR ANDERSON, Esq., Chairman of the Peninsular and Oriental Steam Navigation Company.
CAPTAIN GEORGE DENNY, H.M.E.I.S., 29, Great St. Helen's, General Shipowners' Society.
WILLIAM FANE DE SALIS, Esq., Director of the Peninsular and Oriental Steam Navigation Company.
REAR-ADMIRAL W. H. HALL, C.B.
WM. MALCOMSON, Esq., Chairman of the Waterford Steam Co.
ROBERT RODGER, Esq., Hadlow Castle, Tunbridge.
CAPTAIN SHUTTLEWORTH, Elder Brother of the Trinity House.
THOMAS ROBERT TUFNELL, Esq., Director of the Royal Mail Steam Packet Company.

MEDICAL REFEREES.
ALEXR. BEATTIE, Esq., M.D., H.M.E.I.S.
ROBERT TEMPLE FRERE, Esq., M.A., F.R.C.P.

AUDITORS.
C. R. COLMAN, Esq. | B. H. HARTLEY, Esq.

BANKERS. LONDON & WESTMINSTER BANK. | SOLICITOR. J. A. RADCLIFFE, Esq.

JOINT MANAGERS { WILLIAM C. MORGAN, Esq. HENRY HEATH, Esq.

SECRETARY.—WILLIAM C. MORGAN, Esq.

BAGGAGE
AND
PERSONAL EFFECTS
OF
PASSENGERS
BY THE
Peninsular and Oriental Steam Navigation Company's Vessels.

ENGLAND TO EAST INDIES, OR AUSTRALIA.

INCLUDING TRANSIT THROUGH EGYPT.

COST OF INSURING

£50	including stamp	0	16	0
£100	... ditto ...	1	11	0
£150	... ditto ...	2	7	0
£200	... ditto ...	3	2	0
£250	... ditto ...	3	18	0
£300	... ditto ...	4	13	0
£500	... ditto ...	7	15	0

To the Peninsular and Mediterranean Ports, half the above Rates.

To the Straits, Hong Kong, & Shanghai, 1s. per cent. additional.

196. 航海中の保険のチラシ
北アイルランド公文書館寄託 The Deputy Keeper of the Records, Public Record Office of Northern Ireland D1292/C/1

197. P&O汽船会社横浜支店
The Far East Vol.6-No.3　1874年9月30日号　横浜開港資料館蔵
1866年、P&O社は横浜居留地15番に事務所を開設する。

29日にボンベイを発つと、12月12日にペナン、14日にシンガポール、25日に香港に到着。さらに香港から12月27日発の上海行きに乗り換えると、船はちょうど1月1日に上海に到着するのである。

以上の旅はあくまでもタイムテーブル上のものであるが、イギリスから東アジアにいたる「モデルコース」はおおよそこのようなものであったろう。なお、ウィルキンソンは実際には1865年1月25日、P＆O汽船のフォルモサ（Formosa）号で横浜に到着している（"The Japan Herald"）。

資料の原蔵者ヒラム・ショー・ウィルキンソンは、幕末明治の横浜ともゆかりの深い人物である。

1840年にベルファストに生まれたウィルキンソンは、ベルファストのクイーンズ大学を卒業。1864年８月22日、日本に派遣される通訳生に任命された。ウィルキンソンはこの年に結婚したプルーデンス・ガフィキン（Prudence Gaffikin）を伴ってサウザンプトンを出発、横浜に着任する。

1870年に妻を東京で亡くしたのち、３人の子供をともなっていったんベルファストに戻ったウィルキンソンは、法学士を目指してクイーンズカレッジで勉学を再開、優秀な成績をおさめる。1872年、日本への帰任命令をうけて横浜の領事館にもどったあと、ウィルキンソンは領事館の職能のうち法律部分をおもに担うようになる。神戸と大阪で領事裁判に携わったのち、1873年に横浜の領事、1876年に東京の副領事となる。その後、上海のイギリス高等領事裁判所などを経て、横浜イギリス領事裁判所で1897年から1899年まで判事をつとめる。上海のイギリス高等領事裁判所主席判事を最後に1905年に引退、ベルファストにもどり出身校クイーンズ大学で副学長となった。死去は1926年である。

オールコックやサトウにくらべると知名度の点では劣るが、領事官・法律家として果たした役割はけっして小さいものではない。ウィルキンソン文書の研究によって、幕末明治期の外国公館（領事館）の活動や領事裁判の一端、また横浜に関わる様々な情報が明らかになることが期待される。（吉﨑雅規）

198. 北アイルランド公文書館外観（撮影：2020年、吉﨑）
イギリス・アイルランドの4つの国立文書館のうちのひとつ。北アイルランドの首府ベルファストのタイタニック地区（臨海地区）に立地する。

※本資料群については、吉﨑雅規「イギリス所在幕末維新期日本関係資料――「七つの海を越えて」展の調査から」（『横浜開港資料館紀要』37、2021年）も参照されたい。

199. 伊勢山から見た横浜市街
北アイルランド公文書館寄託 The Deputy Keeper of the Records, Public Record Office of Northern Ireland D1292/P/2
ウィルキンソン文書のなかには、明治前期（1870年代頃）の日本各地を写した古写真も含まれている。

200. 京都の方広寺の釣鐘
北アイルランド公文書館寄託 The Deputy Keeper of the Records, Public Record Office of Northern Ireland D1292/P/2

第7章 攘夷と維新

Chapter 7
"Joi" and the Meiji Restoration

1 東禅寺事件

The Tozen-ji Incident

外国貿易の開始と外国人の来訪にともない、幕末の日本では攘夷論(外国人排斥論)が沸きおこり、外国人への反感が高まっていく。さらに、相互の慣習の違いなどもあって、外国人への殺傷事件が多発するようになった。ことにイギリス人はその被害に遭うことも多かった。

文久元年(1861)5月28日夜、尊王攘夷思想を抱く水戸浪士らがイギリス公使館東禅寺を襲撃。書記官オリファント、長崎領事モリソンが負傷する東禅寺事件が発生した。公使オールコックは長崎から江戸まで陸路日本列島を横断。その途次には京都に立ち寄ることも計画しており、この旅行が神州を汚すとして浪士たちの憤激を買ったのである。

このとき公使と東禅寺の警備にあたっていたのは、外国人警備のための専門部隊・外国御用出役

201. イギリス人を襲う水戸浪士
「贈正五位古川忠興東禅寺襲之図画」
東僊関憲画　明治時代　横浜開港資料館蔵
東禅寺を襲撃した水戸浪士3人と血を流している外国人2人、真ん中には拍子木を持った町人を描く。古川忠興(主馬之介)は襲撃側の水戸浪士の一人。事件当時23歳で、東禅寺で闘死している。襲撃した浪士には明治後に贈位がなされたが、警備に奮闘した旧幕臣のなかには褒賞が長らくないことに複雑な感情を持つものもあった。

202. ビクトリア女王より郡山藩主に授与された金のメダル
個人蔵　画像提供：柳沢文庫
東禅寺事件で功績のあった日本人に授与するため、イギリス政府から日本へ送られた金メダルは1個、銀メダルは82個。これらは文久3年（1863）に日本に届いていたことが幕府の記録に見えるが、銀メダルが実際に護衛の武士たちに授与されたのは明治22年（1889）になった。銀メダルは現存例が知られていたが、金のメダルの原資料（本資料）は、平成30年（2018）の柳沢文庫（奈良県郡山市）の展示で初めてその現存が明らかになった。

203. 警備されるスミス
ジェームス・スミス（James Smyth）画
1864～66年
スミス家寄託・横浜開港資料館保管「スミス文書」("Smyth Papers," loaned by the Smyth Family to Yokohama Archives of History)
イギリス陸軍第20連隊第2大隊中尉・スミスが残した資料。スミスは1864年から1866年まで横浜に駐屯した。夜間の外出を警戒するようすがわかる。

（のち別手組）と大和郡山藩士であった。武士たちは奮闘して水戸浪士たちを撃退。のちにビクトリア女王より「賞牌」（メダル）が関係者に授与されることになる。しかし、攘夷事件は止む気配を見せなかった。

幕府はこのような国内情勢から、条約に定められていた江戸（1862年1月1日）・大坂（1863年1月1日）の開市と、新潟（1860年1月1日）・兵庫（1863年1月1日）の開港を期日通り実施することは難しいと考え、その延期をハリスとオールコックに要望する。当初延期に反対したオールコックだが、老中安藤信正の懇切な説明や攘夷事件の多発から、情勢の深刻さを理解する。そこでオールコックは、幕府がイギリスを含む条約締結国に使節を派遣し、日本側から本国政府に直接事情を説明させることをすすめた。これが日本初の遣英使節につながっていくのである。

TOPIC 9

ロンドンの遣欧使節と万博

文久元年12月22日（1862年１月21日）、幕府初の遣欧使節一行は江戸・芝田町の波止場からイギリス艦オーディン号に搭乗、翌日品川沖を出帆する。正使外国奉行竹内保徳、副使同松平康直をはじめとする37名の使節団である。1862年４月３日にマルセイユに到着した一行は汽車でフランスを横断。パリでナポレオン３世に謁見したのち、４月30日にイギリス海峡をわたってドーバーに到着、夕方

204. ロンドン万博会場
The Illustrated London News **1862年5月24日号　横浜開港資料館蔵**
サウスケンジントンにある王立園芸協会庭園の隣接地で11月15日まで開催され、入場者は621万人を数えた。

The Japanese Ambassadors had an interview, on Friday, with Earl Russell. The Ambassadors have been visiting most of the public sights of London. They were much amazed with the grandeur of the House of Lords, and manifested extraordinary interest and pleasure in the Zoological Gardens. The native draughtsman who accompanies them busied himself without intermission during the visit in sketching, with great rapidity and fidelity, beasts and birds which struck his fancy, while another of their retainers took copious notes of all he saw. At the hotel where they are quartered the remarkable docility, gentleness, and politeness of the whole retinue strike every one who has opportunities of seeing them. Already many of them have picked up several familiar English words and expressions, and manage to make themselves understood. Most of them are provided with dictionaries in English and Japanese, which they study assiduously. Fish (occasionally raw) and rice form a great part of their ordinary diet at every meal. The Ambassadors and officers have now so far adapted themselves to European usages as to abandon chop-sticks, and both as to their mode of living and for the most part as to edibles they differ in little from English gentlemen.

205. 幕府使節のロンドン来訪を報じる
The Guardian **857号（1862年5月7日付）**
横浜開港資料館蔵
ロンドン滞在中の使節が、貴族院やロンドン動物園などさまざまな施設をを訪れ、大きな感銘を受けているようすを報じる。

ロンドンに入った。

翌日の５月１日、ロンドン万国博覧会が開幕した。竹内らもこの日の開会式にゲストとして出席している。万博には日本からの正式な出品はなかったが、オールコックが収集・提供した日本の特産品・工芸品が会場に陳列された。そのうち２点のイラストが、横浜開港資料館の所蔵するロンドン万博の「名品カタログ」に掲載されていた。

なお、本来の目的である4港市の開港開市延期交渉は、６月６日に調印されたロンドン覚書でその５年の延期が認められた。そのかわり日本側は、貿易品の数量・価格制限の撤廃など、自由貿易を制約していたさまざまな障害の除去を約束させられたのである。

206

207

206.207. ロンドン万博出展の日本産品
John Burley Waring, *Masterpieces of Industrial Art & Sculpture at the International Exhibition, 1862* Vol.3
1863年
横浜開港資料館蔵

ロンドン万博に出展された各国の名品300品を多色刷り石版画で紹介した豪華本。全3冊のうち第3巻にオールコックが提供した日本の工芸品2点が紹介される。

2 生麦事件

The Namamugi Incident

文久２年（1862）８月21日。またもイギリス人殺傷事件が発生する。この日、薩摩藩主の父島津久光の行列が江戸から東海道を南に進み、横浜近郊の生麦村（現横浜市鶴見区）で、４人のイギリス人と交錯した。４人は上海在留の商人チャールズ・レノックス・リチャードソン（Charles Lenox Richardson）、横浜居留の生糸商人マーシャル、横浜ハード商会のクラーク、香港の商人の妻ボロデールで、かれらはこの日、馬に乗って川崎方面に遊んでいたのである。イギリス人たちは乗馬のまま久光の駕籠に接近、供の薩摩藩士によってリチャードソンが殺害された。イギリスにとって初の自国民間人の殺傷事件であり、居留民の「興奮はひじょうなものだった」（アーネスト・サトウ『一外交官の見た明治維新』）。居留地の商人たちは報復を主張する。しかし、代理公使ニール（St. John Neale）

208. 生麦事件
ジェームズ・スミス画　1864〜66年　スミス家寄託・横浜開港資料館保管
スミスは帰国後に画家への転身を図ったほどスケッチが上手だったという。殺害されたリチャードソンは騎乗した人物の一番右。

209. 生麦事件の現場
フェリーチェ・ベアト（Felice Beato）撮影　横浜開港資料館蔵
東海道は後景の生麦村の家並みのあいだを貫いている。ベアトアルバムの解説シートには、「ここを通ると我々外国人は、だれもみな人生の全盛期の年齢で殺された、この若い紳士の不幸な運命に同情を禁じえない」と記される。

は戦争に発展することをおそれて強硬な意見をおさえつつ、幕府に犯人の逮捕を要請する。幕府は薩摩藩に下手人の逮捕を命じたが、薩摩藩側は大名行列を乱す者を討ち果たす（無礼討ち）のは日本の「国法」であると反論した。

生麦事件の犯人はなかなか逮捕されず、事件の処理は膠着した。外務大臣ラッセルは、一時ロンドンにもどっていたオールコックの意見も尋ねたうえで、1862年12月、ニールに訓令を発した。内容は、幕府に謝罪と賠償金を要求し、薩摩藩には犯人の処刑と賠償金を求めるもので、拒絶された場合は海軍と協議して軍事行動をとることを指示していた。

イギリスの民間人が殺害されたことは、大きな外交問題、そして戦争に発展する。

210. リチャードソン
「J. C. フレイザー旧蔵写真帳」　横浜開港資料館蔵
（David Evans氏寄贈）
幕末日本に滞在したイギリス商人フレイザーの写真帳のなかに、リチャードソンの写真が含まれていた。写真のそばには、生麦事件で殺害されたときの遺体の状況が記載されている。リチャードソンは貿易商人として上海に長く在留していた。

薩英戦争

The Anglo-Satsuma War

ラッセルの訓令は文久3年1月15日(1863年3月4日)にニールのもとに届く。この時期、日本の攘夷運動は絶頂に達しつつあり、浪士による横浜居留地の襲撃も噂されていた。このような情勢下、ニールは香港のイギリス海軍に要請して、その艦船を横浜に集結させる。2月19日、ニールは幕府に謝罪状と11万ポンドの賠償金を要求した。対応を決め切れない幕府は回答を何度も延期しつつ、江戸にいる大名たちに「防戦の覚悟」を求め、また、神奈川奉行も横浜の町人に避難を命じた。イギリスとの戦争のおそれが高まり、江戸と横浜の街は混乱する。しかし5月9日、老中格小笠原長行(ながみち)は、みずからの独断というかたちで賠償金をイギリス側に支払った。戦争の危機はいったんは去ったのである。

しかし、薩摩藩はイギリス側の要求にいまだ応じていなかった。そこで6月22日、ニールは東インド・中国艦隊司令長官クーパー(Augustus L. Kuper)率いる7隻のイギリス艦隊とともに横浜を出航、6月27日に鹿児島・錦江湾に達した。ニールは薩摩藩側と交渉をおこなったが決裂、7月2日から戦闘がはじまった。イギリス艦隊は最新鋭

1. Racehorse. — 2. Pearly. — 3. Coquette. — 4. Perseus. — 5. Argus. — 6. Euryalus. — 7. Batteries japonaises. — A. 3 steamers japonais incendiés. — B. Jonque japonaise incendiée.
C. Palais. — D. Factorreries.
EXPÉDITION DU JAPON. — Bombardement de Kagosima par la flotte anglaise. (D'après un croquis de M. Barbier.)

211. 薩英戦争で砲撃を受ける鹿児島

Le Monde illustré 1863年12月5日号　横浜開港資料館蔵

画面左手が鹿児島市街。右手が桜島で"A"で示されるのは薩摩藩の洋式船。湾内の艦船のうち"6"が付されているのが旗艦ユーリアラス号(Euryalus)。

のアームストロング後装施条砲を備え、薩摩藩の砲台を長距離から次々と破壊、鹿児島城下も火に包まれる。一方、旗艦ユーリアラス号は薩摩藩の砲撃に遭い、艦長ジョスリング大佐が戦死した。イギリス側は戦闘継続に十分な弾薬や燃料を準備していなかったこともあり、錦江湾を発って横浜に戻ることになる。

薩摩藩から見ると、甚大な被害をうけつつもイギリスを「撃退した」かたちになったものの、薩摩藩はイギリスの強大な軍事力を認識せざるを得なかった。薩摩藩は９月以降、使節を横浜に送りイギリス側と交渉をおこなう。結果、薩摩側は犯人の捜索と処刑を約束、賠償金2万5000ポンドを幕府から借金して（薩摩藩はこれを踏み倒す）イギリス側に支払ったのである。

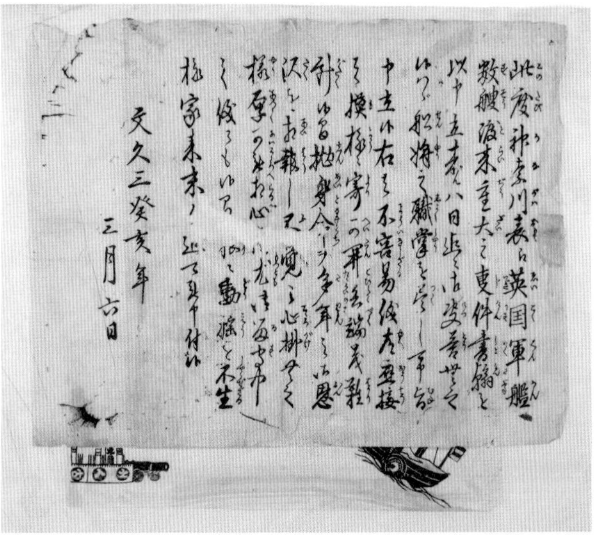

212

213

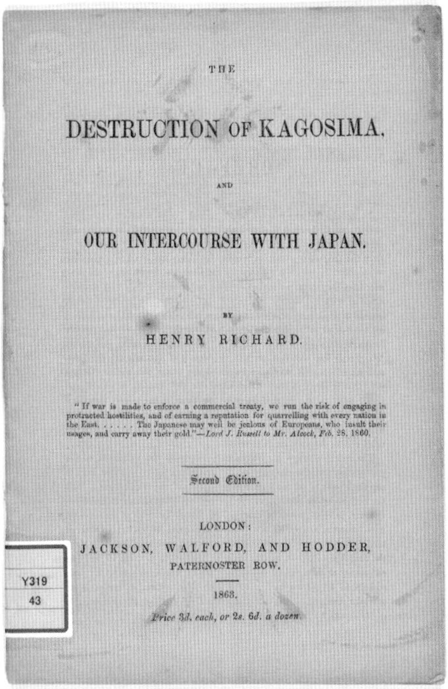

THE

DESTRUCTION OF KAGOSIMA,

AND

OUR INTERCOURSE WITH JAPAN.

BY

HENRY RICHARD.

"If war is made to enforce a commercial treaty, we run the risk of engaging in protracted hostilities, and of earning a reputation for quarrelling with every nation in the East. . . . . . The Japanese may well be jealous of Europeans, who insult their usages, and carry away their gold."—*Lord J. Russell to Mr. Alcock, Feb. 28, 1860.*

Second Edition.

LONDON:
JACKSON, WALFORD, AND HODDER,
PATERNOSTER ROW.

1863.

Price 3d. each, or 2s. 6d. a dozen.

214

212. イギリス艦隊渡来を告げる摺物
「〔此度神奈川表江英国軍艦数艘渡来〕」文久3年（1863）3月6日　横浜開港資料館蔵（五味文庫）

横浜にイギリス軍艦が渡来しているのは「重大之事件」であり、「応接」次第では「兵端」を開く可能性があることから、「不覚」をとらないよう命じる。幕府の触れを木版刷りに仕立てたもの。

213. クーパー提督
「J. C. フレイザー旧蔵写真帳」横浜開港資料館蔵

214. 鹿児島砲撃を非難するパンフレット
Henry Richard, *The Destruction of Kagosima and Our Intercourse with Japan* 1863年　横浜開港資料館蔵

日本の市民（非戦闘員）を砲火にさらしたイギリス艦隊の鹿児島砲撃を非難するパンフレット。この砲撃についてはイギリス議会（下院）でも「遺憾」を表明する動議が出された。

3 下関戦争

The Shimonoseki War

イギリスの対日貿易を揺るがすもうひとつの事件は下関で発生する。文久3年(1863)5月10日、長州藩は関門海峡でアメリカ商船を砲撃した。幕府は朝廷の固い意思を奉じて、この日に「攘夷」を決行することを全国の大名に命じていた。攘夷主義の勢いの強い長州藩は、この命令をうけるかたちで外国船への砲撃を決行したのである。関門海峡は、国内交通の大動脈・西廻り航路のルート上にあり、また中国から横浜に向かう外国船が通航する海上交通の要地であった。

イギリス公使オールコックは、国内の一部の勢力が攘夷運動を主導していると分析しており、その対外強硬派を軍事力で屈服させることが重要だと考えていた。本国政府からも武力行使を支持されたオールコックは、元治元年(1864)1月に日本に帰任。フランス、オランダ、アメリカの外交代表と協議して、4か国が連合して下関を攻撃することを取り決めた。

7月24日、4か国の連合艦隊は横浜を出航した。イギリス艦隊は旗艦ユーリアラス号をはじめ9隻

215. 横浜を出航するイギリス艦隊
"British Fleet off Yokohama, Japan, 1864" 1864年 横浜開港資料館蔵
写真の下部には艦名が記されており、旗艦ユーリアラス、コンカラーなどのイギリス艦船のほか、オランダ艦のメデューサの名も見られる。下関戦争に向かう連合艦隊を横浜で撮影したものと推測される。

216.「前田砲台」
フェリーチェ・ベアト撮影　1864年　東京都写真美術館蔵
前田砲台（現下関市）は長州藩の砲台場群のうち中心的な位置を占めていたが、外国軍によって破壊・占領された。

の艦船が参加、フランス、オランダ、アメリカの艦船も加わり、17隻からなる艦隊が下関海峡に向かった。8月5日、連合艦隊は長州藩の砲台に攻撃を開始、8日までに砲台の多くは破壊された。長州藩と外国側のあいだで講和がなされた後、オールコックは江戸湾に向けて帰航。しかし、外交代表を乗せた軍艦13隻は横浜を越えて江戸沖まで進入する。オールコックは幕府に軍事力を誇示しつつ、老中水野忠精(ただきよ)に外国貿易を妨害しないように要望した。9月22日に調印された下関取極書では、幕府が300万ドルの賠償金を支払うか、もしくは下関（あるいは瀬戸内海の一港）を開くことが定められたのである（幕府は賠償金支払いを選択）。

下関戦争は本国政府の予想よりも大規模なものになったため、オールコックは事情説明のためにロンドンに召還される。しかし、戦争後の日本の貿易状況が好転したこともあり、オールコックの行動は適切だったと認められた。とくに砲艦外交を牽引したパーマストン首相はオールコックをかばった。この後、オールコックはブルースのあとを継いで駐清公使に栄転することになる。

4 イギリス軍と横浜

The British Army in Yokohama

生麦事件前より、イギリスをはじめとする外国側は横浜居留地の安全確保を幕府に強く要請していた。幕府も講武所の兵卒を横浜に派遣するなどの対応をとっていたが、あいつぐ攘夷事件の発生により外国側は不安を募らせていく。

生麦事件の賠償金を支払った直後の文久3年(1863)5月17日、幕府の若年寄酒井忠眦(ただます)はイギリス代理公使ニール、フランス公使ド・ベルクール、イギリス提督クーパー、フランス提督ジョレスと会談。翌日、横浜の防衛権(「横浜表居留辺警衛之儀」)を両国に委譲することを認める書簡を両提督に送付した。横浜には英仏の軍隊が駐屯することになったのである。合意にもとづき同年12月、イギリス陸軍第20連隊第2大隊の分遣隊が香港から横浜に到着、山手に陣営を構えた。イギリス軍の駐屯兵数は時期によって異なるが、もっとも多い時期で約1,500～1,800名におよんだ。

一方、イギリス海軍の軍艦も横浜に寄港するようになった。文久元年の東禅寺事件後、オールコックは東インド・中国艦隊司令長官ホープに、日本に軍艦を派遣して示威行動をとるよう要請する。中国情勢を重視していたホープは当初その要請に応じなかったが、来日して国内の情勢悪化を理解した文久2年以降、日本へ軍艦を定期的に派遣するようになる。イギリス艦船の日本における根拠地となったのが横浜であった。そして、海軍を支える施設も横浜に建設されていく。文久元年、イギリス海軍物置所が堀川に面して建てられ、また蒸気船に石炭を供給するための貯炭所も設けられた。

横浜は国際貿易都市として発展する一方、東アジアのイギリスの軍事行動を後方から支える都市としても存在感を増していく兆しを見せていた。

217.「英国海軍大隊のキャンプ」
フェリーチェ・ベアト撮影 1864年　東京都写真美術館蔵
横浜・山手のイギリス軍の野営テントを撮影する。ロイヤル・マリーンズ・ミュージアムにも同じ構図の写真の所蔵がある。

218

218. イギリス海軍病院
明治初年　横浜都市発展記念館蔵
元治元年（1864）11月に締結された横浜居留地覚書に、各国の海陸軍の「病者」のために病院を建築できるとの規定がある。この規定に基づき、イギリス海軍病院は山手161番に明治元年（1868）10月に着工した。なお中国から来日したイギリス軍兵士の多くが疲弊した病兵であり、横浜駐屯はその保養を兼ねていた側面があることも指摘されている。

219

219. イギリス海軍物置場
1862年頃　横浜開港資料館蔵
山手の丘陵の崖の下、堀川が横浜の湾に注ぐ谷戸橋（手前）のそば（山手117番）に設置された。

横浜での軍事演習

Military Exercises in Yokohama

横浜に駐屯したイギリスの兵士はときに横浜の郊外で軍事演習をおこなうこともあった。外国軍の訓練は人目を引き、その様子が浮世絵にも写し取られている。また、軍制改革を推し進めていた幕府兵が、横浜の駐屯軍と合同で演習を実施することもあった。元治元年(1864) 9 月20日、初の日英合同訓練がおこなわれ、イギリス側は赤い上衣のイギリス軍と濃緑色のベルチーズ隊が参加している。「我々と日本側がそれぞれの演習方法を披露している光景は何とも奇妙で、面白いものであった」と参加したフレデリック・デーヴィスが記すように、イギリス側の兵士にとっても興味深い体験であった(「第20連隊軍楽隊員　デーヴィスの手記」)。

ところで、イギリス人の騎乗は横浜周辺の農地を荒らすことがあり、迷惑に感じるものもあった。たとえば、根岸村(現横浜市中区・磯子区)の名主平左衛門は、イギリス人が「大勢にて日々騎馬」でやってきて畑を「踏荒」らしており、「一同難渋」していることを裁判所(行政機関)に訴えている(資料222、明治 2 年)。平左衛門の訴えている行為は軍事演習ではない可能性もあるが、いずれにせよ横浜近郊の農民にとってイギリス人が騎馬で村内に入ってくることは心穏やかなことではなかったであろう。

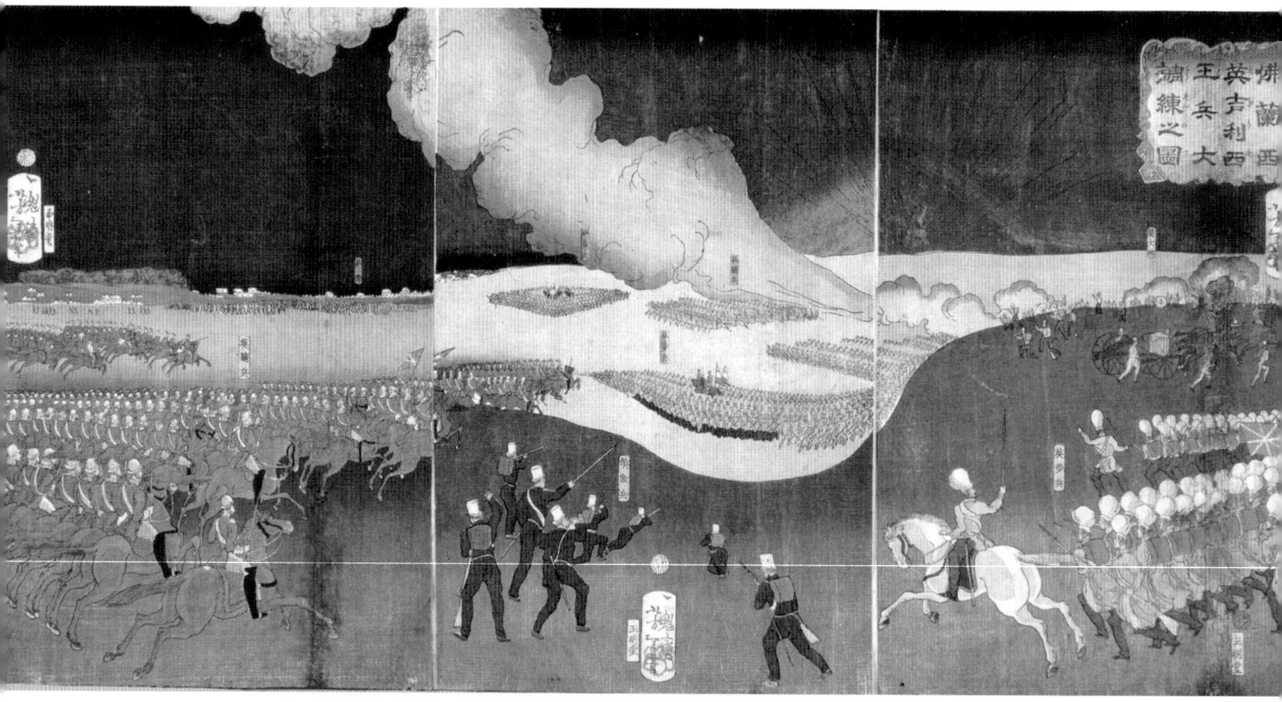

220.「仏蘭西英吉利西王兵大調練之図」
歌川芳年画　慶応3年(1867)　横浜開港資料館蔵
手前右手が「英歩兵」、中央が「英散兵」、左手が「英騎兵」。奥にフランス兵が描かれる。

221. イギリス海軍の大演習
"Manoeuvre of the British Navy"　1864年　横浜開港資料館蔵
チャールズ・ワーグマンのスケッチを撮影したもの。画面の背景は吉田新田と山手の丘。

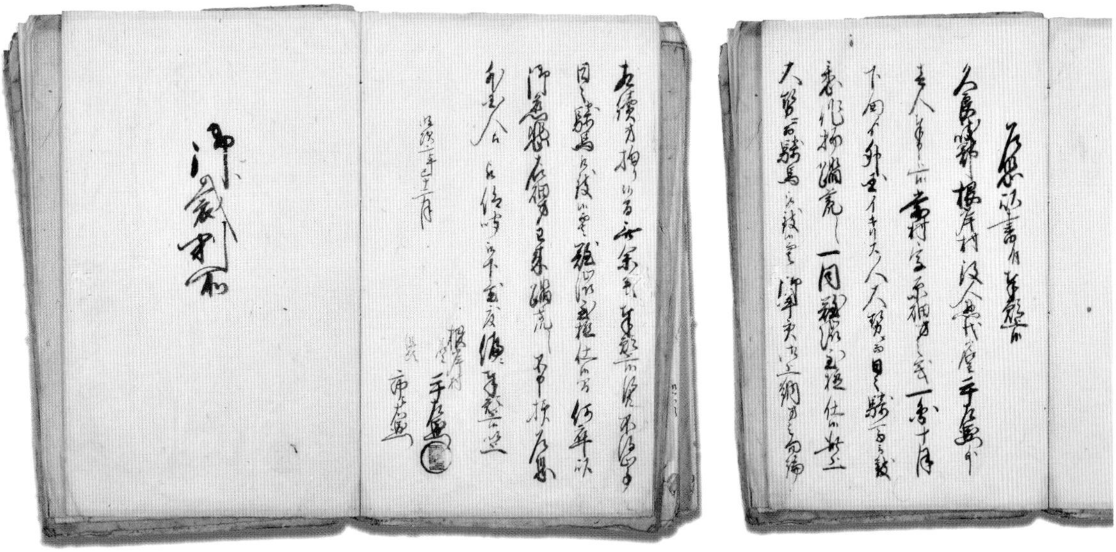

222. イギリス人の騎乗の迷惑を訴える
明治２年（1869）12月　横浜開港資料館寄託（新井宏家文書）
横浜の近郊、根岸村旗本小浜氏領の名主をつとめた新井家の資料群に含まれる。

5 イギリス海軍のアジア展開

The British Navy's Expansion into Asia

1860年代、イギリスは軍事力の一部を日本に置くようになったが、ここではもう少し視野を広げ、イギリス海軍のアジア展開の様相を眺めてみよう。

イギリス海軍は、イギリスの自由貿易の伸長にともない、最新鋭の技術を投入した軍艦を建造して、世界各地に艦船を派遣するようになっていた。海軍は貿易船の海上交通路を保護し、また開港場において自国の権益を確保する任務を負っていたのである。1850年のイギリス海軍の全艦船213隻のうち、94隻は本国海域に配備されていたが、地中海に28、アフリカ西海岸に25、東インド（アジア）に20、北米・西インド（カリブ海）に13、太平洋に13、アメリカ東南海岸に９、喜望峰に９、カナダに２という割合で艦船が世界中に配置されていた。このうち、東インドステーション（管轄海域）への配備艦船数は1850年代を通じて激増する。1860年のイギリス海軍の全艦船305隻のうち、東インドには65隻が割かれるようになった。ことに、中国では1856年に勃発したアロー戦争のほか、太平天国と呼ばれる清朝への反乱軍が開港都市上海を脅かし、イギリスはその防衛のため多くの兵力を中国に置くことになる。1860年代の英国海軍は香港を拠点として、およそ軍艦40隻を中国方面に配していた。一方、陸軍も香港と上海を中心に4,000～5,000人の兵員を中国に駐留させていたのである。くわえて、日本の治安情勢も不安定であり、イギリス軍は東アジア方

223. フリゲート艦ウォリアーの建造

The Illustrated London News 1860年12月29日号　横浜開港資料館蔵

テムズ鉄工所（Thames Ironworks）における建造のようす。ウォリアー（Warrior）はイギリス海軍最初の装甲蒸気フリゲート艦。イギリス海軍は1860年代に木造戦列艦から鉄製蒸気船への切り替えを進め、海軍の近代化をはかった。鉄製の船は木製の船にくらべ多くの積載スペースを確保できた。

地図7.　**イギリス海軍のステーション管轄図**

横井勝彦『アジアの海の大英帝国』（同文舘出版、1988年）より作図

イギリスは東アジアに海軍力を重点的に配備するため、中国・日本ステーションを独立させる。ただし、配備された艦船は1,000トン以下の小型艦船が多かった。

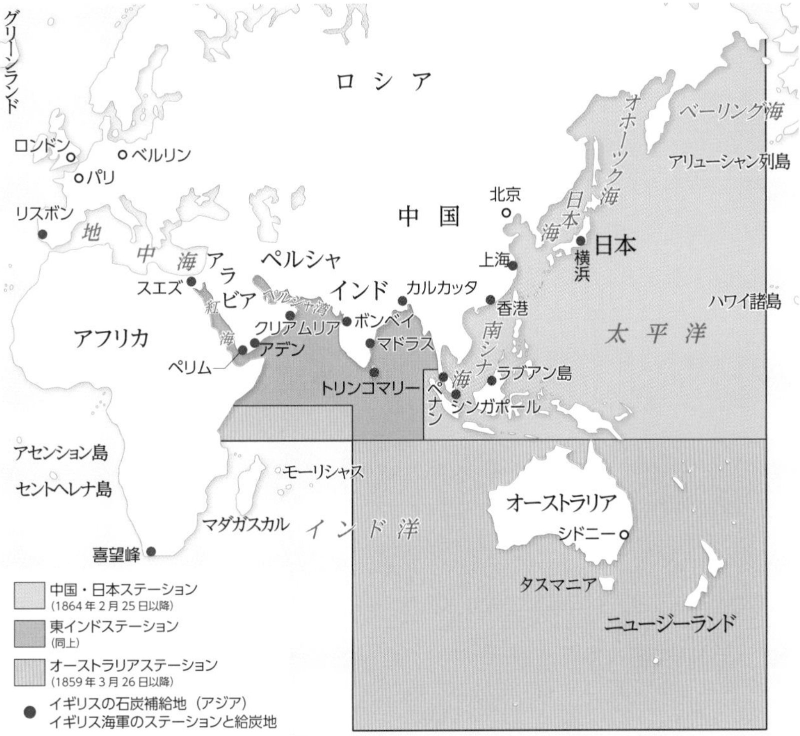

224

225

224. ウォリアーのエンジン

***The Illustrated London News* 1861年8月10日号　横浜開港資料館蔵**

ウォリアーは1861年に政府に引き渡された。本図はその蒸気機関のエンジン部。1850年代に船舶用のエンジンが改良されてより高圧の蒸気を供給できるようになり、石炭消費量の少ない経済的な航海が可能になった。

225. 太平天国の叛徒

オールコック『大君の都』1863年

横浜開港資料館蔵

面に多く軍事力を配することを余儀なくされる（横井勝彦『アジアの海の大英帝国』）。

　このような情況を背景に、イギリスは1864年2月、東インドステーションから中国・日本ステーションを独立させることを決定。中国と日本周辺の海域にイギリスの軍艦がより多く配備されることになった。同海域は、マラッカ海峡区域（拠点港・シンガポール）、南シナ区域（香港）、北シナ区域（上海）、そして日本区域の4海域に区分され、日本区域の海軍艦船は横浜を拠点とした。世界を海軍力で影響下に置いたイギリスの軍事ネットワークの網の目のなかに、日本が組み込まれることになったのである。

6 パークスと徳川慶喜

Harry Parkes and Yoshinobu Tokugawa

慶応元年(1865)閏5月、公使ハリー・パークスが横浜に着任した。辣腕で知られる新公使も、オールコックに引き続き、幕末日本の政局に一定の影響をおよぼすことになる。

下関戦争の終結後、日本の外国貿易は安定に向かいつつあったが、いまだ天皇による修好通商条約の許可(条約勅許)がなされていなかった。9月、パークスは英仏蘭の連合艦隊とともに兵庫沖に来航、条約の勅許獲得を当時大坂城にあった将軍徳川家茂に迫り、10月5日、条約勅許の発出をみた。さらに、パークスが主導するかたちで、翌慶応2年5月13日に江戸協約(改税約書)が結ばれる。この協約により、従来原則として20%だった関税率が引き下げられ、また課税方法も従価税(価格をもとにする課税)から従量税(重量をもとにする課税)へと変更された。さらに、諸藩が海外貿易に参加する際の制約も撤廃された。

慶応2年7月、大坂城にあった14代将軍徳川家茂が病没。ほぼ同時期に幕府は長州藩との戦争に敗れた。最後の将軍に就任した徳川慶喜は、慶応3年3月、大坂城でパークスら外国公使を引見する。慶喜は幕府の権威が揺らいでいたこのころ、みずからに外交をおこなう力があることを外国側に誇示しようとしていた。パークスは慶喜に好意的な印象を抱き、そのことをスタンリー(Edward H. Stanley)外相に報告する。

徳川慶喜は、慶応3年に入って幕府の改革をはかる。改革にあたっては、慶喜を支持する駐日フ

226. パークス着任
The Japan Punch〔1866年3月〕 横浜開港資料館蔵
上部には「東洋の君主たちを悩ませるために英国政府から送られた蚊」とある。外国公使の任命は外相の権能だが、パークスの人選はかつて長らく外相をつとめた首相パーマストンによっておこなわれた。パーマストンは「地域(東アジア)への知識と経験」があって「明らかに有能」なパークスこそ、新駐日公使にふさわしいと考えていた(ロバート・モートン『パークス伝』)。

227. パークス肖像画
横浜開港資料館蔵
パークスは13歳でマカオに渡り、1843年に広東の領事館員となって以来、中国でキャリアをすでに20年以上積んでいたが、着任時まだ37歳であった。明治16年(1883)まで駐日公使をつとめ、幕末明治の日本に大きな影響力を持つことになる。

228. 条約勅許を喜ぶ公使たち
The Japan Punch〔1866年1月〕
横浜開港資料館蔵
右からパークス、オランダ総領事ポルスブルック、ロッシュ、アメリカ代理公使ポートマン。

229. 徳川慶喜と外国公使の会見
The Illustrated London News
1867年8月24日号
横浜開港資料館蔵
大坂城での外国公使との会見は、慶応3年3月25日にパークスと非公式におこなわれた（内謁見）のを皮切りに、欧米各国の外交代表と、内謁見と公式の会見が実施された。

ランス公使レオン・ロッシュの意見も多く参考にされた。しかし、幕府はフランスのみを頼りにしていたわけではない。たとえば、幕府海軍の軍事訓練はイギリスに依頼があり、慶応３年９月イギリスの海軍士官が来日し、築地に伝習所が開かれる。また、５月には外国総奉行平山敬忠が江戸でイギリス公使館員を役宅に招くなど、幕府は従来フランスに偏っていた親しい交際を、イギリスにも広げようと意図していたようである（萩原延壽『遠い崖』）。

ところで、この時期のフランスが幕府を支持したのに対抗するように、イギリスは薩摩藩・長州藩を積極的に支持したという通説的な見方がある。しかしイギリス政府は、日本の国内政局には影響力を行使せず、通商の発展を主に求める中立的な立場をとることをパークスに指示していた。パークスは薩長との交渉のチャンネルは確保しつつも、日本が貿易相手として安定的であることを望んでいたのである。

7 新政府の成立と戊辰戦争

Founding of a New Government and the Boshin War

慶応3年(1867)に入り、薩摩藩・長州藩は武力で幕府を倒す意思を固め、政局は不安定になっていく。10月14日、徳川慶喜は朝廷に大政奉還を奏上した。しかし、慶喜は政治外交をおこなう権力を保持しようとする。12月9日、王政復古の大号令が発せられた。幕府と将軍は廃されて、明治天皇のもと新たな政権が京都に誕生したのである。大坂城の旧幕府側は戦争を決意、慶応4年1月3日に鳥羽・伏見の戦いが発生する。のちに戊辰戦争と呼ばれる内戦がはじまったのである。

このころ、イギリス海軍は多くの艦船を日本に展開させていた。中国・日本艦隊の旗艦で4,047トンの大型艦オーシャン、アドベンチャーなど4隻が兵庫に、リナルド以下3隻が横浜に、パールなど3隻が長崎に配置され、有事に備える態勢をとっていた(保谷徹『戊辰戦争』)。さらに、イギリス公使パークスは開港都市が戦争に巻き込まれるのをおそれ、自国民に中立的な立場をとること求める局外中立を1月25日に布告する(他国も同日に布告)。

江戸を攻撃するため京都を発した新政府軍は、3月はじめに横浜付近に到達した。英仏軍の兵士が開港場周辺の警備にあたるなか、パークスは新政府の東海道先鋒総督参謀木梨精一郎と横浜で会見、江戸総攻撃に反対した。3月13・14日、東征大

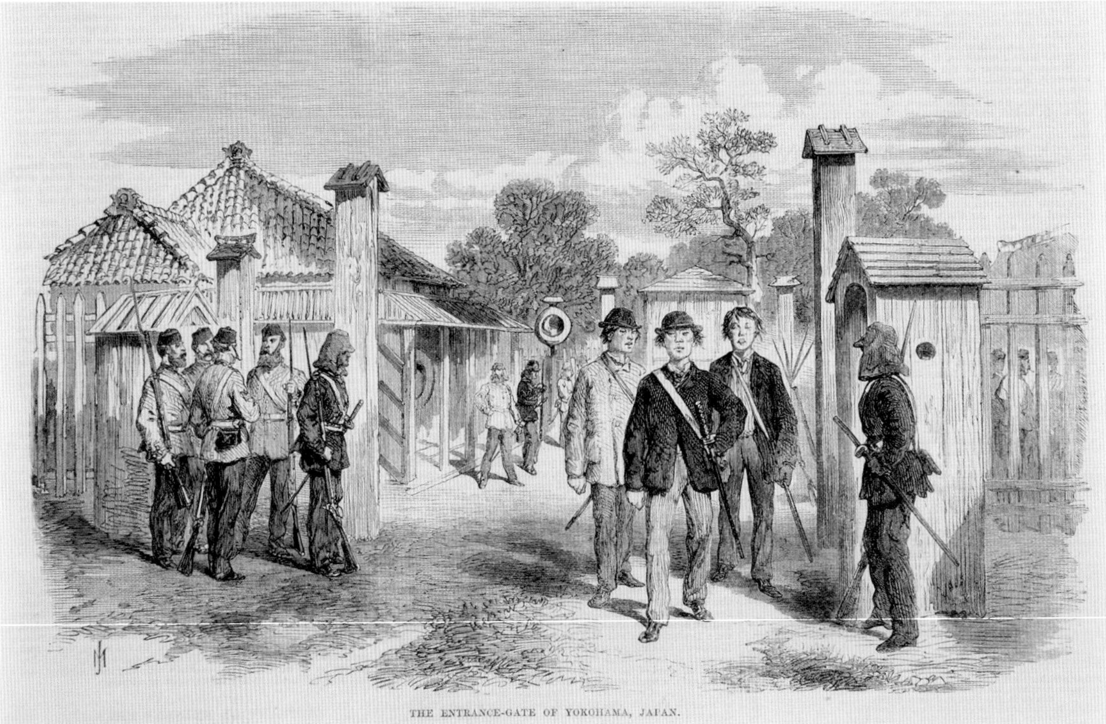

230. 横浜の関門を守る外国兵
The Illustrated London News 1868年8月1日号　横浜開港資料館蔵
画面中央の3人は新政府側の薩摩藩士。外国側による横浜警備は慶応4年4月20日まで継続された。
なお、パークスは閏4月1日、新政府に信任状を提出し他国に先駆けて明治新政府を承認した。

231. 列強の綱引き
The Japan Punch〔1868年11月号〕 横浜開港資料館蔵
左の男性は錦旗（新政府側）をもつパークス。右の2人は葵の紋をつけた旧幕府側に肩入れするドイツとイタリアの公使、綱の上の2人は態度を決めかねるアメリカのヴァルケンバーグ公使（左）とフランス公使ウトレー（推定）。"Mikado"と"Rebel"（反乱軍）のオールを持っている。戊辰戦争は欧米列強の注視のなかおこなわれた。

232. 会津若松城
北アイルランド公文書館寄託
The Deputy Keeper of the Records, Public Record Office of Northern Ireland D1292/P/2
ウィルキンソンの資料群のなかに含まれていた古写真。会津は9月22日に落城した。

総督府参謀の西郷隆盛は旧幕府の勝海舟と会見し、15日に予定されていた総攻撃は中止となった。もっとも西郷は、木梨がパークスに会う前から江戸攻撃の意思をすでにもっておらず、新政府内の強硬派への説得にパークスの意見が利用されたとの指摘もある（萩原延壽『遠い崖』）。

戊辰戦争の戦火は越後・東北地方にもひろがっていた。新政府軍の負傷者は横浜に送られ、イギリス公使館医官ウィリアム・ウィリスがその治療にあたる。しかし、9月に会津若松が落城、10月には盛岡藩の降伏も受理され、戦争は終息に向かいつつあった。この月、明治天皇は東京に入り、11月23日にパークスと旧江戸城で会見した。箱館の五稜郭には榎本武揚ら旧幕臣が抵抗を続けていたが、新政府寄りの態度を明確にしたパークスの主張もあり、明治元年（1868）12月28日に局外中立は解除された。

明治に入った日本は、天皇を中心とする新たな政治体制のもと、国の近代化を推し進めていく。そのなかで、日本とイギリス・イギリス人とのあいだにはさらに強い結びつきが生まれていくことになる。

測量士官の見た 明治維新の日本

幕末維新期の日本の風景を、外国人が描いた肉筆の原画が残っている例はさほど多くない。ところが今回、海軍士官がスケッチした風景水彩画帳がイギリス国立海洋博物館に所蔵されていることを知り、許可を得て熟覧をおこなった。管見の限りではこれまで日本で紹介されたことはないようである。

スケッチの作者ジェームス・バット（James Henry Butt）は1844年にイングランド中部の都市グロスターに生まれた。イギリス海軍に入ったのち、准尉、少尉と昇進。測量船シルビアの乗り組みを命じられる。1866年に中国海域に向けて出航したシルビアは、リオ・デ・ジャネイロ、ケープタウン、アンダマン諸島を経て、翌年末に日本に達した。その目的はおもに日本近海の水路測量である。シルビアは1881年までの長期間

233. 天草の崎津に到着したパールとシルビア
'Sagitsu W. coast of Japan. (Arrival of HMS Pearl and Sylvia)' 1868年10月
"Album of Topographical Views, Mainly on the Coasts of Japan, China and Formosa (Taiwan)" ジェームス・バット画　イギリス国立海洋博物館蔵
© National Maritime Museum, Greenwich, London

234. 浦賀
'Uraga, Yedo Bay' 1869年7月 © National Maritime Museum, Greenwich, London

にわたって測量を実施するとともに、日本側士官を同行させ測量技術の移転もおこなう。バットも測量活動に従事したのち、シルビアと別れて1870年に帰国した。退役は1873年。1936年に91歳で没した。

画帳はタテ25.2×ヨコ33.0センチ。日本と中国・台湾各地の風景を描いた51枚の水彩画がおさめられており、うち日本関係のスケッチは33点である。スケッチには地名と年月が記されており、写された地点と年代を比定する手がかりになる。

バットのスケッチはいずれも穏やかな筆致で、とくに日本の自然風景を見事に描き出している。ただし、建築物や人物の服装の細部については、当該期の日本のものとは少々異なる印象を受ける部分がある。バットがスケッチに描かれた現場に足を運んでいることは、回想録（後述）で裏付けられる場合が少なくないが、現地で精密にスケッチをしたわけではなく、その印象をもとに他の資料（東アジア旅行記の挿絵や絵入り新聞など）をもとに、スケッチを仕上げた可能性も考えうる。

ところでバットは、絵画のほか手書きの回想メモ帳（"Memoir written by Commander James Henry Butt"）も残している。学生時代から海軍を引退する1873年までの事柄を後年に回想したものだが、そのなかに鳥羽・伏見の戦い前後の緊迫した日本の政情も記されていた。従来知られていなかった史料でもあり、スケッチとあわせて内容を紹介したい。この回想メモ帳を含む文献資料については、水彩画帳とは別に、博物館本館内にあるケアード・ライブラリー（Caird Library）に所蔵されている。

1867年の12月、上海を出航したバットはシルビアとともに日本に向かい、クリスマスの翌日にUra-no-Uchi（不詳）に碇泊して一夜を過ごし、兵庫（神戸）にはいった。港には、大坂と兵庫が条約の期日通り開港するのを見届けるべく、すでに他国の艦船も停泊していた。バットは、大君（徳川慶喜）と大名のあいだに意見の対立があることを聞き及んでいたため、「注意深く用心しながら数日を待った」。そして、「その港は1868年１月１日に開くことが宣言された」。神戸開港前夜、欧米側は緊張感をもってその開港を注視していたようである。開港後、バットは街の背後の岡にのぼり、付近の滝（布引の滝か）にも立ち寄っている。

この後、ヘンリー・ケッペル提督が艦に搭乗、シルビアは大坂に移動する。このころ、王政復古の大号令が出され（1868年1月3日（慶応３年

235. 鳥羽・伏見の戦い前夜の大坂城
'Tycoon's Palace, Osaka' 1868年1月

236. 1868年の江戸城
'Tycoon's Palace, Yedo (inside the outer moat)' 1868年
© National Maritime Museum, Greenwich, London

12月９日））、幕府の廃止が決まった。しかし、前将軍徳川慶喜は大坂にあって情勢は予断を許さなかった。このような状況下、バットは「私たちの好奇心のまま、その町（大坂）を数マイル歩き回り（中略）深い堀に囲まれた立派な（大君の）宮殿（大坂城）」を見ている。資料235は、このときにバットがスケッチしたものだろう。バットたちは散歩中パークス公使一行とばったりすれちがい、「大名たちがやっかいごとを大君に突き付けている」とも聞いた。

シルビアはその後横浜に向かう。横浜の湾でバットは「薩摩の船と幕府の（戦闘の）残骸が湾」に浮かんでいるのを見た。戦闘は江戸で発生したとバットは書いているが、これは1868年１月19日（慶応３年12月25日）の薩摩藩邸焼き討ち事件のことだろう。事件後、品川沖で薩摩藩の軍艦翔鳳に旧幕府側の回天が砲撃を加え、翔鳳はなんとか品川沖を脱出したというから、この「残骸」はその折の破損した部材であろうか。バットは「革命の兆しは明らかだ」と感想を記している。バットはさらに横浜から江戸に向かうが、「街は威張って歩く二本の刀を帯びた男（武士）たちであふれていた」とその騒然とした雰囲気を描いている。しかしながら、バットは泉岳寺の赤穂義士の墓や、江戸を見晴らす高台の愛宕山、江戸城などの名所をめぐっている。水彩画帳に残る江戸のスケッチはこの折のものと思われる。

バットは踵をかえしてシルビアでふたたび大坂を目指す。しかし、鳥羽・伏見の戦い（1868年１月27日（慶応４年１月３日））がまさに発生しようとしていたこのころ、「ヨーロッパ人たちはみな兵庫に去って（退避して）」戦争のゆくすえをうかがっていた。そして慶喜の敗北と新政府側（薩摩）の勝利を聞いて、シルビアは本来の業務である西日本沿岸の測量活動を開始することになる。

本資料は回想録というかたちをとっているものの、同時代にバットが記したなんらかの一次史料（日記やメモ）をもとにした可能性がある。また、記載は事実の描写を主として淡々と記されており、そこに時折みずからの感想を簡潔に付すのみである。日本での体験をことさら誇張・美化しようというふしは感じられず、その点、刊行された一部の日本見聞録などとくらべて、かえって真実味を感じ取ることもできる。

この記述とスケッチをあわせてみると、激動の明治維新の現場が臨場感をもって迫ってくるようである。（吉﨑雅規）

※本資料群については、吉﨑雅規「イギリス所在幕末維新期日本関係資料――「七つの海を越えて」展の調査から」（『横浜開港資料館紀要』37、2021年）も参照されたい。

237. 山手から見た横浜郊外（吉田新田）
'At Yokohama' 1868年7月
© National Maritime Museum, Greenwich, London

238. 横浜の街かど
'At Yokohama' 1870年1月
© National Maritime Museum, Greenwich, London

History of Exploration and Historical Materials

歴史探訪と資料

幕末の日本でイギリス公使館にともに勤務し
その名を歴史に残した三人のイギリス人
アーネスト・サトウ、ウィリアム・ウィリス、
アルジャーノン・ミットフォード。
そのゆかりの地をイギリスに訪ねた。

《探訪》幕末のイギリス外交官ゆかりの地と資料（1）

アーネスト・サトウ ―オタリー・セント・メアリー

Ernest Mason Satow — Ottery St. Mary

アーネスト・サトウは1843年ロンドンで生まれ、1862年にイギリス公館の通訳生として来日した。日本語に堪能だったサトウは政情の転変とともに日本全国を駆けめぐる。その幕末の体験を回顧した『一外交官の見た明治維新』("A Diplomat in Japan")はご存じの方も少なくないだろう。1895年から1900年まで駐日公使を務める。ついで1906年まで在任した駐清公使を最後のキャリアとして外交官をリタイアしたサトウは、イングランド南西部のデボン州はオタリー・セント・メアリー（Ottery St Mary）という小さな町で、1907年から亡くなる1929年まで隠退生活を送った。

240. パリッシュ教会内のサトウの銘板

241. アーネスト・サトウの墓

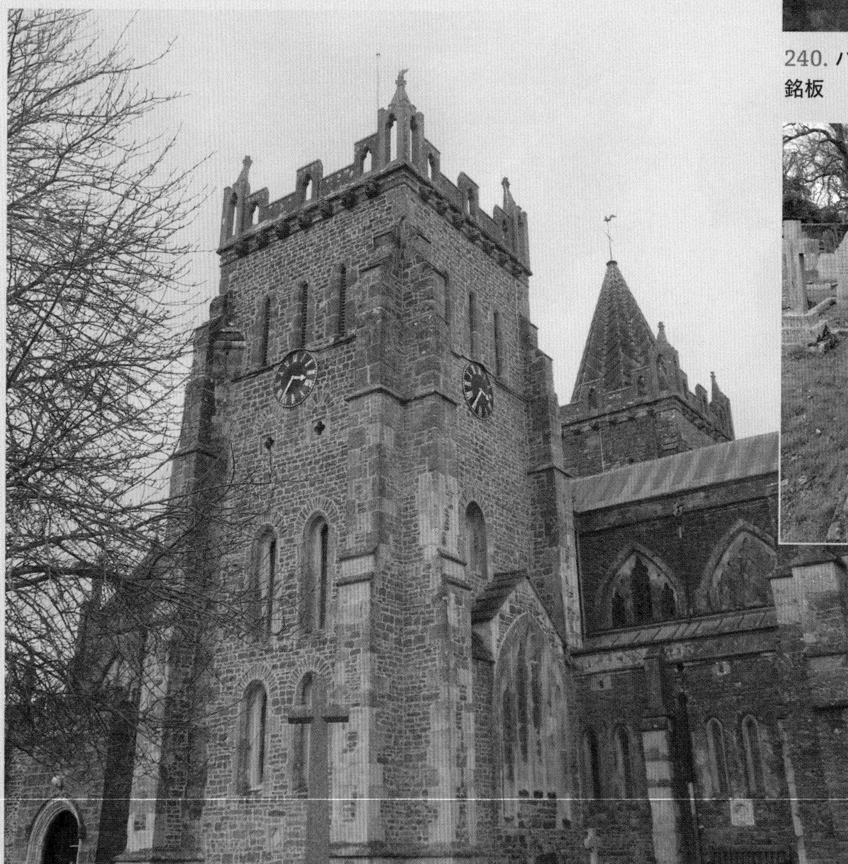

239. パリッシュ教会（撮影：2019年、吉﨑）

ロンドン・パディントン駅から特急に乗り2時間半で、エクセターというデボン州の中心都市に到着する。オタリーまではそこから東へ約20キロ。イングランドらしい緩やかな丘をいくつも越えて、車でものの30分ほどの道のりである。

人口1万5000人ほどのこの町の人たちは、町の中心にそびえる教会（オタリー・セント・メアリー・パリッシュ教会）を誇りにしている。13世紀に創立されたというこの教会は町の規模にくらべて壮大で、14世紀から16世紀にかけて大学（St Mary's College）まで置かれていたという。このパリッシュ教会の側廊にサトウの経歴を簡潔に記した真鍮の銘板がある。サトウが1843年6月30日に生まれ、23年間を日本の領事館部門（H.B.M. consular service in Japan）で働いたこと、その後公使（minister）としてバンコク、モンテ・ビデオ、タンジール、東京、北京で勤務したというキャリアが記されている。銘板はもともと北京のイギリス大使館附属の礼拝堂に置かれていたが、イギリスに持ち帰られ、1960年にこの教会に設置されたという。壮麗な教会を出るとまわりは墓地になっているが、その北東の隅にサトウの墓が佇んでいる（サトウの死去は1929年8月26日）。また、サトウが晩年を過ごした屋敷はボーモント・ハウス（Beaumont House）と呼ばれ現存するが、家は分割されてひとに貸し出されている（外観・内部ともにプライベートな住居のため見学はできない）。

242. ボーモントハウス
20世紀はじめ　横浜開港資料館蔵

243. オタリー・セント・メアリーの街（絵葉書）
20世紀はじめ　横浜開港資料館蔵

244. ボーモントハウス
現在は個人の住宅になっており外観・内部ともに非公開である。

245. 朝靄のオタリー・セント・メアリー

ところで、幕末期にサトウと同じくイギリス公使館の通訳として活躍したウィリアム・アストン(William George Aston)は、オタリー・セント・メアリーから車で20分ほど走ったイギリス海峡沿いの町・ビアー(Beer)に住まっていた。アストンはむしろ日本学者として名が高く、『日本書紀』の英訳をおこない『日本文学史』を著している。アストンにくわしい地元の方によれば、アストンの旧宅に通じる坂道は今も"Aston's Path"(アストンの小道)と呼ばれているという。その坂をのぼると、ビアーの白い崖とイギリス海峡の荒波が雄大に迫ってくる。サトウはオタリーへ隠退したのち、アストンが亡くなる1911年まで、ビアーのアストン宅をしばしば訪れている。

246. ビアーの「アストン・パス」から見たイギリス海峡

247. ビアーにあるアストンの墓

248. シドマスの海岸通り

ビアーから西へ15キロほどの海沿いの町シドマス（Sidmouth）。ここにサトウの父デービッドは別荘を持っており、サトウが賜暇休暇で帰国するたびに、親族はここに集まるのがならわしだったという。

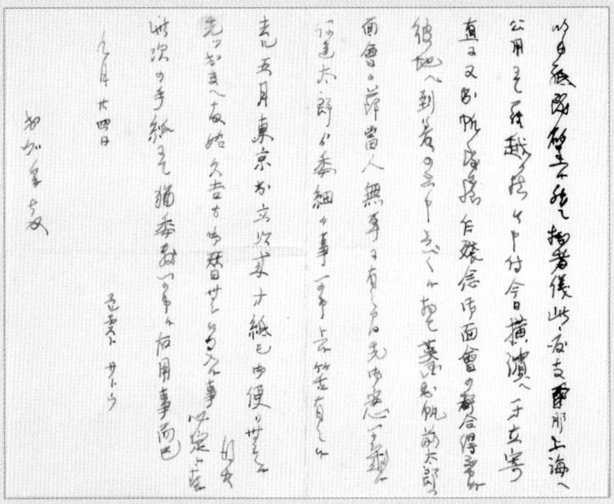

249. サトウから兼への手紙
明治33年（1900）9月24日付　横浜開港資料館蔵
公用（駐清公使）で上海に行くため横浜に立ち寄ること、しかしながら時間がなく兼には会えないことを告げるサトウの手紙。

250. アーネスト・サトウが手元に残していたアルバム
横浜開港資料館蔵
螺鈿の表装がなされている。1992年にデボン州のサトウの末裔の家で発見された。

251. アーネスト・サトウ
1865～1866年「サトウ旧蔵写真アルバム」
横浜開港資料館蔵

アーネスト・サトウの公文書・書簡・レターブック、そして日記はイギリス国立公文書館（The National Archives）に所蔵されており、横浜開港資料館でも複製本を公開している。そのサトウの日記を主として用いた萩原延壽『遠い崖』は、サトウの生涯を軸に幕末維新史を描いた歴史書の白眉として知られている。

サトウの妻武田兼の家に伝来した資料は「武田家旧蔵アーネスト・サトウ関係資料」として横浜開港資料館で複製を公開している。このなかにはサトウが兼にあてて書き送った手紙も含まれている。また、武田家に伝わった写真アルバムと、サトウがその死まで手元に残した写真アルバムは、ともに同館が所蔵している。

《探訪》幕末のイギリス外交官ゆかりの地と資料（2）

ウィリアム・ウィリス ―北アイルランド・フローレンスコート

William Willis – Florencecourt, Northern Ireland

252. ウィリスの育った家　個人提供
数年前に取り壊され、現在は別の新しい家が建つ。

253. フローレンスコートの緑野（撮影：2020年、吉﨑）
ウィリスの育った家の跡地から撮影した。

ウィリアム・ウィリスは1837年、北アイルランドのファマーナ州エニスキレン（Enniskillen）郊外の村に生まれた。1862年にイギリス領事館付補佐官兼医官として25歳で来日。激動の幕末維新期にあって、サトウとともにさまざまな歴史的事件に遭遇した。1870年、鹿児島医学校に赴任して医学教育にあたる。1885年からはバンコクのイギリス総領事館に医官としてつとめ、1892年に帰国。1894年にエニスキレン郊外、フローレンスコート（Florencecourt）のモニーン（Moonen）で没した。享年56歳。

アイルランドは1801年、ピット首相により「ブリテン・アイルランド連合王国」としてイギリスに併合された。1845年から49年には主食のジャガイモが不作になって大規模な飢饉を引き起こし、多数のアイルランド人がアメリカ合衆国など他国に移民する背景ともなった。ウィリスの幼少時代はアイルランド史上有数の苦難の時代であった。

ロンドン・ヒースロー空港から飛行機で1時間20分、北アイルランドの首府・ベルファストに着く。長距離バス（コーチ）に乗り替え2時間余り。北アイルランドのなだらかな山並みと田園風景を眺めながら西に向かい、エニスキレンに到着する。エニスキレンは湖沼に囲まれた美しい街で、北アイルランド西部ファマーナ州の州都である。さらにそこから車で20分ほど走ってようやく、ウィリスの故郷フローレンスコート地区に到着する。

ウィリスの縁戚筋の方に案内されてゆかりの地をめぐった。ウィリスが育った家は残念ながら数年前に取り壊されたというが、高台の跡地からはフローレンスコートの緑野が見晴らせる。まわりにはほかに家屋がなく孤絶した印象も受けるが、往時はどうだったのだろうか。一方、のちにウィリスと兄の援助で建てられウィリス終焉の家ともなった「新しい家」は、飾り気のない質実剛健な家である。一帯はモニーンと呼ばれているが、これは村の名前

254. モニーンのウィリス終焉の家

第２次世界大戦中、家はウィリス家の所有から離れた。家は一般に公開はされていないが、今回は所有者の方の許可を得て見学をおこなった。

255. ウィリス・レーンの標識

モニーンのウィリス家に通じる小道は「ウィリス・レーン」と呼ばれ、ウィリス家の名前を今に伝えている。

256. エニスキレン卿の邸宅

この地域の領主エニスキレン卿の邸宅は「フローレンス・コート」（地区名と同一名称）と呼ばれ一般に公開されている。ウィリス家はエニスキレン卿の借地農場主であった。

ではなくウィリス家とウィリスの農場の名称であり、一家は借地農場主としてアイルランドのミドル・クラスであったという（大山瑞代「訳者あとがき」『幕末維新を駆け抜けた英国人医師』）。ウィリスが兄への手紙に「どうかモニーンについて何でも知らせてください」と記すように、ウィリスが日本にいるあいだも始終気に留めている場所であった。

ウィリスはモニーンにほどちかい、林に囲まれた聖ヨハネ教会（St John's Church）に眠っていた。その大きい墓石には、父母や兄弟の名前とともにウィリアム・ウィリスの名前が刻まれている。墓からは、アイルランド共和国との国境の山が雪を抱いているのが見えた。

257. 聖ヨハネ教会

258. ウィリアム・ウィリスの墓

259. ウィリスの墓から望むアイルランドの山並み

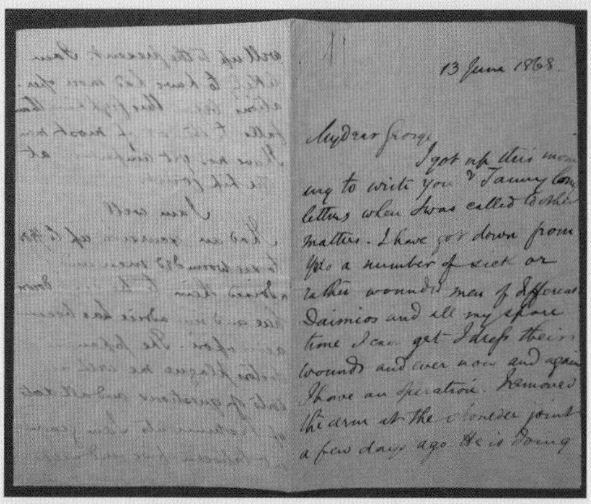

13 June 1868

My dear George

I got up this morning to write you & Fanny long letters when I was called to other matters. I have got down from Yedo a number of sick or rather wounded men of different Daimios and all my spare time I can get I dress their wounds and ever now and again I have an operation. I removed the arm at the shoulder joint a few days ago. He is doing

260. ウィリスの手紙
1868年6月13日付
鹿児島県歴史・美術資料センター黎明館蔵

横浜で戊辰戦争の負傷者の治療にあたっていることを兄ジョージに知らせている。

261. ウィリアム・ウィリス
「サトウ旧蔵写真アルバム」横浜開港資料館蔵

ウィリアム・ウィリスの関連資料は、昭和51年（1976）に歴史家萩原延壽氏がフランシス・アームストロング・ウィリス（Frances Armstrong Willis）氏から託されて、平成10年（1998）に鹿児島県歴史資料センター黎明館に寄贈されている。「ウィリアム・ウィリス文書」として一括されたこの資料のうち、大部を占めるのはウィリスから親族（主に兄ジョージ・ウィリス）に宛てられた手紙である。幕末維新期の日本の様相をうかがうことのできる一級史料となっており、萩原氏もサトウの日記とともに『遠い崖』の執筆資料の柱としている。手紙のほとんどは、大山瑞代氏による翻訳がなされており（大山瑞代訳『幕末維新を駈け抜けた英国人医師―甦るウィリアム・ウィリス文書』創泉堂出版、2003年）、またウィリス文書をマイクロフィルム撮影して作成した複製本は横浜開港資料館で閲覧が可能である。

《探訪》幕末のイギリス外交官ゆかりの地と資料（3）

ミットフォード —コッツウォルズのバッツフォード

Algernon Bertram Freeman-Mitford —Batsford, Cotswolds

262. バッツフォードのミットフォード旧邸 （撮影：2020年、吉﨑）
邸宅の背後にはコッツウォルズの美しい丘が見える。

日本人にも人気のあるコッツウォルズ地方。美しい村が点在するこの地域の北部、モートン・イン・マーシュ（Moreton-in-Marsh）の近くに幕末明治の外交官アルジャーノン・フリーマン＝ミットフォードの住まったバッツフォード（Batsford）と呼ばれる広大な邸宅が残されている。

1837年にロンドンに生まれたミットフォードは、1866年に来日してイギリス公館に書記官として勤務し、1870年に帰国。イギリスの下院議員、貴族院議員などをつとめ、1902年リーズデイル男爵に叙された。その死去は1916年である。幕末維新期の日本においては、アーネスト・サトウとともに政治情勢の収集にあたり、その体験を『回想録』（"Memories"）のなかでくわしく語っている。

バッツフォードには1500年頃、フリーマン一族が住み着いたが、その後縁戚にあたるエドワーズ家にわたる。1808年に跡継ぎのいなかったエドワーズ家の最後の当主が没すると、屋敷地は従兄弟にあたるジョン・ミットフォードに引き継がれた。ジョンは1801年に下院議長となり、翌年には初代リーズデイル男爵の爵位を授けられる。その息子ジョン・トーマス・フリーマン＝ミットフォードはトーリー党（保守党）の政治家として活躍し、リーズデイル伯爵に陞爵する。ジョン・トーマスが1886年に死去したことにより、その従兄弟にあたるアルジャーノン・ミットフォードがバッツフォードの屋敷を相続することになった。

ミットフォードは日本着任前に中国にも勤務しており、東アジア両国の風景や植物に魅了されていた。そこでミットフォードは、バッツフォードの邸宅裏の丘に野趣あふれる庭園を築造し、中国と日本産の竹を植えたのである。現在、庭園はバッツフォード樹木園（Batsford Arboretum & Garden Centre）として一般に公開され、ミットフォードが愛したこの広大な庭を散策することができる。ミットフォードの住まった邸宅は個人の住居になっており内部の見学は不可能だが、庭園から新チューダー様式で建てられたその姿を望むことができる。

263. 樹木園の竹

264. バッツフォード樹木園

265. ミットフォード
カミーユ・シルビー撮影 1860年9月28日
国立ポートレート・ギャラリー蔵

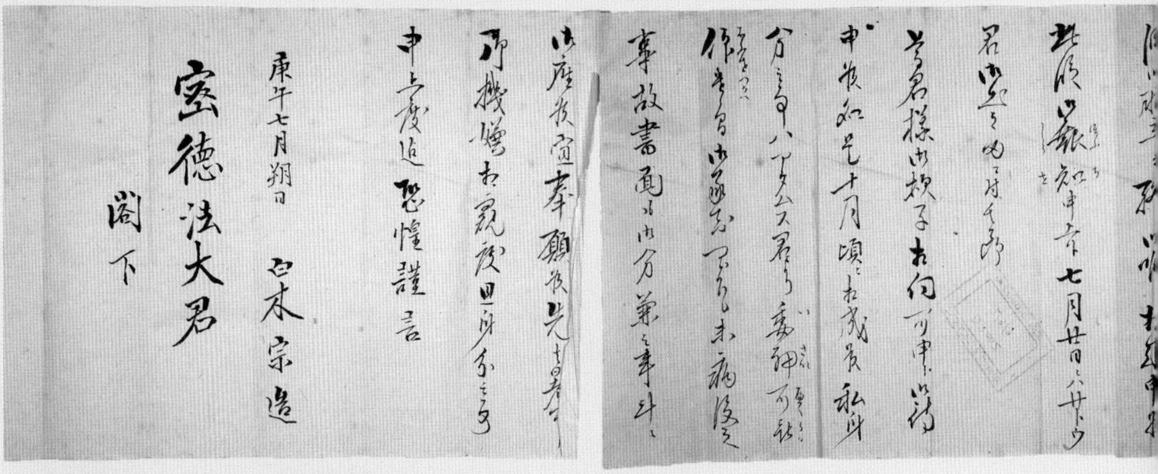

恐惶謹言

庚午七月朔日　白木宗造

密徳法大君　閣下

266. 白木宗造からミットフォード宛て書簡
明治3年（1870）7月1日付　グロスターシャー文書館蔵　© Gloucestershire Archives

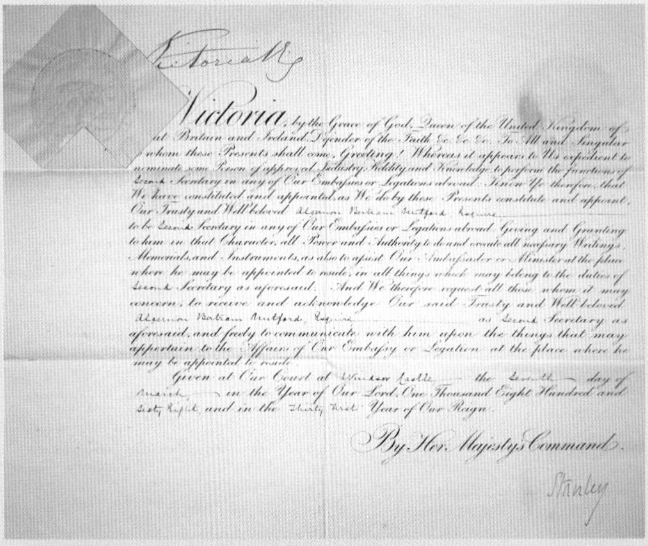

Victoria R.

Victoria, by the Grace of God, Queen of the United Kingdom of Great Britain and Ireland, Defender of the Faith &c. &c. &c. To All and Singular to whom these Presents shall come, Greeting! Whereas it appears to Us expedient to nominate some Person of approved Industry, Fidelity and Knowledge to perform the functions of Second Secretary in any of Our Embassies or Legations abroad. Know Ye therefore, that We have constituted and appointed, as We do by these Presents constitute and appoint, Our Trusty and Well beloved Algernon Bertram Mitford, Esquire to be Second Secretary in any of Our Embassies or Legations abroad. Giving and Granting to him in that Character, all Power and Authority to do and execute all necessary Writings, Memorials, and Instruments, as also to assist Our Ambassador or Minister at the place where he may be appointed to reside, in all things which may belong to the duties of Second Secretary as aforesaid. And We therefore request all those whom it may concern, to receive and acknowledge Our said Trusty and Well beloved Algernon Bertram Mitford, Esquire as Second Secretary as aforesaid, and freely to communicate with him upon the things that may appertain to the Affairs of Our Embassy or Legation at the place where he may be appointed to reside.

Given at Our Court at Windsor Castle the Seventh day of March in the Year of Our Lord, One Thousand Eight Hundred and Sixty Eight, and in the Thirty First Year of Our Reign.

By Her Majesty's Command.

Stanley

267. ミットフォードの任命状
"Commission in Diplomatic Service, 1868"
1868年3月7日付
グロスターシャー文書館蔵
© Gloucestershire Archives

268. グロスターシャー文書館の閲覧室

269. グロスターのドック地区
街は海には面していないが、セバーン川と運河でブリストル湾に接続し、ビクトリア期より河川交通の拠点として繁栄をみた。

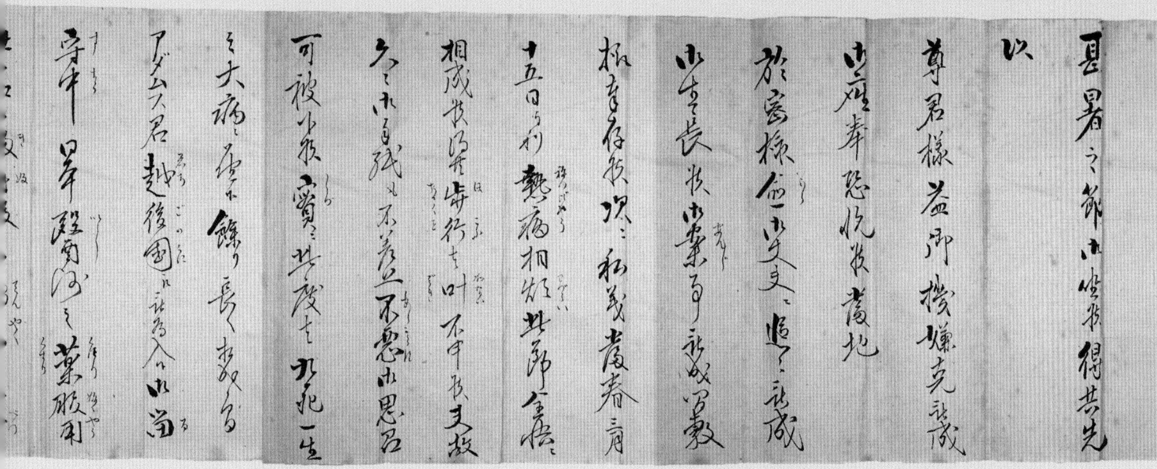

ミットフォード家の関連資料は、グロスターシャー州の州庁・グロスターのグロスターシャー文書館（Gloucestershire Archives）に収蔵されており、そのなかにはアルジャーノン・ミットフォードに関する資料群も含まれる。幕末の日本赴任期にかかわる資料はさほど多くないが、いくつか興味深い資料が残っていた。

ひとつ目はミットフォードの任命状である（"Commission in Diplomatic Service, 1868"）。1868年3月7日付でエドワード・スタンリー外相より発給されたもので、イギリスの海外の大使館・公使館における"Second Secretary"（二等書記官）に任命する旨が記されている。

このほか、2点の日本語の手紙が資料群に含まれている。うち1点は白木宗造なる人物から「密徳法大君」（ミットフォード）に宛てた明治3年（1870）7月1日付の書簡である。白木については不詳だが、ミットフォードが日本語の資料を英訳したときの補助者と推定する研究もある。内容は自身の近況を伝えるものであるが、賜暇帰国中のアーネスト・サトウがミットフォードに会う予定があることも知っており、日本のイギリス公使館と深いつながりがあった人物であろう。もう1点は「とみ」なる女性から「旦那様」（ミットフォード）に宛てて自身の近況を知らせたもので、年代は記されないが白木書簡とほぼ同じ頃に作成されたものである。

なお近年、ロバート・モートン氏によってミットフォードの幕末日本時代の活動が詳細に分析され（Robert Morton, "A. B. Mitford and the Birth of Japan as a Modern State" Renaissance Books, 2017）、彼が明治維新において果たした役割があらためて評価されている。

※本資料群については、吉﨑雅規「イギリス所在幕末維新期日本関係資料――「七つの海を越えて」展の調査から」（『横浜開港資料館紀要』37、2021年）も参照されたい。

日英関係史年表

Chronology of Japan-UK Relations

西暦	和暦	できごと
1582	天正一〇	六・二　本能寺の変。
1587	天正一五	五月　豊臣秀吉、九州を平定。 11・4　イギリスの船長トーマス・キャベンディッシュ、カリフォルニア半島でスペイン船サンタ・アンナ号を襲う。このとき、スペイン船に乗り組んでいた2人の日本人も捕らわれる。
1588	天正一六	7～8月　ハワードの指揮するイギリス艦隊、イギリス海峡でスペインの無敵艦隊（アルマダ）を撃破。 9月　キャベンディッシュ、プリマスに帰港。 このとき2人の日本人、クリストファーとコスマスもイングランドの地を踏む。  270. アルマダの海戦 *The Illustrated London News* 1888年7月14日号　横浜開港資料館蔵
1598	慶長三	6・24　オランダのマヒュー船隊、アジアを目指してオランダを出帆。イギリス人ウィリアム・アダムスも水先案内人として参加。 八・一八　豊臣秀吉死去。
1600	慶長五	三・一六　アダムス乗船のオランダ船リーフデ号、豊後国佐志生（現大分県臼杵市）に到着。 四・一〇　徳川家康、アダムスを大坂城で引見。 九・一五　関ヶ原の戦い。 12・31　イギリス東インド会社、エリザベス女王の特許を得て設立される。
1602	慶長七	この年　イギリス東インド会社、ジャワ島に初来航。バンタム（現インドネシア）に商館を開く。
1603	慶長八	二・一二　徳川家康、将軍となる（江戸幕府、開かれる）。
1604	慶長九	この年　アダムス、80トンの西洋船を完成させる。
1609	慶長一四	五・三〇　オランダ船2艘、平戸に入港。 この年　オランダ商館、平戸に開かれる。
1613	慶長一八	五・五　イギリス東インド会社派遣のジョン・セーリス、クローブ号で平戸（現長崎県）に入港。 八・四　セーリス、駿府（現静岡市）で徳川家康に謁見。 八・一三　セーリス、江戸で将軍徳川秀忠に謁見。 八・二八　幕府、セーリスにイギリス船の渡航朱印状を交付。 一〇・二五　セーリス、平戸イギリス商館の設置を決定。 一一・四　セーリス、平戸を出帆、帰国の途につく。
1614	慶長一九	五・一六　ウィリアム・アダムス（三浦按針）、駿府で自身初の朱印状（シャム）を得る。 9・27　セーリス、クローブ号でプリマスに帰着する。日本人水夫も日本からクローブ号に乗船して来航。
1615	慶長二〇	五・八　大坂夏の陣に敗れた豊臣秀頼、自刃。

・本書の内容に関わるできごとを主に採った。
・和暦による日付は漢数字で、西暦による日付はアラビア数字で表記した。
・西暦による日付はグレゴリオ暦とユリウス暦が混在するがその区別は示さない。

西暦	和暦	できごと
1616	元和二	四・一七　徳川家康、没。 八・八　幕府、イギリス船の入港地を長崎・平戸2港に限定する旨、大名に通達する。  271. 徳川家康 Ernest M. Satow ed., *The voyage of Captain John Saris to Japan, 1613* 横浜開港資料館蔵
1619	元和五	6・2　イギリス・オランダ、ロンドンで防衛協定をむすぶ（～1623）。 この年　オランダ、ジャワ島に根拠地ジャカトラ（バタビア、現ジャカルタ）を建設。
1620	元和六	四・二四　ウィリアム・アダムス、平戸で病没。
1623	元和九	2月　アンボイナ（モルッカ諸島、現インドネシア）のイギリスの日本人傭兵、オランダ側に捕えられる。自白によりイギリス人・日本人ほか21人が処刑される。 この後、オランダは東南アジアから撤退。 一一・一二　平戸のイギリス商館、経営不振のため閉鎖される。翌日リチャード・コックスほか館員、ブル号で平戸を去ってバンタムに向かう。
1624	寛永元	三・二四　幕府、フィリピン総督の派遣した使節に帰国すべきことを命じ、スペインとの通交関係を断絶。
1627	寛永四	この年　イギリス東インド会社参事会、対日貿易の再開を提議。
1633	寛永一〇	二・二八　老中、奉書船以外の船の海外渡航を禁止する。 この年　イギリス東インド会社参事会、対日貿易の再開を提議。
1635	寛永一二	五・二八　老中、異国へ日本の船を派遣すること、および日本人の海外渡航・帰国の禁止などを長崎奉行に通達。
1639	寛永一六	七・五　幕府、マカオのポルトガル船の日本来航を禁止。 この年　幕府、オランダ人およびイギリス人とのあいだに生まれた子供とその日本人母親をバタビアに追放。
1641	寛永一八	五・四　平戸オランダ商館、長崎出島への移転をはじめる（～一三日）。
1642	寛永一九	8・22　イギリスの国王軍、軍事行動開始。イングランド内戦（清教徒革命）はじまる（～1649）。
1651	慶安四	10月　イギリスで航海法が制定される。オランダの中継貿易を排除することを意図。
1652	承応元	6・30　第1次英蘭戦争勃発（～1654）。

西暦	和暦	できごと
1665	寛文五	2・22　第 2 次英蘭戦争勃発（～ 1667）。
1672	寛文一二	3・17　第 3 次英蘭戦争勃発（～ 1674）。
1673	延宝元	五・二五　イギリス船リターン号、日本貿易再開を求めて長崎に来航し、国王チャールズ 2 世の国書をもたらす。 七・二六　幕府、チャールズ 2 世の后がポルトガル国王の王女であることを理由に貿易再開を拒否。この日リターン号長崎を去る。
1716	享保元	七・一八　徳川吉宗、将軍就任。享保の改革はじまる。
1727	享保一二	この年　ケンペルの『日本誌』、ロンドンで出版される。
1756	宝暦六	5・17　イギリス、フランスに宣戦して7年戦争はじまる（～ 1763）。イギリス優位のもと終結。
1757	宝暦七	6・23　インドのベンガル地方でプラッシーの戦いが発生。イギリス、フランス・ベンガル太守連合軍を破る。イギリスのインド支配が本格化する契機となる。 この年　清、翌 1758 年以後、ヨーロッパ船の交易を広州 1 港に限定する。
1776	安永五	7・4　イギリスのアメリカ植民地、独立宣言を採択・宣言。
1784	天明四	8・20　イギリスで帰正法、施行。茶の関税が 119%から 12.5%に引き下げられる。 この後清からイギリスへの茶の輸入がさらに増大。
1787	天明七	六月　松平定信、老中首座に就任。寛政の改革はじまる。
1789	寛政元	7・14　フランスでパリ市民、バスチーユ牢獄を襲撃（フランス革命勃発）。
1791	寛政三	七・一三　毛皮を積んだイギリス船アルゴノート号（コルネット船長）、博多湾に入る。 九・一　異国船取扱令発令。異国船来航に対する警戒体制が大きく改訂される。
1793	寛政五	9・14　イギリス使節マカートニー、熱河で清の乾隆帝に謁見。貿易制限の解除を求める。
1795	寛政七	この年　イギリス東インド会社、マラッカを占領。 このころ、ジャワをのぞくオランダの根拠地、イギリスの勢力下に入る。
1796	寛政八	八・一三　ウィリアム・ブロートン指揮のイギリス船プロビデンス号、蝦夷地絵鞆（現室蘭市）に来航。測量をおこなう。
1797	寛政九	七・一九　プロビデンス号、再び絵鞆に入港して薪水を求める。

272. 広州　Thomas Milner, *The Gallery of Geography* 横浜開港資料館蔵

西暦	和暦	できごと
1803	享和三	七・二三　ジェームズ・トリイ指揮のイギリス船フレデリック号、長崎に来航し通商を求める。二七日、通商を拒絶されて退去。
1804	文化元	5・10　フランスのナポレオン、皇帝即位。 九・六　ロシア使節レザノフ、長崎に来航。漂流民津太夫らも同行（来航船はイギリスに寄港）。
1806	文化三	6・5　オランダ国王にナポレオン１世の弟、ルイが就任。
1807	文化四	11・27　フランス軍、リスボン占領。
1808	文化五	9・21　イギリス軍、ポルトガルが中国より借地していたマカオに兵員を上陸させる。 八・一五（10・4）　イギリス軍艦フェートン号、マカオより長崎に来航。オランダ商館員を捕え、長崎奉行所に薪水を要求。 八・一七　長崎奉行松平康英、薪水を給与し、フェートン号退去する。松平康英、事件の責任をとり自刃。
1809	文化六	二・二五　オランダ大通詞らに英語・ロシア語の稽古が命じられる。
1810	文化七	二月　幕府、会津藩に東京湾の相模側、白河藩に安房・上総側の警備を命じる。
1811	文化八	8・4　イギリス艦隊バタビアを攻撃。オランダのバタビア総督降伏。 この年　長崎の阿蘭陀通詞本木正栄ら、『諳厄利亜国語和解』を編纂。
1813	文化一〇	六・二八　元オランダ長崎商館長ワルデナールら、イギリスのジャワ副知事トーマス・ラッフルズの意をうけてイギリス船で長崎に来航。オランダ商館をイギリスに引き渡すようオランダ商館長ドゥーフに要求。ドゥーフ、これを拒否する。 一一・三　イギリス船、バタビアへ出帆。
1814	文化一一	六・二三　ラッフルズ、カッサーをシャーロット号で長崎に派遣し、ドゥーフに再び出島明け渡しを要求。ドゥーフ、再度拒絶。 六月　本木正栄・吉雄永保ら、『諳厄利亜語林大成』を編纂。
1815	文化一二	6・9　ウィーン会議の最終議定書調印。イギリスはマルタ島・ケープ植民地・セイロン島などを確保。 6・18　ワーテルローの戦い。フランス軍敗れる。 6・22　ナポレオン退位。
1816	文化一三	8・29　イギリス使節ウィリアム・アマースト、清皇帝との会見のため北京に到着。謁見の調整がつかず追い返される。 八・二五（9・16）　アマーストを中国に送り届けたイギリスのアルセスト号、ライラ号（艦長ホール）、那覇に来航。

273. オランダ商館長ドゥーフ
Thomas S. Raffles, *Report on Japan to the Secret Committee of the English East India Company*
横浜開港資料館蔵

西暦	和暦	できごと
1818	文政元	五・一四　イギリス商船ブラザーズ号（船長ゴードン）、浦賀に来航し交易を求める。幕府、これを拒絶。 この年　マサチューセッツ船籍の交易船により、日本の太平洋岸の沖合にマッコウ鯨の生息が確認される。
1819	文政二	1・30　ラッフルズ、シンガポール島のトゥムンゴンとシンガポールの建設に関する条約を結ぶ。
1822	文政五	四・二九　イギリス捕鯨船サラセン号浦賀に到着、薪水を求める。
1824	文政七	3・17　イギリス、オランダとロンドン条約を結び、イギリスはマラッカ海峡以東のマラッカ・シンガポールを獲得。 五・二八　イギリス捕鯨船２艘、常陸国多賀郡大津浜（現茨城県北茨城市）に来航。水戸藩士、上陸した12人を捕える。 七・八　イギリス船、薩摩国宝島（現鹿児島県十島村）に漂着。翌日、上陸した乗組員、牛を奪取する。
1825	文政八	二・一八　幕府、諸藩に対して渡来する異国船の打ち払いを命じる。
1827	文政一〇	6・8　イギリス船ブロッサム号（艦長ビーチー）、小笠原に来航。ビーチーは小笠原の領有を宣言。
1830	天保元	この年　イギリス人宣教師ウォルター・メドハースト、バタビアで英和・和英辞書を出版。

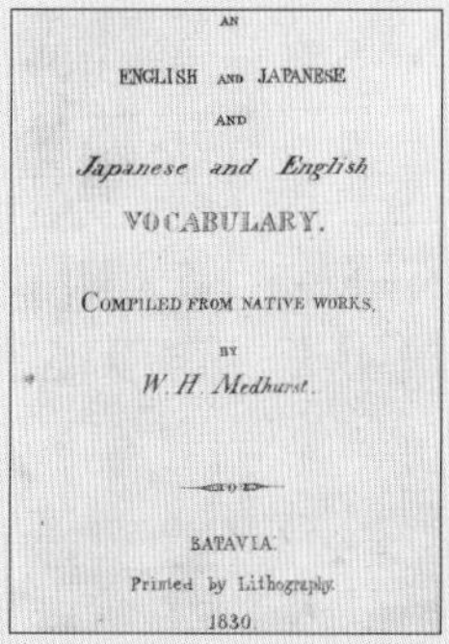

274. メドハーストの英和・和英辞書
横浜開港資料館蔵

西暦	和暦	できごと
1832	天保三	2月　イギリス東インド会社のヒュー・リンゼイ、通訳ギュツラフとともにマカオを出航、北上して中国の沿岸都市を探検。
1833	天保四	1月　イギリス、「中国およびインド貿易管理法」を制定。イギリス東インド会社の中国貿易と茶貿易の独占を翌年4月22日以降廃止し、喜望峰〜マゼラン海峡間におけるイギリス臣民の自由貿易を許す。
1835	天保六	6月　漂流民音吉らを乗せたイーグル号、北米からロンドンに到着。ハドソン湾会社太平洋岸総責任者マクラフリンの手配による。 12月　音吉ら、ロンドンからマカオに到着。漂流民はイギリスの通訳官ギュツラフに託される。ギュツラフ、日本語を音吉らから学ぶ。
1837	天保八	六・二八　アメリカ商船モリソン号、漂流民音吉らを連れて浦賀に来航。砲撃にあって退去。
1839	天保一〇	3・18　広州の林則徐、外国商人所有のアヘンの引き渡しを要求。 11・3　穿鼻海戦起こる。イギリス船、広東の軍船を攻撃。
1840	天保一一	6・28　イギリス軍、広州を封鎖。アヘン戦争本格化。

西暦	和暦	できごと
1841	天保一二	1・26　イギリス、正式に香港を占有。 五・一五　老中首座水野忠邦、政治改革を宣言（天保の改革）。
1842	天保一三	8・29（七・二四）イギリスと中国、南京条約を結ぶ。香港が割譲され、上海など5港の開港が定められる。 七・二六　幕府、異国船打ち払い令を止め、外国船に薪水食料の給与を許す。
1843	天保一四	12月　イギリス軍艦サマラング号、八重山諸島に到着。
1844	弘化元	七・二　オランダ国王ウィルレム2世派遣の軍艦パレンバン号、長崎来航。欧州情勢を告げて開国を促す。
1845	弘化二	七・四　イギリス軍艦サマラング号、長崎に来航。測量をおこない薪水を要求。
1846	弘化三	四・五　イギリス船スターリング号那覇に来航。翌日医師・宣教師ベッテルハイム、妻子をともない上陸。
1849	嘉永二	閏四・八　イギリス軍艦マリナー号、浦賀に来航。港内を測量。 閏四・一二　マリナー号、下田に来航、港内を測量。
1850	嘉永三	11・4　拝上帝会、中国広西で挙兵。太平天国の乱はじまる（～1864）。
1853	嘉永六	六・三　アメリカ東インド艦隊司令長官ペリー、軍艦4隻を率いて浦賀に来航。 七・一八　ロシア極東艦隊司令長官プチャーチン、4隻の艦隊を率いて長崎に来航。 10月　トルコ、ロシアに宣戦。クリミア戦争はじまる。
1854	安政元	一・一一　ペリー、浦賀に再来航。 3・28（二・三〇）イギリス・フランス、トルコと同盟し、この日、ロシアに宣戦。 三・三　日米和親条約、横浜で調印され、薪水・食料・石炭・欠乏品調達のため下田・箱館の開港が取り決められる。 閏七・一五　イギリス東インド艦隊司令長官ジェームズ・スターリング、長崎に来航し、ロシアとの交戦を告げ、長崎はじめ日本諸港への入港の許可を願う。 八・二三　長崎奉行水野忠徳・目付永井尚志とスターリング、長崎において日英協約を締結し、長崎・箱館の開港を決定。 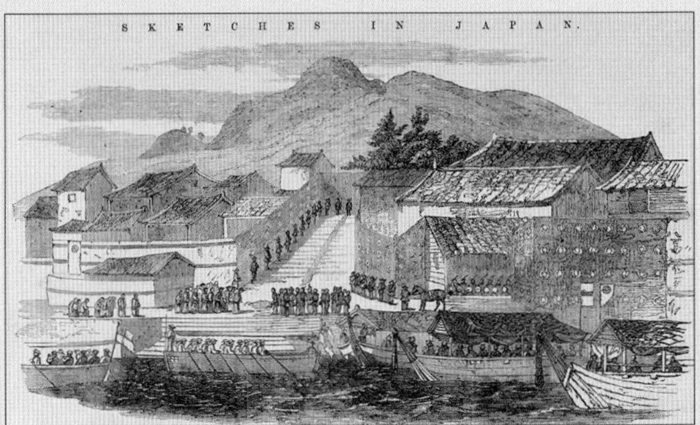 275. スターリングの見た長崎 *The Illustrated London News* 1855年1月13日号　横浜開港資料館蔵
1856	安政三	3・30　パリ講和条約が結ばれ、クリミア戦争終結。 八・五　イギリス東洋艦隊司令長官シーモア、長崎に来航。 10・8　清の官憲、広州珠江に停泊中のアロー号に乗り込み、船員を海賊容疑でとらえる。

西暦	和暦	できごと
1857	安政四	5・9　中国への全権公使エルギン卿、5,000の兵とともにイギリスを出発。 5・10　インド・デリー北方の軍事基地でイギリス東インド会社のインド人傭兵、反乱をおこす。 12・28　イギリス軍、広東砲撃を開始。翌日陥落。
1858	安政五	5・28　ロシア、清とアイグン条約を締結。アムール河以北をロシア領とする。 6・26（五・一六）　エルギン、天津条約を清と締結。南京など10港の開港と公使の北京駐在が取り決められる。 七・四　イギリス使節エルギンの艦隊、品川沖に投錨。 七・一八　外国奉行水野忠徳・永井尚志ら、江戸でエルギンと日英修好通商条約・貿易章程に調印。 一一・一四　尾張国永栄丸乗組員七三郎ら12人、イギリス軍艦にて上海より長崎に帰還。
1859	安政六	6・25（五・二五）　英仏艦隊、天津付近の大沽砲台で清側の砲撃を受け退去。搭乗の英仏公使は批准書交換のため北京に向かう途上。 五・二六　英国総領事ラザフォード・オールコック、軍艦サンプソンで品川に来航。 六・一二　老中間部詮勝、オールコックと自邸に会し、日英修好通商条約本書を交換する。 八・二三　イギリス商人グラバー、長崎に到着。 一二月　清との戦争のため馬の調達を命じられたイギリス士官フォンブランク、横浜に到着。
1860	万延元	一・七　英国総領事館雇通弁伝吉、殺害される。オールコック、犯人の検挙を幕府に要求する。 一・三〇　オールコック、公使に任命されたことを幕府に報じる。 七・九　オールコック、江戸城で将軍徳川家茂に謁見する。 10・13　英仏の連合軍、北京を陥落させる。 10・24　清、イギリスと北京条約を締結。 11・14　清、ロシアと北京条約を締結。ウスリー川以東、ロシア領となる。
1861	文久元	二・三　ロシア軍艦ポサドニック号、対馬に来航。 二・二七　オールコック、公使館建設地を御殿山（現品川区）とすることを幕府に同意。 四・二三　オールコック、長崎を出発し、陸路日本を横断し江戸に向かう。 五・二八　水戸浪士ら、イギリス公使館東禅寺を襲撃。 七・九　オールコック、東インド艦隊司令長官ホープ、老中安藤信行を訪れ、ロシア艦対馬滞泊、江戸・大坂・兵庫・新潟の開市開港延期に関し協議する。 七・二三　ホープ、対馬に来航。ロシア側に退去を要求。 一二・二二　幕府の遣欧使節竹内保徳ら、両都両港開市開港延期交渉のため欧州に出発。
1862	文久二	4・30 遣欧使節竹内保徳ら、パリからロンドンに到着。 5・1　ロンドン万博、開幕。 5・9　竹内保徳ら、将軍の親書を外務大臣ラッセルに呈す。 6・6　竹内保徳ら、ラッセルと両都両港開市開港延期に関する約定（ロンドン覚書）に調印。 五・二九　松本藩士伊藤軍兵衛、東禅寺のイギリス護卒を刺す（第二次東禅寺事件）。 八・二一　薩摩藩士、生麦村（現横浜市）でイギリス人を殺傷（生麦事件）。 一二・一二　高杉晋作ら、御殿山のイギリス公使館を焼き討ちする。

276. オールコック
東京都写真美術館蔵

西暦	和暦	できごと
1863	文久三	二・一九　イギリス代理公使ニール、生麦事件の賠償条件提示、幕府に20日間以内の回答を求める。 五・九　老中格小笠原長行、生麦事件の償金を交付する。 五・一〇　長州藩、関門海峡でアメリカ商船を砲撃。 五・一七　若年寄酒井忠毗、ニール、フランス公使ド・ベルクールらと会談。翌日、横浜の防衛権を英仏に委譲する書簡を送る。 七・二　鹿児島でイギリス艦隊と薩摩藩が交戦（薩英戦争）。 一一・一　薩摩藩使者岩下方平ら、ニールと会見して生麦事件の償金2万5000ポンドを交付。 一二・一四　イギリス陸軍第20連隊第2大隊の分遣隊が横浜に上陸。イギリスによる本格的な駐屯が開始される。 この年　オールコックの『大君の都』、ロンドン・ニューヨークで出版される。
1864	元治元	一・二四　オールコック、イギリスから日本に帰任。 八・五　下関で英仏米蘭の連合艦隊と長州藩が交戦する（下関戦争、～八日）。

277. 長州藩の砲台を占領する外国兵
横浜開港資料館蔵

西暦	和暦	できごと
		九・五　英米仏蘭代表、江戸に入る。生糸貿易再開される。 九・二〇　初の日英合同軍事訓練、実施される。 九・二二　四国代表と幕府、下関賠償の約定調印。 一〇・二二　イギリス士官ボードウィンら鎌倉で殺害される。
1865	慶応元	三・二二　薩摩藩の寺島宗則・五代友厚、留学生森有礼・鮫島尚信らとともに薩摩藩領内串木野よりイギリス船に搭乗し、イギリスに向かう。 6・21　薩摩藩留学生、イギリスのサウザンプトンに到着。 閏五・一六　イギリス新駐日公使ハリー・パークス、横浜に着任。 九・一六　パークスら各国代表、条約勅許を求めるため艦隊とともに兵庫沖に進出。 一〇・五　孝明天皇、修好通商条約を勅許。 12・13　幕府使節柴田剛中、ロンドンで外相クラレンドンと会見、陸軍伝習を依頼する。
1866	慶応二	五・一三　老中水野忠精、パークスと改税約書（江戸協約）に調印。 五・一九　幕府、パークスに海軍教師派遣を依頼する。 六・一六　パークス、薩摩藩主島津茂久（忠義）の招待により鹿児島を訪問。 九・六　幕府、川路太郎・中村正直ら15名にイギリス留学を命じる。 九・二七　幕府、目付合原義直を外国奉行とし、イギリスに駐在を命じる。 一二・五　徳川慶喜、将軍に任ぜられる。

西暦	和暦	できごと
1867	慶応三	一・三　幕府、横浜に語学所を開設し、諸藩士にも英・仏語を学ぶことを許可。英・米公使に英学教師の人選を依頼。 一・一四　幕府、パークスに、ロンドン・オリエンタル銀行頭取ガルキルを名誉領事とし、在英日本人保護を委嘱したことを報じる。 三・二八　徳川慶喜、英仏蘭の3ヶ国代表と大坂城内で公式の会見をおこなう。 六・七　幕府、築地居留地を開くことを布告。 七・六　イギリス軍艦イカルス号の水夫２人、長崎寄合町で襲撃され殺害される。 一〇・一四　大政奉還。 12・4　パリ万博参加のため遣欧した徳川昭武、ウィンザー宮においてビクトリア女王に拝謁。 一二・七（1868・1・1）　幕府、各国代表に、この日大坂・兵庫が開市・開港されたことを宣言。 一二・一六　徳川慶喜、大坂城でパークスほか外交代表と会見。大政奉還から王政復古にいたる顛末を伝える。
1868	慶応四 （明治元）	一・三　鳥羽・伏見の戦い（〜四日）。 一・一五　新政府の東久世通禧、パークスほか欧米外交代表と兵庫で会見。王政復古を報じる国書を伝達。 一・二五　イギリスほか欧米諸国の外交代表、自国人に局外中立を布告。 二・三〇　パークス、明治天皇に謁見するため京都紫宸殿に向かう途中刺客に襲われる。

278. 襲撃されるパークス
Le Monde Illustré 1868年6月13日号
横浜開港資料館蔵

西暦	和暦	できごと
		三・三　パークス、明治天皇と謁見。 閏四・一　明治天皇、大坂東本願寺に行幸、パークス、提督ケッペルらを引見。パークス、国書を奉呈。 閏四・一三　大総督府、兵士治療のためイギリス人医師ウィリアム・ウィリスを雇用。 五・一一　イギリス軍艦シルビア号、平戸海峡の測量を終え海図を長崎府に贈る。 一〇・一三　明治天皇、東京に到着。江戸城を東幸の皇居とする。 一一・一九（1869・1・1）　築地居留地が開かれる（東京開市）。 一二・二八　イギリスほか欧米６ヶ国、局外中立解除を宣言。

本書関係イギリス地図

スコットランド
北大西洋
北　海
グラスゴー
エディンバラ
北アイルランド
エニスキレン
ベルファスト
フローレンスコート
ダブリン
アイルランド
マンチェスター
リバプール
スタッフォードシャー
アイリッシュ海
イングランド
ケンブリッジ
バッツフォード
ウェールズ
グロスター
ロンドン
カーディフ
オックスフォード
ブリストル
ケルト海
サウザンプトン
ブライトン
オタリー・セント・メアリー
エクセター
ビアー
イギリス海峡
プリマス
シドマス

画像資料から江戸時代の日英関係をたどる

吉﨑雅規（横浜開港資料館調査研究員）

本書『図説日英関係史 1600～1868』は、日本とイギリスとの関わりの歴史を、おおむね日本の江戸時代を中心に、画像資料を多く用いて紹介した。より正確には、画像資料を中心に据えて、江戸時代の日英関係をたどった、と言ったほうがよいかもしれない。

本書は、令和３年（2021）４月から11月まで２期に分けて開催される横浜開港資料館企画展「七つの海を越えて」（Ⅰ期：「鎖国」下の日本とイギリス　Ⅱ期：開国前後の日本とイギリス）の関連出版物として企画された。つまり、通常の展覧会図録のように、展示会場に出陳された資料の画像を紹介するという性格をもっている。それにくわえて、展示で出陳していない資料も収載し、展示会場の説明パネルよりもくわしい解説を付すかたちで、江戸時代の日本とイギリスの関係をビジュアルに解き明かそうとこころみた。展示会場の出陳資料と説明のみでは、当該期の日英関係の理解に不足する部分がすくなからず出てきてしまう（あらゆるテーマの展示が同様なのだが）。とくに、当館の企画展示室の空間的な制約から、大判地図などいくつかの重要資料の出陳ができなかったほか、予算上の制限やコロナ禍の状況から他館からの資料借用はあきらめざるを得なかった。そこで、そういった資料も含めて「図説」本の発刊を企画し、出版社（原書房）と共同して出版することで、よりひろく読まれるようなかたちをめざした。

当館の開港以前の画像資料

当館は安政元年（1854）のペリー来航以降の歴史をおもに扱っている。そのため、幕末期以降の日英関係のあゆみをたどれる歴史資料は多くの所蔵がある。研究でも利用され、また古写真などの画像資料は一般書にもよく使われているため、ご存じの方も多いだろう。ところが、当館の収蔵庫に眠る膨大な資料を博捜しているうちに、幕末期以前の日英関係を知ることのできる歴史資料が意外にも多くあることに気づいた[(1)]。展示や図録（図説本）に好適な歴史資料は絵画や地図といったビジュアルな資料であるが、そのような画像資料も収蔵資料のなかにすくなからず含まれていた。幕末期以前の歴史を紹介することが比較的すくない当館では、活用の機会が多くなかったのである[(2)]。ことに、肉筆画のなかには専門の研究者にも知られていない珍しいものがあり、また既知の欧米の日本関係書籍にしても、頁を繰ってみるとあまり見たことがない図版や地図があった。

そこで本書では、当館所蔵の魅力的な画像資料を中心的に紹介することをひとつの主眼に据えることとした。当館では通常の展覧会図録のほか、歴史資料の画像を多く用いた「図説」シリーズを出版社より３冊発刊している[(3)]。本書もまた、装いを変えながらも、画像資料から歴史を解説しようとするこころみである。

日英関係史

日本とイギリスの歴史的なつながり、ことに江戸時代の関係をあつかった研究については、武藤長蔵の古典的な研究(4)をはじめとして長年にわたる分厚い蓄積があり、近年では(江戸時代に限定されないが)全5巻からなる日英交流史の浩瀚な論文集(5)が発刊されている。しかし、江戸時代の日英関係についての、一般読者に向けた通史的な文献は意外とすくないようである。さらに、画像資料を用いて説明した「図説」のかたちでの通史的な書籍、あるいは展覧会図録となると、近現代を含めても管見のかぎりでは見あたらない。

そこで本書では、多くの先行研究の成果に学びながら、江戸時代の日英関係を簡潔に叙述することもこころみた。また、その背景にある世界――ことにアジアの情勢についてもなるべく触れるようにしている。ただし、画像資料の魅力をつたえるというコンセプトとの兼ね合いから、かならずしも十分な文章量での説明ができていない部分があり、また紙幅の関係もあって言及できなかったトピックがあることは断っておかなければならない。本書各節の内容についてもっと深く知りたいと思われた方は、参考文献に掲げた書籍等にぜひあたっていただきたいと思う。

幕末期の日英関係

幕末期の日英関係については当館にすくなからぬ資料と調査研究の蓄積があるのだが、江戸時代という長いスパンをバランスよく俯瞰するため、本書ではそれらを十分には紹介していない。また、この時期の当館の画像資料は、たとえばベアト撮影の古写真など一般によく知られているものが多いため、本書ではあえて代表的な画像の掲載を避け、なるべく未紹介の館蔵資料や、当館以外の機関が所蔵する資料を利用した。幕末期の日英関係に関する当館の画像資料や研究成果については、参考文献に掲げたものも含め当館の過去の刊行物を参照していただければと思う。当該期の日英関係史、ことに政治外交的な部分については石井孝と萩原延壽の研究が代表的なものとして聳えており(6)、また英語の文献では、開港前夜をあつかったビーズリーの研究(7)をはじめとして、近年では幕末維新期に日本で活躍したイギリス人の研究が進展しているのが目を惹く(8)。

なお本書の幕末部分では、本書が初紹介となるごく最近見出された資料もご所蔵者の厚意を得て掲載することができた。くわえて、展覧会の準備もかねておこなった2度の訪英調査の成果(9)から、これまで日本でほとんど知られていなかったイギリスの所蔵機関に残る歴史資料も紹介した。

本展・本書の調査にあたっては多く機関・個人の方々のご協力を賜った。イギリス調査では、各地の資料所蔵機関と対応された職員の方々、史跡を案内していただいた皆様にたいへんお世話になった。調査は私費だが、令和2年の調査の一部については大和日英基金から助成金を得ている。国内所在の資料の調査と画像提供についても関係する機関・個人の方々からご協力をいただいた。そして本書の出版にあたっては、出版事情の厳しいなか原書房の成瀬雅人社長の多大なるご尽力を得た。ご協力をいただいた皆様に心より感謝を申し上げたい。

註

(1) その多くはポール・ブルーム氏が横浜開港資料館に譲渡・寄贈されたブルーム・コレクションに含まれる。同コレクションの内容は横浜開港資料館編『ブルーム・コレクション書籍目録』（全4巻）横浜開港資料館、1982～1987年、で確認できる。

(2) 当館で実施した幕末期以前の対外関係を中心とした展示として、たとえば、昭和57年（1982）企画展「『ブルーム・コレクション』展 ―西洋人のみた日本―」、昭和58年（1983）企画展「「日本人と地図」展 ―鎖国から開国へ―」、平成7年（1995）企画展「欧州版日本古地図 ―ブルーム・コレクションから―」、平成14年（2002）企画展「異国船の来航と海図 ―欧米の日本測量探査史―」などがある。なお、江戸時代の日英関係の展示は今回が初めてとなる。

(3) 横浜開港資料館編『図説横浜外国人居留地』有隣堂、1998年、同編『図説アーネスト・サトウ』同、2001年、同編『図説ドン・ブラウンと昭和の日本』同、2005年

(4) 武藤長蔵『日英交通史之研究』内外出版、1937年、復刻版、同朋舎、1978年

(5) 細谷千博、イアン・ニッシュ監修『日英交流史 1600-2000』（全5巻）東京大学出版会、2000～2001年

(6) 石井孝『増訂明治維新の国際的環境』吉川弘文館、1966年、萩原延壽『遠い崖―アーネスト・サトウ日記抄』（全14巻）朝日新聞社、1976～1990年

(7) William G. Beasley, *Great Britain and the opening of Japan 1834-1858* (Luzac, 1951). なお、江戸時代の日英関係について全般的に見渡した古典的な英語文献としては、M. Paske-Smith, *Western Barbarians in Japan and Formosa in Tokugawa Days, 1603-1868* (J. L. Thompson,1930)がある。

(8) たとえば、Robert Morton, *A. B. Mitford and the Birth of Japan as a Modern State: Letters Home* (Renaissance Books, 2017), *A Life of Sir Harry Parkes: British Minister to Japan, China and Korea, 1865-1885* (Renaissance Books, 2021)

(9) 詳細は、吉﨑雅規「イギリス所在幕末維新期日本関係資料 ――「七つの海を越えて」展の調査から」『横浜開港資料館紀要』37、2021年、を参照されたい。

An Illustrated History of Japan and Britain 1600-1868

・This book was published in connection with the 40th Year Commemorative Exhibition of the Yokohama Archives of History "Over the Seven Seas" (Japan and Britain in the Edo Period 1600–1820s: April 24–July 11, 2021, Japan and Britain in the Edo Period 1830s–1868: July 17–November 7, 2021).

・Illustrations marked "横浜開港資料館蔵" are from the Yokohama Archives of History collection.

・In principle, information on published materials is based on collection data. Note that books, etc. indicate the year of publication (use) of published materials, which may differ from the initial year of publication. Some book titles have been omitted.

・This exhibition was planned, and the book was written and edited by Masaki Yoshizaki, curator at the Yokohama Archives of History.

Introduction

Britain still has a major presence in the modern history of Japan and of Yokohama. In recent years, our two countries have developed an even closer relationship in a wide range of areas encompassing political, economic, and cultural exchanges.

The Yokohama Archives of History, which opened in 1981 in the grounds of the former British consulate, have proactively collected historical materials that demonstrate the ties between Japan and Britain. The archives have also built up a body of investigative research. This book, published to commemorate the 40th year of the archives, focuses on the Edo Period (1600-1868), a time when the relationship between Japan and Britain was in its early days. By primarily referencing materials from the archives' collection, as well as new sources from British institutions that preserve historical materials, the book illustrates the ways in which our bilateral bonds were built.

No other book has used an illustrated format to provide an overview of Japan-British ties during the Edo Period. Meanwhile, relations between the two countries before the opening of Yokohama's port have not been so extensively covered before. That is why this book provides easy-to-understand explanations of Japan-Britain ties based on what has been gleaned from the findings of recent research, complete with as many illustrations as possible that could be found in the materials in the archives' collection. The book also provides explanations whenever possible about the global affairs that shaped the relationship between the two countries.

I hope this book will inform readers about the roots of the deep ties Japan and Britain have today, as well as the allure of the historical materials that tell us that story.

Chapter 1 – The First Encounters Between Japan and Britain

In the 16th century, the Portuguese and Spanish made their appearance in Asia in search of the continent's material wealth. They also arrived in Japan, where they spread Christianity and engaged in trade. Based on the information gathered in the process, English-language books about Japan were published in Britain. Then, in 1588, two Japanese people landed in Plymouth, England. They had sailed aboard a Spanish vessel, but they and that ship were captured off the coast of California by British privateer captain Thomas Cavendish.

Meanwhile, in 1600 the first English person set foot in Japan. William Adams, a pilot for Dutch trading vessels, arrived in what is now Oita Prefecture. Adams served as a diplomatic advisor to Shogun Tokugawa Ieyasu. Later, the British East India Company dispatched John Saris to initiate trade relations with Japan. He arrived in Hirado in 1613. Saris was granted an audience with Tokugawa Ieyasu, won permission to engage in commerce, established a trading house in Hirado, and commenced Britain's trade with Japan.

However, Britain's main products, wool and Indian cotton, were slow to sell in Japan. Furthermore, with Dutch influence growing in Southeast Asia, Britain withdrew from Japan in 1623 and shut down the trading house in Hirado. The initial relationship between Japan and Britain came to a close after only 10 years.

Chapter 2 – "Sakoku " Japan and Britain.

From 1639 to 1641, the shogunate issued a series of orders limiting interactions with foreign countries. This was the policy of sakoku, meaning "national isolation." Recent research has shown that despite this policy, Japan had a flourishing trade with the outside world. In fact, the Dutch East India Company brought British wool to Japan, albeit in small quantities. In addition, the shogunate was aware of events in Britain such as the English Civil War. This showed that although Japan was in national isolation, the shogunate was not completely uninterested in Britain.

In 1673, to revive trade with Japan, the British East India Company sent the *Return* to Japan. The shogunate had forbidden Portuguese and Spanish ships from visiting the country, but had no clear policy on handling vessels from elsewhere. However, the shogunate ended up rejecting the request delivered by the *Return*.

In the 18th century, Britain increased its influence across the globe. In Asia, while Britain secured its grip over India, it also developed an interest in China. The British were especially enamored of the tea produced in China. In 1757, China confined British traders to Guangzhou, but Britain sent unsuccessful diplomatic missions to China to have it lifted.

During its national isolation, there were books and pictures published in Japan that mentioned Britain. Some works held in high regard the ability of the British to ascertain the state of the world. Meanwhile, texts about Japan were translated and published in London. In "Gulliver's Travels," the novel by Jonathan Swift that was published in 1726, the protagonist, Gulliver, visits Japan.

Chapter 3 – Britain's Push into Asia

In the late 18th century, there was a booming trade in fur from beavers and sea otters that inhabited the North American Pacific Coast. Since thick and pliable sea otter furs could fetch an especially high price from Chinese buyers, in the 1780s, British merchants began bringing North American furs to China for trade. When British fur trader James Colnett came to Hakata bearing furs, the North Pacific fur trade was thriving. But the Japanese were not interested.

It was around this time that Europe was plunged into war. Following the French Revolution of 1789, Napoleon took control of the country. He sent French soldiers marching all across much of Europe, conquering the

Netherlands along the way. Therefore, Britain, which considered France an enemy, sought to take over Dutch interests in Asia. In 1808, the British vessel *Phaeton* arrived in Nagasaki and captured Dutchmen who were on the island of Dejima. Thomas Raffles of the British East India Company, who had seized Java from Dutch control, sent a diplomatic mission to Japan in 1813 to request the resumption of trade. During this series of events, British ships also visited the Ryukyu Islands.

Beginning in the 1820s, whaling became a prosperous enterprise in the Pacific Ocean waters near Japan. In 1822, the British whaling ship *Saracen* arrived in Uraga requesting firewood and water. Whaling ships needed firewood as a fuel to refine whale oil onboard. Some British whaling vessels dropped anchor along the Japanese coast and attacked farms to get food. In 1825, the shogunate ordered the Japanese people to drive away any visiting foreign ships. In addition, the shogunate mobilized feudal lords to strengthen the coastal defenses around Edo Bay (modern-day Tokyo Bay).

Chapter 4 – The Eve of the Country's Opening

Towards the end of the 18th century, opium produced in British India started being exported to China in large amounts. The Qing dynasty enacted a strict ban on opium, and in 1839, Lin Zexu, a special envoy assigned to Guangzhou, had opium shipments from traders confiscated and burned. Britain responded by waging war against the Qing, resulting in the 1842 signing of the Treaty of Nanjing. Under its terms, Hong Kong was ceded to Britain and five Chinese ports, including Shanghai, were opened. When word of these events reached Japan, the Japanese became even warier of Britain. After the war, the Royal Navy, which was now operating over a wider area, sent a survey vessel to the seas near Japan. In 1849, this ship, named the *Mariner*, appeared in Edo Bay .

The shogunate remembered the menace that Britain had posed in Japan's vicinity and began studying Britain and its language. In 1811, the first Japanese book on the English language was completed. The British missionary Walter Henry Medhurst published his "An English and Japanese and Japanese and English Vocabulary" in Jakarta in 1830. Shocked at China's defeat at the hands of the British, Japan was wary of Britain, while also deepening its knowledge of the country.

Chapter 5 – Opening the Country Amid War in Asia

The Crimean War broke out in 1853. Britain sided with Turkey and battled Russia in engagements in Europe. The hostilities even stretched to the Far East. In 1854, and a joint British and French fleet bombarded Petropavlovsk, a city on the Kamchatka Peninsula. In the middle of the fighting, Rear Admiral James Stirling sailed to Nagasaki. There he signed the Anglo-Japanese Convention Treaty that allowed British ships to replenish their provisions. War had started in Europe, but it also helped initiate the modern-day relationship between Japan and Britain.

At the same time, there were still rumblings of war in Asia. In 1856, the Arrow Incident occurred in Guangzhou. Britain launched a war against China. In 1857, James Bruce, the 8th Earl of Elgin and minister plenipotentiary, left Britain for China with 5,000 troops. At that time, there was an anti-British rebellion by East India Company mercenaries in India (an event known as the Indian Mutiny). When the hostilities in China were temporarily contained, Lord Elgin sailed to Edo and concluded the Anglo-Japanese Treaty of Amity and Commerce with the shogunate.

In 1859, Britain posted its first diplomatic representative, Consul-General Rutherford Alcock, to Edo, where he began engaging in diplomacy. However, fighting between the British and French reignited war in China. Horses and cattle were sent to the front lines in China from Japan, where the ports had just been opened. While Asia was torn by war, Japan opened its ports and its country to Britain.

Chapter 6 – Japan's Treaty Ports

Britain in the mid-19th century, during the reign of Queen Victoria, espoused the idea of free trade without interference by the state and expanded its influence around the world. The countries of Asia were attractive markets to the British and they sought to trade freely in these places as well. This era when much wealth flowed to London, the capital of the British Empire. That prosperity was also recognized in Japan, where artists portrayed a largely imagined wealthy Britain in woodblock prints.

In 1859, the three ports of Hakodate, Nagasaki, and Yokohama were opened to Britain and other Western countries, as per the terms of the treaties. The main imported goods were cotton and wool products from Britain, which accounted for roughly 50% of import value. British trading firms that had operated in China, such as Jardine, Matheson & Co., began doing business in the opened ports. According to a consular report from 1870, 101 of the 256 Western trading houses located in Japan were British, and they played a major role in the early days of trade with Japan.

Yokohama, located close to Edo, was home to most of Japan's foreign residents. Britons made up the majority of that population. In Nagasaki, Scottish merchant Thomas Glover traded tea and western weapons and warships. The northernmost open port city of Hakodate received numerous port calls from Russian naval vessels. Britain eyed these Russian movements with alarm suspicious that Russian planned to expand into Japanese territory.

Chapter 7 – Joi and the Meiji Restoration

*"Joi" means "expel the barbarians," in reference to western foreigners

In the waning days of the shogunate, as westerners came to Japan with the beginning of international trade, a movement advocating for the expulsion of those foreigners grew. The Japanese viewed them with increasing dislike. There are also several incidents in which Japanese killed foreigners. Differences in customs were among the causes. In many of these cases, the victims were British.

In 1861, lordless samurai attacked the British legation in Edo's Tozenji Temple. British officials suffered injuries. In 1862, British merchant Charles Richardson was murdered by a feudal retainer from Satsuma Domain on the outskirts of Yokohama. In 1863, British warships were sent to Kagoshima Bay in Satsuma and bombarded the town around the castle. The following year, Britain led a joint fleet of Western powers to Shimonoseki in Choshu Domain, which also held contempt for the foreigners. There the ships fired upon and captured the Choshu gun batteries.

Due to a deteriorating situation in China and Japan, the British Royal Navy dispatched an increasing number of warships to East Asia. Britain received permission from the shogunate to station troops in Yokohama and barracks for ground troops and sailors were built in Yamate. Yokohama thus became in part a military city.

Tokugawa Yoshinobu, the last shogun, implemented reforms to the shogunate in a bid to revive its power. However, a movement to overthrow the shogunate grew and a civil war broke out in 1868. British envoy Harry Parkes took a neutral position in the conflict on orders from home not to favor one particular side or the other, but he moved faster than other countries in bestowing recognition upon the new Meiji government. After the Meiji Restoration, Japan established deeper relations with Britain.

参考文献

【研究書・論文】

朝治啓三「リターン号事件と一七世紀後半の国際関係」『関西大学東西学術研究所紀要』39、2006 年

秋田茂『イギリス帝国の歴史――アジアから考える』中央公論新社（中公新書）、2012 年

荒野泰典『近世日本と東アジア』東京大学出版会、1988 年

石井寛治『近代日本とイギリス資本――ジャーディン＝マセソン商会を中心に』東京大学出版会、1984 年

石田千尋『日蘭貿易の史的研究』吉川弘文館、2004 年

石塚裕道『明治維新と横浜居留地――英仏駐屯軍をめぐる国際関係』吉川弘文館、2011 年

井上勝生『幕末・維新』〈日本近現代史①〉岩波書店（岩波新書）、2006 年

岩下哲典『幕末日本の情報活動――「開国」の情報史』改訂増補版　雄山閣、2008 年

鵜飼政志『明治維新の国際舞台』有志舎、2014 年

海野一隆『東西地図文化交渉史研究』清文堂出版、2003 年

岡泰正「出島・護岸石垣出土のヨーロッパ製陶器について」『国指定史跡 出島和蘭商館跡―護岸石垣復元事業に伴う発掘調査及び工事報告書―』長崎市教育委員会、2001 年

岡本隆司『ラザフォード・オルコック――東アジアと大英帝国』ウェッジ、2012 年

糟谷憲一『朝鮮の近代』〈世界史リブレット〉山川出版社、1996 年

加藤祐三『黒船前後の世界』岩波書店、1985 年

川内有子　博士論文「異文化間交流における文学翻訳の研究―19 世紀後半から 20 世紀初頭の日本とイギリスにおける「忠臣蔵」受容を題材として」（2019 年 3 月、立命館大学大学院文学研究科行動文化情報学専攻博士課程後期課程）

北政巳『エルギン伯爵とオリファントの観た幕末日本―スコットランド人ディアスポラ（離散共同体）の起点―』揺籃社、2012 年

木村和男『毛皮交易が創る世界――ハドソン湾からユーラシアへ』 岩波書店、2004 年

木村直也「近世中・後期の国家と対外関係」曽根勇二・木村直也『新しい近世史２　国家と対外関係』新人物往来社、1996 年

フレデリック・クレインス『ウィリアム・アダムス――家康に愛された男・三浦按針』筑摩書房（ちくま新書）、2021 年

五野井隆史『大航海時代と日本』渡辺出版、2003 年

小山幸伸「近世中期の貿易政策と国産化」曽根勇二・木村直也『新しい近世史２　国家と対外関係』新人物往来社、1996 年

斎藤多喜夫「横浜開港時の貿易事情―外国商社の進出と生糸貿易の始まり―」『横浜開港資料館紀要』17、1999 年

指昭博「近世イングランドにおける日本像―ピーター・ヘイリンを中心に―」『神戸市外国語大学　外国学研究』85、2013 年

塩野和夫「プロテスタントのアジア伝道」『西南学院大学国際文化論集』3-1、2008 年

重松伸司『マドラス物語―海道のインド文化誌』中央公論社（中公新書）、1993 年

島田孝右・島田ゆり子『近世日英交流地誌地図年表　1576 － 1800』雄松堂出版、2006 年

杉山伸也『明治維新とイギリス商人―トマス・グラバーの生涯』岩波書店（岩波新書）、1993 年

杉山伸也『日英経済関係史研究　1860 ～ 1940』慶應義塾大学出版会、2017 年

タイモン・スクリーチ著、村山和裕訳『江戸の英吉利熱―ロンドン橋とロンドン時計』講談社（講談社選書メチエ）、2006 年

田中弘之『幕末の小笠原――欧米の捕鯨船で栄えた緑の島』中央公論社（中公新書）、1997 年

坪井祐司『ラッフルズ――海の東南アジア世界と「近代」』〈世界史リブレット人〉山川出版社、2019 年

長崎市史編さん委員会編『新長崎市史』第 2 巻近世編、長崎市、2012 年

中武香奈美「幕末維新期の横浜英仏駐屯軍の実態とその影響―イギリス軍を中心に―」『横浜開港資料館紀要』12、1994 年

中武香奈美「企画展「異国船の来航と海図――欧米の日本測量探査史」」『開港のひろば』〈横浜開港資料館〉77、2002 年

中武香奈美「企画展「生麦事件　激震、幕末日本」―本邦初公開のリチャードソン書簡から―」『開港のひろば』117、2012 年

永積洋子・武田万里子『平戸オランダ商館　イギリス商館日記――碧眼のみた近世の日本と鎖国への道』そしえて、1981 年

西川武臣「「旧家の蔵から―開港場周辺農村の幕末・明治―」から」『開港のひろば』78、2002 年
函館市史編さん室編『函館市史』通説編 1、函館市、1980 年
萩原延壽『遠い崖―アーネスト・サトウ日記抄』（全 14 巻）朝日新聞社、1976 ～ 1990 年
羽田正『興亡の世界史　東インド会社とアジアの海』講談社（講談社学術文庫）、2017 年
浜渦哲雄『イギリス東インド会社　軍隊・官僚・総督』中央公論新社、2009 年
春名徹『にっぽん音吉漂流記』中央公論社（中公文庫）、1988 年
春名徹「唐風説書の新史料―田能村竹田の記録をめぐって」『調布日本文化』2、1992 年
東田雅博「イギリス資本主義の発展と自由貿易政策―パーマストンの対外政策と「自由貿易帝国主義」」『史学研究』〔広島史学研究会〕139、1978 年
藤田覚『近世後期政治史と対外関係』東京大学出版会、2005 年
藤田覚『幕末から維新へ』〈シリーズ日本近世史⑤〉岩波書店（岩波新書）、2015 年
麓慎一『開国と条約締結』〈日本歴史叢書〉吉川弘文館、2014 年
Ｄ・Ｒ・ヘッドリク著、原田勝正・多田博一・老川慶喜訳『帝国の手先―ヨーロッパ膨張と技術』日本経済評論社、1989 年
保谷徹「アロー戦争と日本―1860 年の英仏連合軍の軍用馬輸出一件―」横浜対外史研究会・横浜開港資料館編『横浜英仏駐屯軍と外国人居留地』東京堂出版、1999 年
保谷徹『戊辰戦争』〈戦争の日本史 18〉吉川弘文館、2007 年
細谷千博、イアン・ニッシュ監修『日英交流史 1600-2000』全 5 巻、東京大学出版会、2000 ～ 2001 年
松尾晋一『江戸幕府と国防』講談社（講談社選書メチエ）、2013 年
松方冬子『オランダ風説書　―「鎖国」日本に語られた「世界」―』中央公論新社（中公新書）、2010 年
宮地正人「ナポレオン戦争とフェートン号事件」『幕末維新期の社会的政治史研究』岩波書店、1999 年
宮地正人『幕末維新変革史』上・下　岩波書店、2012 年
武藤長蔵『日英交通史之研究』復刻版　同朋舎、1978 年
森良和『三浦按針――その生涯と時代』東京堂出版、2020 年
森田勝昭『鯨と捕鯨の文化史』名古屋大学出版会、1994 年
横井勝彦『アジアの海の大英帝国――19 世紀海洋支配の構図』同文舘出版、1988 年、講談社（講談社学術文庫）、2004 年
横須賀市編『新横須賀市史』通史編 近世、横須賀市、2011 年
横浜開港資料館編『横浜もののはじめ考』（第 3 版）横浜開港資料館、2010 年
横浜市市史編纂室編『横浜市史』第 2 巻、横浜市、1959 年
横浜市ふるさと歴史財団編『横浜　歴史と文化』有隣堂、2009 年
横浜対外関係史研究会・横浜開港資料館編『横浜英仏駐屯軍と外国人居留地』東京堂出版、1999 年
横山伊徳『開国前夜の世界』〈日本近世の歴史 5〉吉川弘文館、2013 年
横山伊徳「一九世紀日本近海測量について」黒田日出男・M .E. ベリ・杉本史子編『地図と絵図の政治文化史』東京大学出版会、2001 年
吉﨑雅規『幕末江戸と外国人』同成社、2020 年
吉﨑雅規「イギリス所在幕末維新期日本関係資料――「七つの海を越えて」展の調査から」『横浜開港資料館紀要』37、2021 年
吉田邦輔「虚構に賭けた男 ―Psalmanazar の "An historical and geographical description of Formosa..."―」『参考書誌研究』2　1971 年

William G. Beasley, *Great Britain and the opening of Japan 1834-1858* (Luzac, 1951)
Boyd Cable, *A hundred Year History of the P. & O., Peninsular and Oriental Steam Navigation Company 1837-1937* (Ivor Nicholson and Watson, 1937)

Hao Gao, "Understanding the Chinese: British merchants on the China trade in the early 1830s" *Britain and the World: Historical Journal of The British Scholar Society* 12-2 2019

Jardine, Matheson & Co. Maggie Keswick, *The thistle and the jade: a celebration of 150 years of Jardine, Matheson & Co.* (Octopus Books, 1982)

Robert Morton, *A. B. Mitford and the Birth of Japan as a Modern State: Letters Home* (Renaissance Books, 2017)

Robert Morton, *A Life of Sir Harry Parkes: British Minister to Japan, China and Korea, 1865-1885* (Renaissance Books, 2021)

Christopher Roberts, "Sir Hiram Shaw Wilkinson (1840-1926)" *Britain and Japan: Biographical Portraits* vol. Ⅷ (Global Oriental, 2013)

Charles H. Townsend, "The distribution of certain whales as shown by logbook records of American whaleships" *Zoologica* Vol.19-1

【史料】

川澄哲夫編、鈴木孝夫監修『資料　日本英学史』①上、大修館書店、1988 年

岩生成一訳注『慶元イギリス書翰』〈異国叢書〉雄松堂書店、1975 年

松田毅一監訳『十六・七世紀イエズス会日本報告集』第 II 期第 2 巻、同朋舎出版、1996 年

村川堅固・尾崎義訳、岩生成一校訂『セーリス日本渡航記　ヴィルマン日本滞在記』〈新異国叢書〉雄松堂書店、1970 年

日蘭学会・法政蘭学研究会編『和蘭風説書集成』上巻・下巻、吉川弘文館、1976 年・1979 年

フランソア・カロン著、幸田成友訳『日本大王国志』東洋堂、1948 年

ジョナサン・スウィフト著、山田蘭訳『ガリバー旅行記』角川書店（角川文庫）、2011 年

齋藤阿具訳注、齋藤文根校訂『ヅーフ日本回想録　フイッセル参府紀行』〈異国叢書〉、雄松堂書店、1966 年

ベイジル・ホール著、春名徹訳『朝鮮・琉球航海記―1816 年アマースト使節団とともに―』岩波書店（岩波文庫）、1986 年

島田孝右、島田ゆり子訳『スポルディング 日本遠征記 オズボーン 日本への航海』〈新異国叢書〉雄松堂出版、2002 年

大山瑞代「ナソー・ジョスリン書簡集―極東から父親ローデン伯爵宛（一八五八年〜一八五九年）―」『横浜開港資料館紀要』17、1999 年

オールコック、山口光朔訳『大君の都―幕末日本滞在記』岩波書店（岩波文庫）、1962 年

市川清流著、楠家重敏編訳『幕末欧州見聞録―尾蠅欧行漫録』新人物往来社、1992 年

横浜開港資料館編、杉山伸也、H・ボールハチェット訳『ホームズ船長の冒険――開港前後のイギリス商社』有隣堂（有隣新書）、1993 年

Ａ・Ｂ・ミットフォード著、長岡祥三訳『英国外交官の見た幕末維新―リーズデイル卿回想録』講談社（講談社学術文庫）、1998 年

ホジソン著、多田実訳『長崎函館滞在記』〈新異国叢書〉雄松堂出版、1984 年

大山瑞代翻訳「第 20 連隊軍楽隊員　デーヴィスの手記」横浜開港資料館編『史料でたどる明治維新期の横浜英仏駐屯軍』横浜開港資料館、1993 年

横浜開港資料館編『史料でたどる明治維新期の横浜英仏駐屯軍』横浜開港資料館、1993 年

大山瑞代訳『幕末維新を駈け抜けた英国人医師――甦るウィリアム・ウィリス文書』創泉堂出版、2003 年

Samuel Purchas, Cyril Wild ed., *Purchas his pilgrimes in Japan : extracted from Hakluytus posthumus, or Purchase his pilgrimes* (J. L. Thompson, 1939)

Sir Ernest M. Satow ed., *The voyage of captain John Saris to Japan, 1613* (Hakluyt Society, 1900)

George Psalmanazar, *An historical and geographical description of Formosa, an island subject to the Emperor of Japan* (Depens d'Estienne Roger, 1704)

F. W. Howay ed., *The journal of Captain James Colnett aboard the Argonaut from April 26, 1789 to Nov. 3, 1791* (The Champlain Society, 1940)

John Meares, *Voyages made in the years 1788 and 1789 from China to the north west coast of America* (Logographic Press, 1790)

Frederick William Beechey, *Narrative of a voyage to the Pacific and Beering's Strait, to co-operate with the polar expeditions, performed in His Majesty's Ship Blossom, under the command of Captain in the years 1825, 26, 27, 28* (Colburn and Bentley, 1831)

Thomas Stamford Raffles, M. Paske-Smith ed., *Report on Japan to the secret committee of the English East India Company* (J. L. Thompson, 1929)

A. L. Halloran, *Eight month's journal, kept on board one of Her Majesty's sloops of war during visits to London, Japan, and Pootoo* (Longman,1856)

Charles W.King, *The claims of Japan and Malaysia upon Christendom, exhibited in notes of voyages made in 1837, from Canton, in the ship Morrison and bring Himmaleh* (E. French, 1839)

【図録等】

芳賀徹・酒井忠康・清水勲他編『ワーグマン素描コレクション』上下、岩波書店、2002 年

キャシー・ロス、ジョン・クラーク著、大間知知子訳『ロンドン歴史図鑑』原書房、2015 年

ジェイソン・C・ハバード著、日暮雅通訳『世界の中の日本地図　16 世紀から 18 世紀 西洋の地図にみる日本』柏書房、2018 年

港区立港郷土資料館編『江戸の外国公使館』港区立港郷土資料館、2005 年

横浜開港資料館編『F. ベアト幕末日本写真集』横浜開港資料館、1987 年

横浜開港資料館編『図説アーネスト・サトウ――幕末維新のイギリス外交官』有隣堂、2001 年

横浜開港資料普及協会（横浜開港資料館）編『横浜と上海―二つの開港都市の近代』横浜開港資料普及協会（横浜開港資料館)、1993 年

横浜開港資料館編『図説横浜外国人居留地』(改訂版)、有隣堂、2007 年

横浜都市発展記念館・横浜開港資料館編『文明開化期の横浜・東京―古写真でみる風景―』有隣堂、2007 年

横浜市歴史博物館編、横浜開港資料館協力『生麦事件と横浜の村々』横浜市ふるさと歴史財団、2012 年

横浜開港資料館編『開港前後の横浜』横浜市ふるさと歴史財団、2019 年

【ウェブ】

東邦大学「伝・三浦按針墓に埋葬された人骨の出自を探る～多様な科学分析を横断的に駆使した個人同定～」
https://www.toho-u.ac.jp/press/2020_index/20210113-1113.html

国際日本文化研究センター「日本関係欧文史料の世界」
https://kutsukake.nichibun.ac.jp/obunsiryo/

放送大学附属図書館「デジタル貴重資料室」中の「西洋古版日本地図」
https://lib.ouj.ac.jp/gallery/virtual/index.html

National Portrait Gallery "Camille Silvy : Photographer of Modern Life 1834-1910"
https://www.npg.org.uk/index.php?id=5754

Gloucestershire Archives "Freeman, Mitford and Edwards families of Batsford"
https://ww3.gloucestershire.gov.uk/CalmView/Record.aspx?src=CalmView.Catalog&id=D2002

謝辞　Special Thanks

本書の作成にあたり、下記の皆様・機関からご協力を賜った。ここに感謝を申し上げる。
We would like to express our sincere appreciation to everyone involved for their supports.

Trevor Willis
Betty Willis
Patricia Marsh
Grace Gordon
Paul Evans
Rachael Johnstone
Paul Madden
Jill and Richard Courtney
Caroline Aldous
Sebastian Dobson
Robert Morton
Louise Bascombe
Joanne and Jon Ingham
Nora Jagger's
Robin Ferguson
Vernon Burgess
Susan Meehan

The Daiwa Anglo-Japanese Foundation（大和日英基金）
Ottery St Marry Herritage Society

Public Record Office of Northern Ireland
Gloucestershire Archives
National Maritime Museum
The British Library
Bodleian Libraries, University of Oxford
National Portrait Gallery
Victoria and Albert Museum
Library of Congress

大澤光法
岡山洋二
田中理江子
西川麻里子
二藤奈津子
山口美由紀

駐日英国大使館 British Embassy Tokyo

伊丹市立美術館
鹿児島県歴史・美術資料センター黎明館
公益財団法人 郡山城史跡・柳沢文庫保存会
国立公文書館
国立国会図書館
東京国立博物館
東京大学史料編纂所
東京都写真美術館
公益財団法人東洋文庫
長崎市文化観光部出島復元整備室
長崎大学附属図書館
長崎歴史文化博物館
奈良女子大学学術情報センター
明星大学
横浜都市発展記念館
龍江院

＊敬称は省略した。

横浜開港資料館

昭和56年(1981)に旧英国総領事館の敷地に開館した。
幕末から昭和初期にかけての横浜に関わる歴史資料を収集・調査研究し、展示・閲覧・出版・ウェブなどさまざまな媒体で一般に公開している。

ずせつ にちえいかんけいし

図説 日英関係史 1600〜1868

令和3年(2021)9月15日 初版第1刷発行

編著者　よこはまかいこうしりょうかん
横浜開港資料館
〒231-0021 横浜市中区日本大通3
電話 045(201)2100

発行者　成瀬雅人

発行所　株式会社 原書房
〒160-0022
東京都新宿区新宿1-25-13
電話・代表 03(3354)0685
http://www.harashobo.co.jp
振替・00150-6-151594

公益財団法人 横浜市ふるさと歴史財団
〒224-0003
神奈川県横浜市都筑区中川中央1-18-1

本文デザイン　竹下秀未

カバーデザイン　ノガン株式会社

本文印刷　株式会社 ディグ

付物印刷　株式会社 明光社印刷所

ISBN978-4-562-05941-6
Printed in Japan